サンスクリット語・その形と心

The Sanskrit Language, Its Form and Spirit

KAMIMURA Katsuhiko & KAZAMA Kiyozo

上村勝彦・風間喜代三

2010

三省堂

まえがき

サンスクリットという言語の存在を知ったのはいつごろのことだったろうか。おそらく，大学に入って2年目に受講した，インド哲学や仏教の一般教養の授業においてではなかったか。そのころ，われわれのよく知っている『法華経』などの仏典や，ヴェーダ，ウパニシャッド，『バガヴァッド・ギーター』などのインドの宗教文献について少し学び，それらの原典がサンスクリット（梵語）という言語で書かれていることを知ったのではなかったか。筆者（上村）は文学をやろうと志し，フランス文学を専攻したが，同時に，縁あって仏教にも興味を抱き，3年次に入ってからも，中村元先生のインド思想史や，平川彰先生や玉城康四郎先生の仏教学やインド哲学の授業などを聴講して，仏文科の学生から変わり者扱いされた。フランス文学を専攻したものの，やがて語学には不適格なことが判明し，ついにフランス文学をあきらめ，印度哲学科の大学院に入って，仏教学を学ぼうと決意した。そのためには，まずサンスクリットやチベット語を勉強しなければならない。語学が苦手な筆者が，結局また語学に精を出さなければならないことになったのである。ところが，サンスクリットを教えておられた原実先生が外国に行っておられたので，独学でそれを学習せざるを得なくなった。チベット語の方は，山口瑞鳳先生について，2年間かなり真剣に勉強したが，今ではすっかり忘れてしまった。

チベットの文学を専攻しようかと考え始めたころ，帰国された原先生の指導を受けられるようになり，また，インド文学科の助手にそそのかされて，サンスクリットの詩学を研究することになった。語学の不得手な筆者が，難解な言語とされるサンスクリットを専門とすることになるとは，皮肉なめぐり合わせだった。しかし，ありがたいことに，サンスクリットの学習には，通常の場合，筆者の苦手とする会話と作文が要求されない。サンスクリットの最も古い文献である『リグ・ヴェーダ』(紀元前1200年ごろ成立）などの聖典は，チャンダスとよばれる雅語で書かれている。それに対しては，いわば口語にあたるバーシャーというものがあったが，それがやがて古典サンスクリットになる。大詩人カーリダーサなどの作品はこの古典サンスクリットで書かれており，その言語自体が雅語となった。われわれは会話や作文に悩まされることなく，ひたすら古典サンスクリットで書かれた文献を味読しさえすればよいのである。

インド文学科の助手になったとき，筆者は当時の文部省の奨学金を得て，南インドのマドラス(チェンナイ)に留学した。サンスクリット文学研究の最高権威だったラガヴァン博士のもとで学ぶためであった。博士は筆者のために1日おきにサンスクリットのテクストを読んで下さり，また，当時マドラス大学サンスクリット科の主任だった言語哲学の卓越した研究者のラジャ教授にも，1日おきに指導していただいた。まさに僥倖というべきであった。

ところが，ラガヴァン博士の周囲のパンディットとよばれる碩学たちは，英語を用いずに，流暢なサンスクリットで議論をたたかわせていた。話には聞いていたが，サンスクリットは死語ではないことを実感した。欧米の優れた学者たちも，程度の差こそあれ，サンスクリットで会話できる。インド滞在中，米国の学者が，見事にサンスクリットを操ってパンディットたちをやりこめているのを目撃し，肝をつぶしたことがあった。

サンスクリットは，ギリシア語やラテン語とともに，インド・ヨーロッパ語族に属する有力な言語であり，ペルシア語とは兄弟の関係にある。ヨーロッパ人は16世紀の末にはサンスクリットの存在を知り，自分たちの言語との共通点を指摘していた。そして，18世紀の後半には，『バガヴァッド・ギーター』などの重要な文献が翻訳されるようになった。その間の詳しい事情については，風間喜代三著『言語学の誕生』(岩波新書) などを参照するとよい。自分たちと親戚関係にある一大言語の存在を知ったヨーロッパ人の感慨はいかばかりであったろうか。こうして比較言語学が勃興し，インド学の研究が盛んになった。

このようなわけで，サンスクリットが欧米人にとって興味ある研究対象であることはよくわかった。ところで，日本人も，仏教を通じて古くからサンスクリットに親しんできているのである。とくに，平安時代に空海たちが中国から密教を将来して以来，真言宗や天台宗の学僧たちは競ってサンスクリット (悉曇学) を学んだ。日本語の五十音図 (アイウエオ，カキクケコ…) は，サンスクリットのアルファベットの配列に由来する。中国からサンスクリットのアルファベットの配列を描いた図が伝えられ，それにならって日本語の五十音図が作られたのである。

現在でも，われわれは多くのサンスクリットに囲まれて生活している。刹那 (クシャナ)，娑婆 (サハー)，奈落 (ナラカ)，阿鼻 (地獄) (アビーチ)，般若 (プラジュニャー)，仏陀 (ブッダ)，菩薩 (ボーディサットヴァ)，釈迦 (シャーキャ)，[断] 末摩 (マルマン)，劫 (カルパ)，曼荼羅 (マンダラ)，阿修羅 (アスラ)，夜叉 (ヤクシャ)，閻魔 (ヤマ)，三昧 (サマーディ)，檀那 (ダーナ)，袈裟 (カーシャーヤ)，卒塔婆 (ストゥーパ)，護摩 (ホーマ)，阿闍梨 (アーチャーリヤ)，和尚 (ウパーディヤーヤ)，達磨 (ダルマ) などは，すべてサンスクリットを音で写した言葉 (音写語) である。このように，日本人も古くから現在に至るまで，サンスクリットに親しんでいるのだから，日本人にもサンスクリットを学ぶ権利が大いにある。ところで，仏教が日本人のものの考え方に大きな影響を与えたということは否定できないことである。そして，日本仏教の理解には，じつはインドの最も有力な宗教であるヒンドゥー教 (インド教) の理解が不可欠である。さらにそのヒンドゥー教，ヒンドゥー文化を正しく学ぶには，サンスクリットの原典を読む必要がある。このように，日本の文化の一面を理解するためには，サンスクリットの学習が必要であるといっても過言ではないように思われる。

という次第で，本書は語学を苦手とする筆者がサンスクリットをはじめて学ぶ人たちのために書き下ろした入門書である。かつて自分が苦労したことを思いおこしながら，学習の負担を少しなりとも軽減することができるように工夫しつつ，できるだけ平易に書いたつもりである。語学が不得手であることがかえって利点となって生かされていれば，こんなにうれしいことはない。

上村 勝彦

目次

★

目　次

まえがき（上村勝彦）　i

序章　サンスクリット語の文字，アルファベットとその発音　3

第 1 章　名詞（形容詞）の格変化（1）
— -a で終わる語幹　10

第 2 章　名詞（形容詞）の格変化（2）
— -a で終わる中性名詞，-ā で終わる女性名詞　15

第 3 章　名詞（形容詞）の格変化（3）
— -i または -u で終わる名詞　20

雑学のよろこび 1（ギリシア語，ラテン語，そしてサンスクリット語）　27

第 4 章　名詞（形容詞）の格変化（4）
— -ī または -ū で終わる語幹　34

第 5 章　名詞（形容詞）の格変化（5）
— -(t)ṛ で終わる語幹，二重母音で終わる語幹　38

第 6 章　名詞（形容詞）の格変化（6）
— 子音で終わる語幹（1）（1 語幹の名詞）　46

第 7 章　名詞（形容詞）の格変化（7）
— 子音で終わる語幹（2）（多語幹の名詞）　53

雑学のよろこび 2（米のはなし）　57

第 8 章　-vat, -mat, -an で終わる名詞　62

第 9 章　-han, -in, -vas, -īyas で終わる名詞　68

第 10 章　形容詞の比較法，数詞　75

第 11 章　代名詞　82

第 12 章　関係代名詞　89

雑学のよろこび 3（一角仙人のはなし）　93

第 13 章　動詞の第 1 種活用　97

第 14 章　動詞の第 2 種活用 (1) — 第 2 類の動詞　108

第 15 章　動詞の第 2 種活用 (2) — 第 3 類の動詞　119

雑学のよろこび 4（黄金の島）　125

第 16 章　動詞の第 2 種活用 (3) — 第 5 類の動詞　130

第 17 章　動詞の第 2 種活用 (4) — 第 7 類の動詞　136

第 18 章　動詞の第 2 種活用 (5) — 第 8 類の動詞　141

第 19 章　動詞の第 2 種活用 (6) — 第 9 類の動詞　145

雑学のよろこび 5（猿のはなし）　150

第 20 章　未来　153

第 21 章　アオリスト (1) — 単純アオリスト　158

第 22 章　アオリスト (2) — s を含むアオリスト　164

第 23 章　完了　171
雑学のよろこび 6（亀のはなし）　179
第 24 章　受動態と使役動詞　182
第 25 章　意欲法，強意活用，名詞起源の動詞　188
第 26 章　準動詞 — 現在分詞，完了分詞，過去分詞　193
雑学のよろこび 7（羽衣伝説）　202
第 27 章　動詞的形容詞，不定詞，絶対詞　206
第 28 章　複合語　214
第 29 章　連声法（1） — 外連声　219
第 30 章　連声法（2） — 内連声　227
雑学のよろこび 8（金剛石）　231
第 31 章　サンスクリット撰文集　234
サンスクリット語とはどんな言語か　264
サンスクリット語の辞書のひき方　278
サンスクリット語 作品・文献案内　284
サンスクリット語 辞書・文法書案内　307
動詞語根一覧表　322
文法事項索引　348
語彙集　351
あとがき（風間喜代三）　372

サンスクリット語・その形と心
The Sanskrit Language, Its Form and Spirit

サンスクリット語の文字，アルファベットとその発音

序章

(1) 文字

サンスクリットを書写するために用いられている文字について，簡単にのべておこう。法隆寺などに保存されているサンスクリットの仏典は，非常に古い悉曇(しったん)文字で書かれている。しかし，サンスクリットを書きあらわすために今日一般に用いられている文字は，デーヴァナーガリー(Devanāgarī)とよばれるものである。この文字は，現代のヒンディー語などのインド系諸言語を書きあらわすのにも用いられている文字で，ローマ字(ラテン文字)によって完全に転写できる。本書では，初級の文法学習という目的を考慮して転写したローマ字を用いることとし，デーヴァナーガリー文字そのものは用いない。しかし，サンスクリットの学習にデーヴァナーガリー文字を書く必要はないとはいっても，テキストを読んだり辞書をひいたりするときにこの文字を知っておくことは，なにかにつけて有益である。そこで以下に，デーヴァナーガリー文字によるサンスクリットのアルファベットと，そのローマ字転写を表にして示しておこう。

〈母音字〉						
अ a	इ i	उ u	ऋ ṛ	ऌ ḷ	ए e	ओ o
आ ā	ई ī	ऊ ū	ॠ ṝ	ॡ ḹ	ऐ ai	औ au

〈子音字〉

क ka	ख kha	ग ga	घ gha	ङ ṅa
च ca	छ cha	ज ja	झ jha	ञ ña
ट ṭa	ठ ṭha	ड ḍa	ढ ḍha	ण ṇa
त ta	थ tha	द da	ध dha	न na
प pa	फ pha	ब ba	भ bha	म ma
य ya	र ra	ल la	व va	
श śa	ष ṣa	स sa	ह ha	
ः ḥ (visarga)		ṃ (anusvāra)		

母音字は 1 字 1 音だが，子音字は日本語の仮名と同じで，原則として a をともなった音節文字である。a 以外の母音が続くときには，子音字に各母音の補助記号をそえて表記する。

〈母音の補助記号〉

	ā	i	ī	u	ū	ṛ	ṝ	ḷ	e	ai	o	au
	ा	ि	ी	ु	ू	ृ	ॄ	ॢ	े	ै	ो	ौ
〈例〉	का	कि	की	कु	कू	कृ	कॄ	कॢ	के	कै	को	कौ
	kā	ki	kī	ku	kū	kṛ	kṝ	kḷ	ke	kai	ko	kau

〈特殊な形〉　रु ru，रू rū，शु śu，शू śū，शृ śṛ，हु hu，हू hū，हृ hṛ

子音だけをあらわすときには，子音字の下に左から右へ斜線を加える。子音字はつねに a 音をともなっている（क = ka，म = ma）ので，単純に子音だけを書きあらわすために斜線を加えるのである（क् = k，म् = m）。

〈結合体〉

複数の子音が母音なしで連続するときには，子音字の結合体を用いる。これをつくるときに，文字の形が大きく変化することがある。

क्क k-ka, क्ख k-kha, क्त k-ta, क्त्य k-t-ya, क्त्र k-t-ra, क्त्व k-t-va, क्न k-na, क्म k-ma, क्य k-ya, क्र または क्र k-ra, क्ल k-la, क्व k-va, क्ष k-ṣa, क्ष्म k-ṣ-ma;

ख्य kh-ya, ख्र kh-ra;

ग्य g-ya, ग्र g-ra, ग्र्य g-r-ya;

घ्न gh-na, घ्म gh-ma, घ्र gh-ra;

ङ्क ṅ-ka, ङ्क्त ṅ-k-ta, ङ्क्ष ṅ-k-ṣa, ङ्क्ष्व ṅ-k-ṣ-va, ङ्ग ṅ-ga, ङ्घ ṅ-gha;

च्च c-ca, च्छ c-cha, च्छ्र c-ch-ra, च्ञ c-ña, च्म c-ma;

छ्य ch-ya, छ्र ch-ra;

ज्ज j-ja, ज्झ j-jha, ज्ञ j-ña, ज्ञ्य j-ñ-ya, ज्म j-ma, ज्र j-ra;

ञ्च ñ-ca, ञ्छ ñ-cha, ञ्ज ñ-ja;

ट्क ṭ-ka, ट्ट ṭ-ṭa, ट्य ṭ-ya;

ठ्य ṭh-ya, ठ्र ṭh-ra;

ड्ग ḍ-ga, ड्य ḍ-ya;

ढ्य ḍh-ya, ढ्र ḍh-ra;

ण्ट ṇ-ṭa, ण्ठ ṇ-ṭha, ण्ड ṇ-ḍa, ण्ढ ṇ-ḍha, ण्ण ṇ-ṇa, ण्म ṇ-ma;

त्क t-ka, त्त t-ta, त्त्य t-t-ya, त्त्र t-t-ra, त्त्व t-t-va, त्थ t-tha, त्न t-na, त्प t-pa, त्र または त्र t-ra, त्र्य または त्र्य t-r-ya, त्व t-va, त्स t-sa;

थ्य th-ya;

द्ग d-ga, द्द d-da, द्ध d-dha, द्ध्व d-dh-va, द्न d-na, द्ब d-ba, द्भ d-bha, द्भ्य d-bh-ya, द्म d-ma, द्य d-ya, द्र d-ra, द्र्य d-r-ya, द्व d-va, द्व्य d-v-ya;

ध्न dh-na, ध्म dh-ma, ध्र dh-ra, ध्व dh-va;

न्त n-ta, न्त्य n-t-ya, न्त्र n-t-ra, न्द n-da, न्द्र n-d-ra, न्ध n-dha, न्ध्र n-dh-ra, न्न n-na, न्य n-ya;

प्त p-ta, प्न p-na, प्म p-ma, प्र p-ra, प्ल p-la, प्स p-sa;

ब्ज b-ja, ब्द b-da, ब्ध b-dha, ब्ब b-ba, ब्भ b-bha, ब्र b-ra;

भ्न bh-na, भ्य bh-ya, भ्र bh-ra;

म्न m-na, म्प m-pa, म्ब m-ba, म्र m-ra, म्ल m-la;

य्य y-ya, य्व y-va;

रु r-u, रू r-ū, र्क r-ka, र्ध r-dha;

ल्क l-ka, ल्प l-pa, ल्ल l-la, ल्व l-va;

व्न v-na, व्य v-ya, व्र v-ra;

शु ś-u, शू ś-ū, शृ ś-ṛ, शॄ ś-ṝ, श्च ś-ca, श्च्य ś-cya, श्न ś-na, श्य ś-ya, श्र ś-ra, श्ल ś-la, श्व ś-va, श्व्य ś-v-ya;

ष्ट ṣ-ṭa, ष्ट्य ṣ-ṭ-ya, ष्ट्र ṣ-ṭ-ra, ष्ट्र्य ṣ-ṭ-r-ya, ष्ट्व ṣ-ṭ-va, ष्ठ ṣ-ṭha, ष्ठ्य ṣ-ṭh-ya, ष्ण ṣ-ṇa, ष्ण्य ṣ-ṇ-ya, ष्म ṣ-ma;

स्क s-ka, स्ख s-kha, स्त s-ta, स्त्य s-t-ya, स्त्र または स्त्र s-t-ra, स्त्व s-t-va, स्थ s-tha, स्न s-na, स्प s-pa, स्र s-ra;

हू h-ū, हृ h-ṛ, ह्ण h-ṇa, ह्न h-na, ह्म h-ma, ह्र h-ra, ह्ल h-la, ह्व h-va.

〈数字〉									
१	२	३	४	५	६	७	८	९	०
1	2	3	4	5	6	7	8	9	0

१० 10;　१५ 15;　४९ 49;　१०० 100;　२००९ 2009.

(2) アルファベットとその発音

サンスクリットのアルファベットは，ほぼ日本語の五十音順に配列されている。というより，むしろ日本語の五十音配列はサンスクリット（梵語）のそれにならって作られたのである。

したがって，日本人にとってサンスクリットのアルファベットの配列順は親しみやすい。本書は，サンスクリットの辞書がなくても読めるように書いているが，もし，辞書をひく必要が近い将来に生じた場合は，基本的にアイウエオ順にひけばよいのであるから，日本人にとってはありがたいことである。とはいえ，そこにはややややっかいな問題もあり，それについては巻末付説の「サンスクリット語の辞書のひき方（4）見出し語の配列」を参照してほしい。

以下に，サンスクリットのアルファベットとその発音のしかたを示しておこう。

〈母音〉　a,　ā,　i,　ī,　u,　ū,　ṛ,　ṝ,　ḷ,　e,　ai,　o,　au

〈子音〉

	無声無気	無声帯気	有声無気	有声帯気	鼻音
軟口蓋音	k	kh	g	gh	ṅ
硬口蓋音	c	ch	j	jh	ñ
反舌音	ṭ	ṭh	ḍ	ḍh	ṇ
歯音	t	th	d	dh	n
唇音	p	ph	b	bh	m
半母音	y（硬口蓋音），r（反舌音），l（歯音），v（唇音）				
歯擦音	ś（硬口蓋音），ṣ（反舌音），s（歯音）				
気音	h, ḥ（visarga）				
特別鼻音	ṃ（anusvāra）				

母音は，日本語と同じくアイウエオ順である。ただし，それぞれの長音と，二重母音がある。e と o は，つねに長母音である。その他，ṛ, ṝ, ḷという母音があり，子音の r, l と区別するために下に黒丸（ ̣ ）をつけて表記する。ṛ, ḷ は，それぞれ実用上は ri, li と発音してさしつかえない。その他の母音と子音は，ほぼローマ字通りに発音すればよい。

日本語では，アイウエオの次にカキクケコがくるが，サンスクリットでは，ka（カ），kā（カー），ki（キ），kī（キー），ku（ク），kū（クー），kṛ（クリ），kṝ（クリー），kḷ（クリ），ke（ケー）の順になる。それに続いて，kha, khā, khi, khī などがくる。

日本語では，行はア，カ，サ，タ，ナ…の順だが，サンスクリットもおおよそ同じである。ただし，サ行の代わりに c, ch などがくる。c, j は，英語の church, judge の ch, j の音。また，kh, ch, jh などの帯気音は，k, c, j などの子音に続けて強い気息を加えたものである。つぎにタ行としては，ṭ, ṭh など，および t, th などがある。反舌音は舌を反らせて発音する。タ行の次にナ行がくる。ナ行にあたるものは，ṅ（英語 -ng の音），ñ, ṇ, n である。ハ行に相当するものが，p, ph などである。続いて，マ行として m がくる。次にヤ行として y，ラ行として r, l がくる。ワ行に相当するものが v である。

歯擦音 ś, ṣ, s，気音 h（有声の気音），ḥに対応する音は日本語にはない。ś は，c, ch などと同じく硬い口蓋音だが，ṣは反舌音である。実用上は，いずれも「シュ」と発音すればよい。ḥ は，無声の気音 h，aḥ（アハ），iḥ（イヒ），uḥ（ウフ），eḥ（エーヘ），oḥ（オーホ）のように，前にくる母音によって発音が異なる。日本語の「ン」に相当するものが ṃ である。これは，「ン」と発音すればよい。

サンスクリットの発音は，インド人でも出身地によって異なる場合が多く，通常は日本人としてそれほど気にする必要はない。原則として，ローマ字通りの発音をすればよいが，自習者の便のために，本書の前半では，語や文の一応の読み方をカタカナで示しておく。

〈母音の階梯〉

サンスクリットには母音階梯（vowel gradation）とよばれる現象がある。これは，同じ語源に属する語群（I～V 類）の語根部や接尾辞の部分に，規則的な母音の交替がみられる現象で，その交替には，弱，標準／中（guṇa），延長／強（vṛddhi）の 3 つの階梯がある。guṇa は，つぎの vṛddhi「（最大の）増大」に「従属する性質」の強めであることを意味する。

	I 類	II 類	III 類	IV 類	V 類
弱階梯	—	i, ī	u, ū	ṛ (ṝ)	ḷ
標準/中階梯	a	e (ay)	o (av)	ar	al
延長/強階梯	ā	ai (āy)	au (āv)	ār	

I 類： apapt-at（語根 pat-「落ちる」，アオリスト），pata-ti（現在），pātaya-ti（使役）

II 類： citta-「思考」，ceta-ti「感知する」，caitanya-「自覚」；nīti-「行い」，naya-ti（語根 nī-，現在）「導く」，nāyaka-「指導者」

III 類： buddhi「智」, bodha-ti（語根 budh-, 現在）「めざめる」, bauddha-「仏教徒」；bhūti「繁栄」，bhava-ti（語根 bhū-，現在）「ある」，bhāva-「生成」

IV 類： kṛti-「実行」，kartṛ-「行為者」，kārya「事柄」

V 類： kḷpta-「整えられた」，kalpaya-ti（語根 kḷp-，現在・使役）「配置する」

〈アクセント〉

サンスクリットのアクセントは明確でないが，通常は語末から 2 番目から 4 番目までの音節に強勢アクセントがある。語末から 2 番目の音節が長ければその位置に，短ければ 3 番目の音節にアクセントがくる。3 番目の音節も短ければ 4 番目の音節にくる。下例の (´) が，強勢アクセントの位置である。

bhavánti, bhávati, pítaram, dúhitaram

名詞（形容詞）の格変化（1）
－-a で終わる語幹－

第 1 章

サンスクリットの名詞（形容詞）には，3 つの**性**（男性，女性，中性），3 つの**数**（単数，両数，複数）がある。性は，自然の性というよりも文法的な性と考えるのがよい。数のうち両数は，2 個のものをあらわす。**格**は 8 つあり，主格（Nominative），呼格（Vocative），対格（Accusative），具格（Instrumental），為格（Dative），奪格（Ablative），属格（Genitive），処格（Locative）である。格が 8 つもあるのは，最初はとっつきにくく思われるだろうが，学習が進むにつれて，格の組織がしっかりしているおかげで文の意味を明瞭にとらえやすくなっていることがわかってくるだろう。

この格は，日本語のテ，ニ，ヲ，ハにあたる助詞が，名詞，形容詞の語末に組みこまれて変化すると考えればよいわけで，現在でもドイツ語やロシア語などはこれを保持している。簡単に，その機能をのべておこう。

（1）**主格**：主語，述語。

（2）**呼格**：呼びかけ。多くの場合，主格と同形である。

（3）**対格**：他動詞の目的語，方向，時間・空間の延長。

（4）**具格**：用具，手段，原因，結合，受身文の動作者。

（5）**為格**：間接目的語，利害，目的，方向。

（6）**奪格**：分離の起点，原因，比較。

（7）**属格**：所属，所有。しばしば，為格の代わりとして用いられる。

（8）**処格**：時間・空間における位置。

属格と処格は，分詞とともに用いられて，絶対（的）用法（absolute）をつくる。これは一種の分詞構文で，副文の代用となる。

ラテン語などの言語は動詞が複雑なのに対して，サンスクリットでは名詞の役割がきわめて重要であり，名詞の格変化に習熟すれば，サンスクリット文の 80〜90 パーセントぐらいは理解できるといって過言ではない。最初のうちは変化表を参照しながら文章を読んでいけばよい。

名詞（形容詞）のうちでは，母音で終わる語幹が使用される頻度が高く，とりわけ -a で終わる男性名詞が最も多用される。以下に，男性名詞 aśva（馬）の単数を例にとって，8 つの格の大体の意味を示そう。

主格：aśvaḥ（アシュヴァハ）「馬は」「馬が」

呼格：aśva（アシュヴァ）「馬よ！」

対格：aśvam（アシュヴァム）「馬を」「馬に」

具格：aśvena（アシュヴェーナ）「馬によって」

為格：aśvāya（アシュヴァーヤ）「馬のために」「馬に」

奪格：aśvāt（アシュヴァート）「馬から」「馬より」

属格：aśvasya（アシュヴァスヤ）「馬の」「馬にとって」

処格：aśve（アシュヴェー）「馬において」「馬に」

主格は，主語になる場合が多い。aśvaḥ のみでも，「馬がいる」という意味の文になる。つまり，英語の be 動詞にあたるものが表示されなくても文が成立するのである。語尾 -aḥ, -as, -o で終わる語は主格であることが多い。ちなみに，-aḥ, -as, -o という語尾は文法的には同じものと考えてよい。そこで文が終わったり，次に k, p, s などが続く場

合は -aḥとなり，次に t などが続くときは -as となり，次に有声子音が続くときは -o となる。このように，ある音が前後にくる音によって変化する現象はサンディ（sandhi，連声（れんじょう）あるいは連結と訳す）と呼ばれる。この連声については，第 29，30 章でまとめてのべることにする。

呼格は，呼びかける際に用いられる。a- 語幹の場合は語尾がないので判別しやすい。**対格**は，「～に対して」という意味をもつ。「馬に乗る」，「馬をつれて行く」というような場合に用いられる。**具格**は，「馬によって行く」というような場合，**為格**は「馬に水をやる」というような場合に用いられる。**奪格**は，「馬からおりる」「馬より速い」などの場合に用いられる。**属格**は，「馬の脚」というように所有をあらわす。「馬にとってよい」というように，「～にとって」と訳すとうまくゆく場合も多い。**処格**は，「馬に乗って行く」とか，「馬の上で」という場合に用いられる。

aśva の変化では，複数の処格が aśveṣu になる。複数の処格では -su という語尾がふつうの形なのだが，この場合も前後にくる音との関係で，s が ṣ になっている。aśva の両数形と複数形も含めた変化表をあげておこう（次ページを参照）。

[例文]

（1）arjunaḥ saṃkhye rathopastha upāviśat.

アルジュナハ・サーンキエー・ラトーパスタ・ウパーヴィシャト

「アルジュナは戦場において，戦車の座席に座りこんだ」

arjunaḥ は，arjuna「アルジュナ」（人名）の男性・単数・主格形。s- の前なので -aḥという語尾になる（連声）。saṃkhye は，saṃkhya「戦場」の中性・単数・処格形。rathopastha は，ratha「戦車」+ upastha「座席」（男性）。-a と u- が連結すると -o- になる。upastha という形で終わっているが，じつは upasthe（単数・処格形）である。連声の規則（第 29 章 ❶

〈-a で終わる男性名詞（形容詞）の格変化〉

（男性） aśva「馬」

<table>
<tr><th></th><th>単数</th><th>両数</th><th>複数</th></tr>
<tr><td>主格形</td><td>アシュヴァハ
aśvaḥ</td><td rowspan="3">アシュヴァウ
aśvau</td><td rowspan="2">アシュヴァーハ
aśvāḥ</td></tr>
<tr><td>呼格形</td><td>アシュヴァ
aśva</td></tr>
<tr><td>対格形</td><td>アシュヴァム
aśvam</td><td>アシュヴァーン
aśvān</td></tr>
<tr><td>具格形</td><td>アシュヴェーナ
aśvena</td><td rowspan="3">アシュヴァービヤーム
aśvābhyām</td><td>アシュヴァイヒ
aśvaiḥ</td></tr>
<tr><td>為格形</td><td>アシュヴァーヤ
aśvāya</td><td rowspan="2">アシュヴェービヤハ
aśvebhyaḥ</td></tr>
<tr><td>奪格形</td><td>アシュヴァート
aśvāt</td></tr>
<tr><td>属格形</td><td>アシュヴァスヤ
aśvasya</td><td rowspan="2">アシュヴァヨーホ
aśvayoḥ</td><td>アシュヴァーナーム
aśvānām</td></tr>
<tr><td>処格形</td><td>アシュヴェー
aśve</td><td>アシュヴェーシュ
aśveṣu</td></tr>
</table>

(4) を参照）により，母音の前で -e が -a に変化している。upāviśat は動詞 upa-ā-viś-（過去形）で，ここでは「座った」の意味とわかればよい。

(2) arjunaḥ kṛṣṇenoktaḥ.

アルジュナハ・クリシュネーノークタハ

「アルジュナはクリシュナに言われた」→「クリシュナはアルジュナに言った」

kṛṣṇenoktaḥ は，kṛṣṇena + uktaḥ である。-a + u-が -o- になる。kṛṣṇena は kṛṣṇa「クリシュナ」（男性）の単数・具格形で，「クリシュナによって」の意味だが，じつはこれが文全体の動作主で，「クリシュナは」と訳してよい。uktaḥ は，動詞 vac-「言う」の過去受動分詞 ukta の男性・単数・主格形で，arjunaḥ（男性・単数・主格形）に呼応している。過去受動分詞や形容詞の変化は，それが修飾する名詞の性・数・格と同じになる。

(3) kṛṣṇenārjunāyāśvo dattaḥ. (kṛṣṇena + arjunāya + aśvaḥ + dattaḥ)

クリシュネーナ・アルジュナーヤ・アシュヴァハ・ダッタハ

「クリシュナによって，アルジュナに馬が与えられた」

連声の規則により，kṛṣṇena の -a + a- は -ā- になる。aśvaḥ の -aḥ は，有声子音の前で -o となる。kṛṣṇena は kṛṣṇa の男性・単数・具格形，arjunāya は arjuna の男性・単数・為格形，aśvaḥ は aśva の男性・単数・主格形。dattaḥ は datta「与えられた」(動詞 dā-「与える」の過去受動分詞) の男性・単数・主格形で，aśvaḥ に呼応している。「与えられたもの = 馬」と性・数・格が一致するわけである。

(4) kāmaṃ krodhaṃ ca saṃśritāḥ narakaṃ gacchanti.

カーマン・クローダン・チャ・サンシュリターハ・ナラカン・ガッチャンティ

「欲望と怒りに依存する人々は地獄へ行く」

kāmam は，kāma「欲望」の男性・単数・対格形。-m は，子音の前で -ṃ となる。krodham は，krodha「怒り」の単数・対格形。saṃśṛitāḥ は saṃ-śrita「依存した (人に)」の男性・複数・主格形，narakam は naraka「地獄」の男性・単数・対格形。gacchanti は動詞 gam- (3 人称・複数・現在形) で，今は「行く」の意味とわかればよい。

(5) arjuna, pārthivasya putrā bhīmena hatāḥ.

アルジュナ・パールティヴァスヤ・プトラー・ビーメーナ・ハターハ

「アルジュナよ，王の息子たちはビーマによって殺された」

arjuna は単数・呼格形。pārthivasya は，pārthiva「王」の男性・単数・属格形。putrā は putrāḥ で，putra「息子」の男性・複数・主格形。-āḥ は，有声音の前で -ā となる。bhīmena は，bhīma (人名) の単数・具格形。hatāḥ は han- の過去受動分詞 hata「殺された」の複数・主格形で，putrāḥ と性・数・格が一致している。

名詞（形容詞）の格変化（2）
– -a で終わる中性名詞，-ā で終わる女性名詞 –

第 2 章

-a で終わる中性名詞（形容詞）の格変化も，-a で終わる男性名詞の格変化とほぼ同じだが，単数の主格，両数の主格，対格，呼格，複数の主格，対格，呼格の形が異なる。なお，中性名詞（形容詞）の主格形と対格形はつねに同形である（次ページの表を参照）。

[例文]

（1）kṛṣṇena arjunāya dānaṃ dattam.

クリシュネーナ・アルジュナーヤ・ダーナン・ダッタム

「クリシュナによって，アルジュナに贈物が与えられた」

kṛṣṇena は，kṛṣṇa の単数・具格形。arjunāya は，arjuna の単数・為格形。dānam は，dāna「贈物」（中性）の単数・主格形。-m は，子音の前で -ṃ となる。dattam は dā- の過去受動分詞「与えられた」で，dānam に呼応して中性の単数・主格形になっている。

（2）lobhaḥ pāpasya kāraṇam.

ローバハ・パーパスヤ・カーラナム

〈-a で終わる中性名詞（形容詞）の格変化〉

（中性）dāna-「贈物」「布施」

<table>
<tr><th></th><th>単数</th><th>両数</th><th>複数</th></tr>
<tr><td>主格形</td><td>ダーナム
dānam</td><td rowspan="3">ダーネー
dāne</td><td rowspan="3">ダーナーニ
dānāni</td></tr>
<tr><td>呼格形</td><td>ダーナ
dāna</td></tr>
<tr><td>対格形</td><td>ダーナム
dānam</td></tr>
<tr><td>具格形</td><td>ダーネーナ
dānena</td><td rowspan="3">ダーナービヤーム
dānābhyām</td><td>ダーナイヒ
dānaiḥ</td></tr>
<tr><td>為格形</td><td>ダーナーヤ
dānāya</td><td rowspan="2">ダーネービヤハ
dānebhyaḥ</td></tr>
<tr><td>奪格形</td><td>ダーナート
dānāt</td></tr>
<tr><td>属格形</td><td>ダーナスヤ
dānasya</td><td rowspan="2">ダーナヨーホ
dānayoḥ</td><td>ダーナーナーム
dānānām</td></tr>
<tr><td>処格形</td><td>ダーネー
dāne</td><td>ダーネーシュ
dāneṣu</td></tr>
</table>

「貪欲は悪の原因である」

lobhaḥ は，lobha「貪欲」（男性）の単数・主格形。pāpasya は，pāpa「悪」（中性）の単数・属格形。kāraṇam は，kāraṇa「原因」（中性）の単数・主格形。

(3) dānaṃ bhogo nāśaḥ

ダーナン・ボーゴー・ナーシャハ

「布施と享受と喪失」

dānam（-aṃ）「布施」は，中性・単数・主格形。bhogo（bhogaḥ の連声形で，-ah は有声子音の前で -o となる）は，bhoga「享受」（男性）の単数・主格形。nāśaḥ は，nāśa「喪失」（男性）の単数・主格形。

(4) nimittāni paśyāmi.

ニミッターニ・パシュヤーミ

「私は諸々のきざしを見る」

nimittāni は，nimitta「前兆」（中性）の複数・対格形。paśyāmi は，動詞 dṛś-（paś-）「見る」の 1 人称・単数・現在形。

（5）sukhaṃ duḥkhāny anubhūya śobhate.

スカン・ドゥッカーニ・アヌブーヤ・ショーバテー

「幸福は諸々の苦を経験して輝く」

sukham（-aṃ）は，sukha「幸福」（中性）の単数・主格形。duḥkhāni は，duḥkha「苦」（中性）の複数・対格形。母音の前で，i が y になる。anubhūya は「経験して」の意味で，動詞 anu-bhū の絶対詞（第 27 章を参照）。śobhate（śubh- の 3 人称・単数・現在形）は，「輝く」の意味。

次に，-ā で終わる女性名詞の格変化をあげよう。

〈-ā で終わる女性名詞の格変化〉

（女性）kanyā-「少女」

<table>
<tr><th></th><th>単数</th><th>両数</th><th>複数</th></tr>
<tr><td>主格形</td><td>カニヤー
kanyā</td><td rowspan="3">カニイェー
kanye</td><td rowspan="3">カニヤーハ
kanyāḥ</td></tr>
<tr><td>呼格形</td><td>カニイェー
kanye</td></tr>
<tr><td>対格形</td><td>カニヤーム
kanyām</td></tr>
<tr><td>具格形</td><td>カニヤヤー
kanyayā</td><td rowspan="3">カニヤービヤーム
kanyābhyām</td><td>カニヤービヒ
kanyābhiḥ</td></tr>
<tr><td>為格形</td><td>カニヤーヤイ
kanyāyai</td><td rowspan="2">カニヤービヤハ
kanyābhyaḥ</td></tr>
<tr><td>奪格形</td><td rowspan="2">カニヤーヤーハ
kanyāyāḥ</td></tr>
<tr><td>属格形</td><td rowspan="2">カニヤヨーホ
kanyayoḥ</td><td>カニヤーナーム
kanyānām</td></tr>
<tr><td>処格形</td><td>カニヤーヤーム
kanyāyām</td><td>カニヤース
kanyāsu</td></tr>
</table>

[例文]

(1) kanyāyai phalaṃ dehi.

カニヤーヤイ・パラン・デーヒ

「少女に果実を与えよ」

kanyāyai は，kanyā「少女」(女性) の単数・為格形。phalam (-aṃ) は，「果実」(中性) の単数・対格形。dehi は，「与えよ」(動詞 dā- の 2 人称・単数・命令形) の意味。

(2) ardhaṃ bhāryā manuṣyasya.

アルダン・バーリヤー・マヌシュヤスヤ

「妻は男の半分である」

ardham (-aṃ) は，ardha「半分」(中性) の単数・主格形。bhāryā「妻」(女性) は，単数・主格形。manuṣyasya は，manuṣya「男・人間」(男性) の単数・属格形。

(3) lajjayā kanyā na pratyabhāṣata.

ラッジャヤー・カニヤー・ナ・プラティアバーシャタ

「恥ずかしさで少女は答えなかった」

lajjayā は，lajjā「恥ずかしさ」(女性) の単数・具格形。na は否定詞。praty-abhāṣata「答えなかった」は，prati-bhāṣ- の過去・3 人称・単数形。

(4) sarvabhūtānāṃ niśāyāṃ jāgarti paṇḍitaḥ.

サルヴァブーターナーン・ニシャーヤーン・ジャーガルティ・パンディタハ

「一切万物の夜において，賢者は目覚めている」

sarva は，「すべて」の意味。bhūtānāṃ は，bhūta「万物，生類」(中性) の複数・属格形。niśāyām (-āṃ) は，niśā「夜」(女性) の単数・処格形。jāgarti は，「彼は目覚めている」の意味の動詞 jāgṛ- の現在・3 人称・単数形。paṇḍitaḥ は，paṇḍita「賢者」の男性・単数・主格形。

（5）sa naro bhāryāyā bhūṣanaṃ.

サ・ナロー・バーリヤーヤー・ブーシャナム

「その男は妻の飾りである」

sa は，「その」の意味の指示代名詞。naro は，nara「人・男」の男性・単数・主格形。-as は，有声子音の前で -o となる。bhāryāyā は，bhāryā の単数・属格形。-āḥ は，有声音の前で -ā となる。bhūṣaṇam は，bhūṣaṇa「装飾」（中性）の単数・主格形。

（6）kṛṣṇasya prajñā pratiṣṭhitā.

クリシュナスヤ・プラジュニャー・プラティシュティター

「クリシュナの智慧は確立している」

kṛṣṇasya は，男性・単数・属格形。prajñā「智慧」は，女性・単数・主格形。pratiṣṭhita は，「確立した」の意味の形容詞。prajñā に呼応して，女性・単数・主格の形 pratiṣṭhitā になっている。

（7）bhikṣuḥ kanyābhis tāḍitaḥ.

ビクシュフ・カニヤービス・ターディタハ

「比丘（修行僧）は少女たちに打たれた」

bhikṣuḥ「比丘」は，男性・単数・主格形。kanyābhis は，女性・複数・具格形。t- の前では，-ḥ は -s となる。tāḍitaḥ は，tāḍita「打たれた」の意味の形容詞（動詞 taḍ- の過去受動分詞）の男性・単数・主格形で，bhikṣuḥと性・数・格が一致している。

名詞（形容詞）の格変化（3）

－-i または -u で終わる名詞－

第3章

男性名詞，中性名詞，女性名詞のいずれにも，-i または -u で終わるものがある。そのうち，まず男性名詞の格変化をあげよう。

〈-i で終わる男性名詞の格変化〉

（男性）ahi-「蛇」

<table>
<tr><th></th><th>単数</th><th>両数</th><th>複数</th></tr>
<tr><td>主格形</td><td>ahiḥ（アヒヒ）</td><td rowspan="3">ahī（アヒー）</td><td rowspan="2">ahayaḥ（アハヤハ）</td></tr>
<tr><td>呼格形</td><td>ahe（アヘー）</td></tr>
<tr><td>対格形</td><td>ahim（アヒム）</td><td>ahīn（アヒーン）</td></tr>
<tr><td>具格形</td><td>ahinā（アヒナー）</td><td rowspan="3">ahibhyām（アヒビヤーム）</td><td>ahibhiḥ（アヒビヒ）</td></tr>
<tr><td>為格形</td><td>ahaye（アハイエー）</td><td rowspan="2">ahibhyaḥ（アヒビヤハ）</td></tr>
<tr><td>奪格形</td><td rowspan="2">aheḥ（アヘーヘ）</td></tr>
<tr><td>属格形</td><td rowspan="2">ahyoḥ（アヒヨーホ）</td><td>ahīnām（アヒーナーム）</td></tr>
<tr><td>処格形</td><td>ahau（アハウ）</td><td>ahiṣu（アヒシュ）</td></tr>
</table>

なお，pati-「主人」（男性）と sakhi-「友」（男性）は，次のような特別の格変化をする。

〈pati-「主人」（男性）の格変化〉

単数で，主格 <ruby>patiḥ<rt>パティヒ</rt></ruby>，呼格 <ruby>pate<rt>パテー</rt></ruby>，対格 <ruby>patim<rt>パティム</rt></ruby>，具格 <ruby>patyā<rt>パトヤー</rt></ruby>，為格 <ruby>patye<rt>パトイェー</rt></ruby>，奪格・属格 <ruby>patyuḥ<rt>パトユフ</rt></ruby>，処格 <ruby>patyau<rt>パトヤウ</rt></ruby>。

〈sakhi-「友」（男性）の格変化〉

<table>
<tr><th></th><th>単数</th><th>両数</th><th>複数</th></tr>
<tr><td>主格形</td><td><ruby>sakhā<rt>サカー</rt></ruby></td><td rowspan="3"><ruby>sakhāyau<rt>サカーヤウ</rt></ruby></td><td rowspan="2"><ruby>sakhāyaḥ<rt>サカーヤハ</rt></ruby></td></tr>
<tr><td>呼格形</td><td><ruby>sakhe<rt>サケー</rt></ruby></td></tr>
<tr><td>対格形</td><td><ruby>sakhāyam<rt>サカーヤム</rt></ruby></td><td><ruby>sakhīn<rt>サキーン</rt></ruby></td></tr>
<tr><td>具格形</td><td><ruby>sakhyā<rt>サキヤー</rt></ruby></td><td rowspan="3"><ruby>sakhibhyām<rt>サキビヤーム</rt></ruby></td><td><ruby>sakhibhiḥ<rt>サキビヒ</rt></ruby></td></tr>
<tr><td>為格形</td><td rowspan="2"><ruby>sakhye<rt>サキイェー</rt></ruby></td><td rowspan="2"><ruby>sakhibhyaḥ<rt>サキビヤハ</rt></ruby></td></tr>
<tr><td>奪格形</td></tr>
<tr><td>属格形</td><td><ruby>sakhyuḥ<rt>サキユフ</rt></ruby></td><td rowspan="2"><ruby>sakhyoḥ<rt>サキヨーホ</rt></ruby></td><td><ruby>sakhīnām<rt>サキナーム</rt></ruby></td></tr>
<tr><td>処格形</td><td><ruby>sakhyau<rt>サキヤウ</rt></ruby></td><td><ruby>sakhiṣu<rt>サキシュ</rt></ruby></td></tr>
</table>

〈-u で終わる男性名詞の格変化〉

（男性）paśu-「獣」

<table>
<tr><th></th><th>単数</th><th>両数</th><th>複数</th></tr>
<tr><td>主格形</td><td>パシュフ
paśuḥ</td><td rowspan="3">パシュー
paśū</td><td rowspan="2">パシャヴァハ
paśavaḥ</td></tr>
<tr><td>呼格形</td><td>パショー
paśo</td></tr>
<tr><td>対格形</td><td>パシュム
paśum</td><td>パシューン
paśūn</td></tr>
<tr><td>具格形</td><td>パシュナー
paśunā</td><td rowspan="3">パシュビヤーム
paśubhyām</td><td>パシュビヒ
paśubhiḥ</td></tr>
<tr><td>為格形</td><td>パシャヴェー
paśave</td><td rowspan="2">パシュビヤハ
paśubhyaḥ</td></tr>
<tr><td>奪格形</td><td rowspan="2">パショーホ
paśoḥ</td></tr>
<tr><td>属格形</td><td rowspan="2">パシュヴォーホ
paśvoḥ</td><td>パシューナーム
paśūnām</td></tr>
<tr><td>処格形</td><td>パシャウ
paśau</td><td>パシュシュ
paśuṣu</td></tr>
</table>

本来，複数・処格形の語尾は -su だが，s の前後に母音がくるときは，ahiṣu のように，多くの場合，ṣ となる（第 30 章の ❷（8）を参照）。

[例文]

（1）kīrtiṃ labhante kavayaḥ.

キールティン・ラバンテー・カヴァヤハ

「詩人は名声をうる」

kīrtiṃ は，kīrti「名声」（女性）の単数・対格形。labhante「うる」は，動詞 labh- の 3 人称・複数・現在形。kavayaḥ は，kavi「詩人」（男性）の複数・主格形。

（2）vahnir eva vahner bheṣajam.

ヴァフニル・エーヴァ・ヴァフネール・ベーシャジャム

「火のみが火の薬（対処法）である」

vahnir は，vahni「火」（男性）の単数・主格形。eva は強め，または「～

のみ」の意味。vahner（vahneḥ）は，vahni の単数・属格形。有声音の前で，-ḥ が -r となる。bheṣajam「薬」は，中性・単数・主格形。

（3）raṇe nṛpasya senayārayo jitāḥ.

ラネー・ヌリパスヤ・セーナヤーラヨー・ジターハ

「戦いにおいて王の軍隊によって敵は征服された」

raṇe は，raṇa「戦い」（男性）の単数・処格形。nṛpasya は，nṛpa「王」（男性）の単数・属格形。senayā は，senā「軍隊」（女性）の単数・具格形。arayaḥ は，ari「敵」（男性）の複数・主格形。-ayo は連声形。jitāḥ は，jita「征服された」（動詞 ji- の過去受動分詞）の複数・主格形。arayaḥ に対応する。

（4）dharmeṇa hīnāḥ paśubhiḥ samānāḥ.

ダルメーナ・ヒーナーハ・パシュビヒ・サマーナーハ

「ダルマ（義務）を欠いた人々は獣に等しい」

dharmeṇa は，dharma「法，義務」（男性）の単数・具格形。本来の語尾は -ena だが，この場合，r が前にあり，母音が続き，後に母音があるから，n は ṇ となる（連声の規則）。hīnaḥ は，hīna「捨てられた」の男性・複数・主格形。具格とともに用いて，「～を欠いた（人々）」の意味になる。paṣubhiḥ は，paśu の複数・具格形。samānāḥ は，形容詞 samāna の男性・複数・主格形。具格とともに用いて，「～に等しい」の意味になる。hīnāḥ と性・数・格が一致している。

次に，中性名詞と女性名詞の格変化をあげよう。

〈-i または -u で終わる中性名詞の格変化〉

（中性）vāri-「水」

<table>
<tr><th></th><th>単数</th><th>両数</th><th>複数</th></tr>
<tr><td>主格形</td><td rowspan="3">ヴァーリ
vāri</td><td rowspan="3">ヴァーリニー
vāriṇī</td><td rowspan="3">ヴァーリーニ
vārīṇi</td></tr>
<tr><td>呼格形</td></tr>
<tr><td>対格形</td></tr>
<tr><td>具格形</td><td>ヴァーリナー
vāriṇā</td><td rowspan="3">ヴァーリビヤーム
vāribhyām</td><td>ヴァーリビヒ
vāribhiḥ</td></tr>
<tr><td>為格形</td><td>ヴァーリネー
vāriṇe</td><td rowspan="2">ヴァーリビヤハ
vāribhyaḥ</td></tr>
<tr><td>奪格形</td><td rowspan="2">ヴァーリナハ
vāriṇaḥ</td></tr>
<tr><td>属格形</td><td rowspan="2">ヴァーリノーホ
vāriṇoḥ</td><td>ヴァーリーナーム
vārīṇām</td></tr>
<tr><td>処格形</td><td>ヴァーリニ
vāriṇi</td><td>ヴァーリシュ
vāriṣu</td></tr>
</table>

（中性）madhu-「蜜」

<table>
<tr><th></th><th>単数</th><th>両数</th><th>複数</th></tr>
<tr><td>主格形</td><td rowspan="3">マドゥ
madhu</td><td rowspan="3">マドゥニー
madhunī</td><td rowspan="3">マドゥーニ
madhūni</td></tr>
<tr><td>呼格形</td></tr>
<tr><td>対格形</td></tr>
<tr><td>具格形</td><td>マドゥナー
madhunā</td><td rowspan="3">マドゥビヤーム
madhubhyām</td><td>マドゥビヒ
madhubhiḥ</td></tr>
<tr><td>為格形</td><td>マドゥネー
madhune</td><td rowspan="2">マドゥビヤハ
madhubhyaḥ</td></tr>
<tr><td>奪格形</td><td rowspan="2">マドゥナハ
madhunaḥ</td></tr>
<tr><td>属格形</td><td rowspan="2">マドゥノーホ
madhunoḥ</td><td>マドゥーナーム
madhūnām</td></tr>
<tr><td>処格形</td><td>マドゥニ
madhuni</td><td>マドゥシュ
madhuṣu</td></tr>
</table>

〈-i または -u で終わる女性名詞の格変化〉

（女性）mati-「叡知」

<table>
<tr><th></th><th>単数</th><th>両数</th><th>複数</th></tr>
<tr><td>主格形</td><td>マティヒ
matiḥ</td><td rowspan="3">マティー
matī</td><td rowspan="2">マタヤハ
matayaḥ</td></tr>
<tr><td>呼格形</td><td>マテー
mate</td></tr>
<tr><td>対格形</td><td>マティム
matim</td><td>マティーヒ
matīḥ</td></tr>
<tr><td>具格形</td><td>マティヤー
matyā</td><td rowspan="3">マティビヤーム
matibhyām</td><td>マティビヒ
matibhiḥ</td></tr>
<tr><td>為格形</td><td>マタイェー マティヤイ
mataye matyai</td><td rowspan="2">マティビヤハ
matibhyaḥ</td></tr>
<tr><td>奪格形</td><td rowspan="2">マテーヘ マティヤーハ
mateḥ matyāḥ</td></tr>
<tr><td>属格形</td><td rowspan="2">マティヨーホ
matyoḥ</td><td>マティナーム
matīnām</td></tr>
<tr><td>処格形</td><td>マタウ マティヤーム
matau matyām</td><td>マティシュ
matiṣu</td></tr>
</table>

（女性）dhenu-「雌牛」

<table>
<tr><th></th><th>単数</th><th>両数</th><th>複数</th></tr>
<tr><td>主格形</td><td>デーヌフ
dhenuḥ</td><td rowspan="3">デーヌー
dhenū</td><td rowspan="2">デーナヴァハ
dhenavaḥ</td></tr>
<tr><td>呼格形</td><td>デーノー
dheno</td></tr>
<tr><td>対格形</td><td>デーヌム
dhenum</td><td>デーヌーフ
dhenūḥ</td></tr>
<tr><td>具格形</td><td>デーンヴァー
dhenvā</td><td rowspan="3">デーヌビヤーム
dhenubhyām</td><td>デーヌビヒ
dhenubhiḥ</td></tr>
<tr><td>為格形</td><td>デーナヴェー デーンヴァイ
dhenave dhenvai</td><td rowspan="2">デーヌビヤハ
dhenubhyaḥ</td></tr>
<tr><td>奪格形</td><td rowspan="2">デーノーホ デーンヴァーハ
dhenoḥ dhenvāḥ</td></tr>
<tr><td>属格形</td><td rowspan="2">デーンヴォーホ
dhenvoḥ</td><td>デーヌーナーム
dhenūnām</td></tr>
<tr><td>処格形</td><td>デーナウ デーンヴァーム
dhenau dhenvām</td><td>デーヌシュ
dhenuṣu</td></tr>
</table>

[例文]

(1) madhu vāriṇo madhutaram.

マドゥ・ヴァーリノー・マドゥタラム

「蜜は水よりも甘い」

madhu「蜜」は，中性・単数・主格形。vāriṇo は，vāriṇaḥ（有声子音の前で，-aḥ が -o となる）で，vāri「水」の中性・単数・奪格形。madhutara は，「より甘い」の意味の形容詞（比較級）。madhu と性・数・格を一致させて，madhutaram（中性・単数・主格形）となっている。

(2) saṃpatteś ca vipatteś ca daivam eva kāraṇam.

サンパッテーシュ・チャ・ヴィパッテーシュ・チャ・ダイヴァム・エーヴァ・カーラナム

「幸福にせよ不幸にせよ，運命のみがその原因である」

saṃpatteḥ は，saṃpatti「幸福」（女性）の単数・属格形。vipatteḥ は，vipatti「不幸」（女性）の単数・属格形。-ḥ が，c- の前で -ś になっている。daivam「運命」は，中性・単数・主格形。eva は強め，または限定。kāraṇam「原因」は，中性・単数・主格形。

☞ **雑学のよろこび** ☜

1　ギリシア語，ラテン語，そしてサンスクリット語

この 3 つの言語の比較をするまえに，サンスクリット（語）という言語名について一言。かつてはなぜかこの言語をいうときに「語」をつけない人が多かった。かくいう筆者たちもそうである。英語やドイツ語などの言語名には「語」をつける。ところが，サンスクリットは名称自体が長く，またこの言語に関係する人も少なかったからだろうか，「語」なしでそのまま通用してきた。しかし今後は，この名称をはじめて耳にする人のためにも，やはり「語」をつけてよぶことが定着してくると思う。ただ，こうした名称をわずらわしく思う人は，ちょっと古めかしいが「梵語（ぼんご）」という昔ながらの用語を代用するのも一法かもしれない。本書の本文中では，原則として「語」なしの「サンスクリット」で通したことをおことわりしておく。

さて表題の 3 言語だが，これらはインド・ヨーロッパ語族を代表する古典語で，いわば東西の代表といってよいだろう。これらの言語には，豊富で多様な文献がそろっている。これは正確な伝承の賜物であり，それらの資料の比較から，音韻の対応のみならず，文法の組織にいたるまで比較的容易に共通点が指摘され，その結果，印欧語の「比較文法」を推進する原動力になってきたのである。そこでいくつかの語彙を材料として，具体的にその対応の程度をみてみよう。

まず**数詞**に注目したい。数詞は，どの言語でも比較的安定した語彙と考えられ，印欧語でもその語形の一致が著しい。たとえば，英語の数詞「2」two と同語源の語の対応は，次のように

なる（サ＝サンスクリット，ギ＝ギリシア語，ラ＝ラテン語)。

（サ）duvā, duvau（これは古い男性形。女性形と中性形は dve, duve).

（ギ）dúo, dúō（3 性共通).

（ラ）duo（男性形，中性形), duae（女性形）.

祖形は *duō(u) /dwō(u) だったと推定されるこの数詞は，名詞や形容詞の両数形と同じ格変化をする。ラテン語は両数を失ったため複数形の変化をするが，その主格の両数形だけは保持されている。そして同じこの両数形は，数詞の「8」*oktō (u)（英語の eight と同じ語源）にも認められる。その古い形をみると，

（サ）aṣṭā(u)（古典 aṣṭa),（ギ）oktṓ（英語 octopus を参照),（ラ）octō.

となり，ここでも，「2」と同じ -ō(u) という両数をあらわすと思われる語尾が使われている。これは，数詞の「1」から「4」までが形容詞にみられるような性・数・格の変化をもっているところからみて，おそらくは 4 が満数であって，その倍の 8 が両数の形によってあらわされたものと推定されている。ただ，ラテン語はこの変化をもつのが 4 ではなくて 3 までであり，4 以降は不変化へと変わっている。しかし，octō という両数のなごりは失っていない。こうした推測は 1 つの言語の資料だけからでは難しいが，サンスクリットを加えた 3 言語の比較によって，より確実なものになるのである。

つぎに**親族名称**の代表的な例として，英語の father, mother と

同じ語源の「父」と「母」をあげよう。

「父」（サ）pitar-,（ギ）patḗr,（ラ）pater.
「母」（サ）mātar-,（ギ）mḗtēr,（ラ）māter.

ここにみられる-ter という接尾辞は,（サ）bhrātar-,（ラ）frāter「兄弟」,（サ）duhitar-,（ギ）thugátēr「娘」（いずれも，英語 brother, daughter と同じ語源の語）など，他の親族名称にも用いられている。この「父」は，「パパ」のようないわゆる幼児語の語彙ではなく，家長としての地位をふくめた「父」であったと考えられている。その1つの証拠に，これは「母なる大地」に対すると思われる「父なる天」という詩的な表現になって，インドの最も古い詩集である『リグ・ヴェーダ』とか，古代ギリシアの叙事詩『イーリアス』などにあらわれている。

（サ）dyauṣ pitar,（ギ）Zéù pater,（ラ）Juppiter（Jūpiter）.

このサンスクリットとギリシア語は呼びかけの格の形（Zeu は，Zeus「ゼウス」の呼格）だが，ラテン語の Juppiter「ジュピター」も，本来はこの2つの形の合成語に由来すると推定されている。

数詞とともに重要な基本語彙の1つとされている**身体部位名称**では，英語の foot, knee と同じ語源の形が，非常にきれいな対応を示している。

「足」（男性）（サ）pad-（主格・単数形 pāt < *pod-s),（ギ）pod-（pous),（ラ）ped-（pēs).
「膝」（中性）（サ）jānu,（ギ）gónu,（ラ）genū.

これらの形をみると，母音 e/o の差はあるものの，語幹の構成までもが一致している。しかし，つぎのような例もある。

「肝臓」（中性）（サ）yakṛt（-t は，単数・主格のみの子音），（ギ）hêpar，（ラ）jecur.

そして，さらに単数・属格形をみると，

（サ）yakn-aḥ，（ギ）hḗpat-os（-t- は，語幹と格語尾をつなぐ子音），（ラ）jecinor-is/jecor-is.

ここでは 3 つの言語に共通する主格の -r 語幹はラテン語を除いて消えている。そして一見したところ，3 つの形はかなりちがっている。サンスクリットでは主格の -r ではなくて -n をもつ語幹が，ラテン語では -in-or- のように，-n と -r をもつ語幹か，あるいは主格にならった -r をもつ語幹か，その 2 つの形が使われている。問題のギリシア語の -a- は，サンスクリットの ad-「食べる」（英語 eat と同じ語源）の現在分詞，単数・主格形 ad-an，対格形 ad-anta-am に対する為格形 ad-at-e，属格形 ad-at-ah のような，接尾辞 -ant-/-at- にみられる an/a の交替を参考にすれば，サンスクリットの r と同様に，n の弱階梯のあらわれとみることができよう（英語 water と同じ語源のギリシア語「水」（中性）húdōr，属格形 húdat-os の -a- を参照）。そこで，ラテン語のもつ 2 つの属格の形も，本来は n 語幹で *jecin-is のような形であったものが，主格との不規則を嫌った話し手が，jecin- に主格の -or- をつけるか，あるいは思い切って -n- のない jecor-is とするか，いずれかを選ぶのに迷った結果だと考えられよう。同じような -r/-n 共有の形は，（ラ）iter「旅」（中性）の属格形 itiner-is にも残っている。つまりこれらの名詞は，格変化のなかで語幹が -r/-n の交替をするという不規則な型に属していたことを示している。ここでも 3 つの言語の比較は，歴史をさかのぼるのに有効な手段となる。ちなみに，こうした不規則な型は，一般の話し手には好まれないから，-r/-n のいずれか一方を選ぶか，あるいはまったく新しい語彙に変えるか，どちらかの道をたどることになる。たとえば，foie gras「フォワグラ」の foie などは後者の一例で，ギリシア以来，上述の「肝臓」に取って代わった，本来は「いちじく」にちなんだ形容詞である。ところがインドでは，-r/-n のいずれかを選んだ形が現代にいたるまで記録されているのである。

終わりに，動詞の例として，英語の yoke と同じ語源をもつ「くびきにつける」をあらわす形をみてみよう。

（サ）yunaj-mi，（ギ）zeúgnū-mi，（ラ）jung-ō（いずれも，単数・1 人称形）.

これらはいずれの語幹も -n- の要素をもっているが，その挿入の仕方がちがっている。まずサンスクリットは yuj- という語根のなかに -na- が，ギリシア語は zeug- の後に -nū- が，ラテン語は jug- のなかに -n- が入っている。これは各言語の動詞の組織のもつ型のちがいのあらわれというべきだろう。それにしても，この鼻音要素（n）は何のために入れられたのだろうか。じつはこれは，現在形の語幹のしるしとしての働きをもっているのである。その証拠に他の時制の形では，（サ）完了 yuyoja，アオリスト ayokṣam，（ギ）完了 é-zeug-mai（受動），アオリスト é-zeuxa < *e-zeug-sa のように，現在以外の時制の語幹には，この n 要素はみられない。ところが，ラテン語だけはちがっていて，その完了形をみると，junxī < *jung-sī のように，現在形の -n- の要素が消えていない。ラテン語では，完了形で n が消えるものと（linquō，完了 līquī「去る」），jungō のように消えない

ものとがあり，後者の数も少なくない。ということは，話し手の意識としては，jung- は ju-n-g- ではなくて jung- なのであり，その形式が半ば固定して生きていたように思われる。これは，一種の規則化への道である。-nū- という要素を語根 zeug- の後ろにつけるギリシア語も，同様の傾向にあるといえよう。しかしそれは動詞の組織のなかだけで，名詞にまではおよんでいない。「くびき」をあらわす中性名詞（サ）yugum，（ギ）zugón と同じように，ラテン語も jugum である。現在われわれが使っている用語でも，よくみると conjunction/conjugation など，いまだにこの動詞派と名詞派ともいうべき鼻音の有無を引きずっている感がある。もっともローマ人も，結婚の相手である「配偶者」（男性・女性，多くは女性に使用）をいうのに，con-junx/con-jux（属格形 conjug-is）という 2 つの形を共有している。

不規則形ということに関連して，もう一例，英語の is と同じ語源の動詞をみてみよう。この動詞は印欧語に広くみられるが，不規則な形式のものが多い。しかしその不規則も，他の言語との比較などによってその原因が容易に理解できるものと，うまく説明できないものがある。

英語の is に相当する単数の 3 人称，それに 2 人称，そして 1 人称の形を 3 言語についてみてみると，サンスクリットの組織が整然としていることがよくわかる。

3 人称（サ）as-ti，（ギ）es-tí，（ラ）est.

これは，*es-/s- のように交替する語根に人称語尾 -ti がつけられた形で，ラテン語だけが語末の-i を失っていることがわかる。ところが，つぎの 2 人称の形をみると，

2 人称（サ）asi，（ギ）eî，（ラ）es.

となる。ここでは共通して，*es-si における -ss- > -s- の結果が認められる。ギリシア語では，その s も母音間で h になって消失し，結果的に二重母音が生じたわけで，古い叙事詩では essi という形が記録されている。ラテン語では人称語尾が消えてしまっている。こうみてくると，これらの形は一見ばらばらのようだが，じつはそのもとでつながっていて，それぞれの言語で変化を経てきたことがわかる。しかし 1 人称形をみると，そうした音変化では解釈がつかない形がでてくる。

1 人称（サ）as-mi，（ギ）ei-mí，（ラ）sum.

ギリシア語の語根部の ei-は，*es-mí の -s-m- の連続で -s- が消失した代わりに母音の e- が延長された長母音をあらわしていると考えられるが，問題はラテン語の sum である。語根が *es- でなくて弱階梯の s- で語根部を表示していることも異常だが，この -um は判断に迷う。1 人称・複数形 sumus の影響か，あるいは *sumi のような形があったのか，よくわからないからである。

名詞（形容詞）の格変化（4）

– -ī または -ū で終わる語幹 –

第 4 章

-ī または -ū で終わる名詞は，すべて女性名詞である。多音節の語幹と単音節の語幹とでは変化形が異なる。

〈-ī または -ū で終わる多音節名詞の格変化〉

（女性）nadī-「川」

<table>
<tr><th></th><th>単数</th><th>両数</th><th>複数</th></tr>
<tr><td>主格形</td><td>ナディー
nadī</td><td rowspan="3">ナディヤウ
nadyau</td><td rowspan="2">ナディヤハ
nadyaḥ</td></tr>
<tr><td>呼格形</td><td>ナディ
nadi</td></tr>
<tr><td>対格形</td><td>ナディーム
nadīm</td><td>ナディーヒ
nadīḥ</td></tr>
<tr><td>具格形</td><td>ナディヤー
nadyā</td><td rowspan="3">ナディービヤーム
nadībhyām</td><td>ナディービヒ
nadībhiḥ</td></tr>
<tr><td>為格形</td><td>ナディヤイ
nadyai</td><td rowspan="2">ナディービヤハ
nadībhyaḥ</td></tr>
<tr><td>奪格形</td><td rowspan="2">ナディヤーハ
nadyāḥ</td></tr>
<tr><td>属格形</td><td rowspan="2">ナディヨーホ
nadyoḥ</td><td>ナディーナーム
nadīnām</td></tr>
<tr><td>処格形</td><td>ナディヤーム
nadyām</td><td>ナディーシュ
nadīṣu</td></tr>
</table>

〈例外〉lakṣmī「幸運（女神）」は，単数・主格で lakṣmīḥ の形をとる。

（女性）vadhū-「女」

<table>
<tr><th></th><th>単数</th><th>両数</th><th>複数</th></tr>
<tr><td>主格形</td><td>ヴァドゥーフ
vadhūḥ</td><td rowspan="3">ヴァドゥヴァウ
vadhvau</td><td rowspan="2">ヴァドゥヴァハ
vadhvaḥ</td></tr>
<tr><td>呼格形</td><td>ヴァドゥ
vadhu</td></tr>
<tr><td>対格形</td><td>ヴァドゥーム
vadhūm</td><td>ヴァドゥーフ
vadhūḥ</td></tr>
<tr><td>具格形</td><td>ヴァドゥヴァー
vadhvā</td><td rowspan="3">ヴァドゥービヤーム
vadhūbhyām</td><td>ヴァドゥービヒ
vadhūbhiḥ</td></tr>
<tr><td>為格形</td><td>ヴァドゥヴァイ
vadhvai</td><td rowspan="2">ヴァドゥービヤハ
vadhūbhyaḥ</td></tr>
<tr><td>奪格形</td><td rowspan="2">ヴァドゥヴァーハ
vadhvāḥ</td></tr>
<tr><td>属格形</td><td rowspan="2">ヴァドゥヴォーホ
vadhvoḥ</td><td>ヴァドゥーナーム
vadhūnām</td></tr>
<tr><td>処格形</td><td>ヴァドゥヴァーム
vadhvām</td><td>ヴァドゥーシュ
vadhūṣu</td></tr>
</table>

〈-ī または -ū で終わる単音節名詞の格変化〉

（女性）dhī-「叡知」

<table>
<tr><th></th><th>単数</th><th>両数</th><th>複数</th></tr>
<tr><td>主格形</td><td rowspan="2">ディーヒ
dhīḥ</td><td rowspan="3">ディヤウ
dhiyau</td><td rowspan="3">ディヤハ
dhiyaḥ</td></tr>
<tr><td>呼格形</td></tr>
<tr><td>対格形</td><td>ディヤム
dhiyam</td></tr>
<tr><td>具格形</td><td>ディヤー
dhiyā</td><td rowspan="3">ディービヤーム
dhībhyām</td><td>ディービヒ
dhībhiḥ</td></tr>
<tr><td>為格形</td><td>ディイェー ディヤイ
dhiye/dhiyai</td><td rowspan="2">ディービヤハ
dhībhyaḥ</td></tr>
<tr><td>奪格形</td><td rowspan="2">ディヤハ ディヤーフ
dhiyaḥ/dhiyāḥ</td></tr>
<tr><td>属格形</td><td rowspan="2">ディヨーホ
dhiyoḥ</td><td>ディヤーム ディーナーム
dhiyām/dhīṇām</td></tr>
<tr><td>処格形</td><td>ディイ ディヤーム
dhiyi/dhiyām</td><td>ディーシュ
dhīṣu</td></tr>
</table>

〈**例外**〉strī-「女」の格変化

単数の主格形 strī，呼格形 stri，対格形 strīm, striyam，具格形 striyā，為格形 striyai，奪格形・属格形 striyāḥ，処格形 striyām，複数の主格・対格形 striyaḥ, strīḥ，属格形 strīṇām。

（女性）bhū-「大地」

<table>
<tr><th></th><th>単数</th><th>両数</th><th>複数</th></tr>
<tr><td>主格形</td><td rowspan="2">ブーフ
bhūḥ</td><td rowspan="3">ブヴァウ
bhuvau</td><td rowspan="3">ブヴァハ
bhuvaḥ</td></tr>
<tr><td>呼格形</td></tr>
<tr><td>対格形</td><td>ブヴァム
bhuvam</td></tr>
<tr><td>具格形</td><td>ブヴァー
bhuvā</td><td rowspan="3">ブービヤーム
bhūbhyām</td><td>ブービヒ
bhūbhiḥ</td></tr>
<tr><td>為格形</td><td>ブヴェー　ブヴァイ
bhuve/bhuvai</td><td rowspan="2">ブービヤハ
bhūbhyaḥ</td></tr>
<tr><td>奪格形</td><td rowspan="2">ブヴァハ　ブヴァーハ
bhuvaḥ/bhuvāḥ</td></tr>
<tr><td>属格形</td><td rowspan="2">ブヴォーホ
bhuvoḥ</td><td>ブヴァームブーナーム
bhuvām/bhūnām</td></tr>
<tr><td>処格形</td><td>ブヴィ　ブヴァーム
bhuvi/bhuvām</td><td>ブーシュ
bhūṣu</td></tr>
</table>

[例文]

（1）vṛddhasya taruṇī viṣam.

ヴリッダスヤ・タルニー・ヴィシャム

「老人には若い女は毒である」

vṛddhasya は，vṛddha「老いた」の男性・単数・属格形で，為格の代用。形容詞だが，名詞化して「老いた男」の意味になる。taruṇī は，taruṇa「若い」の女性・単数・主格形。viṣam「毒」は，中性・単数・主格形。

（2）nadyāṃ haṃsaḥ plavate.

ナディヤーン・ハンサハ・プラヴァテー

「川にはハンサ鳥が泳いでいる」

nadyām（-āṃ）は，nadī（女性）の単数・処格形。haṃsaḥ は，haṃsa（男性）の単数・主格形。plavate は「泳ぐ」の意味の動詞 plu-（3 人称・単数・現在形）。

（3）brāhmaṇo dhiyā dhyāyati.

ブラーフマノー・ディヤー・ディヤーヤティ

「バラモンは知性によって考慮する」

brāhmaṇo は，brāhmaṇa「バラモン」の男性・単数・主格形。有声音の前で，-aḥ が -o となる。dhiyā は，dhī の単数・具格形。dhyāyati は，「考慮する」の意味の動詞 dhyā-（3 人称・単数・現在形）。

（4）striyo hi nāma nisargād eva paṇḍitāḥ.

ストリヨー・ヒ・ナーマ・ニサルガード・エーヴァ・パンディターハ

「実に女性は天性よりして賢い」

striyo は，strī の女性・主格・複数形。有声音の前で，-aḥ が -o となる。hi は，「というのは」の意味。あるいは，強めをあらわす。nāma も強め。nisargād は，nisarga「天性」（男性）の単数・奪格形。有声音の前で，-t は -d となる。eva は「まさしく，ただ」の意味で，強めの副詞。paṇḍitāḥ は，paṇḍita「賢い」の意味の形容詞（女性・主格・複数形）。

（5）lakṣmīr viṣṇoḥ strī.

ラクシュミール・ヴィシュノーホ・ストリー

「ラクシュミーはヴィシュヌの妻である」

lakṣmīr は，lakṣmī「幸福（女神）」の女性・単数・主格形。有声音の前で，-ḥ は -r となる。viṣṇoḥ は，viṣṇu「ヴィシュヌ神」（男性）の単数・属格形。strī「妻，女性」は，女性・単数・主格形。

名詞（形容詞）の格変化（5）
－-(t)ṛ で終わる語幹，二重母音で終わる語幹－

◈第 5 章◈

-tṛ で終わる行為者名詞（「～する者」の意味。男性名詞と中性名詞とがある）は，-tār/ -tar/ -tṛ という延長（強）・標準（中）・弱の 3 つの階梯の語幹をもつ。

〈dātṛ「与える者」の格変化〉

（男性）

	単数	両数	複数
主格形	ダーター dātā	ダーターラウ dātārau	ダーターラハ dātāraḥ
呼格形	ダータル dātar		
対格形	ダーターラム dātāram		ダートリーン dātṝn
具格形	ダートラー dātrā	ダートリビヤーム dātṛbhyām	ダートリビヒ dātṛbhiḥ
為格形	ダートレー dātre		ダートリビヤハ dātṛbhyaḥ
奪格形	ダートゥフ dātuḥ		
属格形		ダートローホ dātroḥ	ダートリーナーム dātṝṇām
処格形	ダータリ dātari		ダートリシュ dātṛṣu

（中性）

<table>
<tr><th></th><th>単数</th><th>両数</th><th>複数</th></tr>
<tr><td>主格形</td><td>ダートリ
dātṛ</td><td rowspan="3">ダートリニー
dātṛṇī</td><td rowspan="3">ダートリーニ
dātṝṇi</td></tr>
<tr><td>呼格形</td><td>ダートリ
dātṛ（dātaḥ）</td></tr>
<tr><td>対格形</td><td>ダートリ
dātṛ</td></tr>
<tr><td>具格形</td><td>ダートリナー
dātṛṇā</td><td rowspan="3">ダートリビヤーム
dātṛbhyām</td><td>ダートリビヒ
dātṛbhiḥ</td></tr>
<tr><td>為格形</td><td>ダートリネー
dātṛṇe</td><td rowspan="2">ダートリビヤハ
dātṛbhyaḥ</td></tr>
<tr><td>奪格形</td><td rowspan="2">ダートリナハ
dātṛṇaḥ</td></tr>
<tr><td>属格形</td><td rowspan="2">ダートリノーホ
dātṛṇoḥ</td><td>ダートリーナーム
dātṝṇām</td></tr>
<tr><td>処格形</td><td>ダートリニ
dātṛṇi</td><td>ダートリシュ
dātṛṣu</td></tr>
</table>

中性名詞では，母音で始まる語尾の前に -n- を入れる。しかし，単数・両数・複数の主格・呼格・対格を除いた格では，男性形を用いてもよい。なお，dātṛ の女性形は dātrī で，その変化は既出の nadī にならう（34 ページの表を参照）。

また，親縁者をあらわす語も -(t)ṛ で終わる。

〈pitṛ「父」（男性）の格変化〉

<table>
<tr><th></th><th>単数</th><th>両数</th><th>複数</th></tr>
<tr><td>主格形</td><td>ピター
pitā</td><td rowspan="3">ピタラウ
pitarau</td><td rowspan="2">ピタラハ
pitaraḥ</td></tr>
<tr><td>呼格形</td><td>ピタハ
pitaḥ</td></tr>
<tr><td>対格形</td><td>ピタラム
pitaram</td><td>ピトリーン
pitṝn</td></tr>
<tr><td>具格形</td><td>ピトラー
pitrā</td><td rowspan="3">ピトリビヤーム
pitṛbhyām</td><td>ピトリビヒ
pitṛbhiḥ</td></tr>
<tr><td>為格形</td><td>ピトレー
pitre</td><td rowspan="2">ピトリビヤハ
pitṛbhyaḥ</td></tr>
<tr><td>奪格形</td><td rowspan="2">ピトゥフ
pituḥ</td></tr>
<tr><td>属格形</td><td rowspan="2">ピトローホ
pitroḥ</td><td>ピトリーナーム
pitṝṇām</td></tr>
<tr><td>処格形</td><td>ピタリ
pitari</td><td>ピトリシュ
pitṛṣu</td></tr>
</table>

なお，mātṛ「母」（女性）の格変化は，複数・対格形（mātṝḥ）を除き，pitṛ と同様である。また，duhitṛ「娘」も同様である。naptṛ「孫」（男性），bhartṛ「夫」（男性），svasṛ「姉妹」（女性）は，dātṛ と同様に格変化する。たとえば，svasṛ の単数・対格形は svasāram になる。なお，svasṛ は女性名詞であり，複数・対格形は svasṝḥ となる。

二重母音で終わる語幹には，nau「舟」（女性），go「牛」（男性・女性）などがある。

〈nau「舟」（女性）の格変化〉

<table>
<tr><th></th><th>単数</th><th>両数</th><th>複数</th></tr>
<tr><td>主格形</td><td rowspan="2">ナウフ
nauḥ</td><td rowspan="3">ナーヴァウ
nāvau</td><td rowspan="3">ナーヴァハ
nāvaḥ</td></tr>
<tr><td>呼格形</td></tr>
<tr><td>対格形</td><td>ナーヴァム
nāvam</td></tr>
<tr><td>具格形</td><td>ナーヴァー
nāvā</td><td rowspan="3">ナウビヤーム
naubhyām</td><td>ナウビヒ
naubhiḥ</td></tr>
<tr><td>為格形</td><td>ナーヴェー
nāve</td><td rowspan="2">ナウビヤハ
naubhyaḥ</td></tr>
<tr><td>奪格形</td><td rowspan="2">ナーヴァハ
nāvaḥ</td></tr>
<tr><td>属格形</td><td rowspan="2">ナーヴォーホ
nāvoḥ</td><td>ナーヴァーム
nāvām</td></tr>
<tr><td>処格形</td><td>ナーヴィ
nāvi</td><td>ナウシュ
nauṣu</td></tr>
</table>

〈go「牛」（男性・女性）の格変化〉

<table>
<tr><th></th><th>単数</th><th>両数</th><th>複数</th></tr>
<tr><td>主格形</td><td rowspan="2">ガウフ
gauḥ</td><td rowspan="3">ガーヴァウ
gāvau</td><td rowspan="2">ガーヴァハ
gāvaḥ</td></tr>
<tr><td>呼格形</td></tr>
<tr><td>対格形</td><td>ガーム
gām</td><td>ガーハ
gāḥ</td></tr>
<tr><td>具格形</td><td>ガヴァー
gavā</td><td rowspan="3">ゴービヤーム
gobhyām</td><td>ゴービヒ
gobhiḥ</td></tr>
<tr><td>為格形</td><td>ガヴェー
gave</td><td rowspan="2">ゴービヤハ
gobhyaḥ</td></tr>
<tr><td>奪格形</td><td rowspan="2">ゴーホ
goḥ</td></tr>
<tr><td>属格形</td><td rowspan="2">ガヴォーホ
gavoḥ</td><td>ガーヴァーム
gavām</td></tr>
<tr><td>処格形</td><td>ガヴィ
gavi</td><td>ゴーシュ
goṣu</td></tr>
</table>

また，div (dyu)「天」(女性) も，同様の格変化をする。

〈div (dyu)「天」(女性) の格変化〉

<table>
<tr><th></th><th>単数</th><th>両数</th><th>複数</th></tr>
<tr><td>主格形</td><td rowspan="2">ディヤウフ
dyauḥ</td><td rowspan="3">ディヴァウ
divau</td><td rowspan="3">ディヴァハ
divaḥ</td></tr>
<tr><td>呼格形</td></tr>
<tr><td>対格形</td><td>ディヴァム ディヤーム
divam/dyām</td></tr>
<tr><td>具格形</td><td>ディヴァー
divā</td><td rowspan="3">ディユビヤーム
dyubhyām</td><td>ディユビヒ
dyubhiḥ</td></tr>
<tr><td>為格形</td><td>ディヴェー
dive</td><td rowspan="2">ディユビヤハ
dyubhyaḥ</td></tr>
<tr><td>奪格形</td><td rowspan="2">ディヴァハ
divaḥ</td></tr>
<tr><td>属格形</td><td rowspan="2">ディヴォーホ
divoḥ</td><td>ディヴァーム
divām</td></tr>
<tr><td>処格形</td><td>ディヴィ
divi</td><td>ディユシュ
dyuṣu</td></tr>
</table>

[例文]

(1) rāmasya pitā daśarathaḥ.

ラーマスヤ・ピター・ダシャラタハ

「ラーマの父はダシャラタである」

rāmasya「ラーマ」は，男性・単数・属格形。pitā「父」は，pitṛ (男性) の単数・主格形。daśarathaḥ「ダシャラタ」(男性) は，単数・主格形。

(2) sītā bhartuḥ samīpaṃ gacchati.

シーター・バルトゥフ・サミーパン・ガッチャティ

「シーターは夫のそばに行く」

sītā「シーター」(女性) は，単数・主格形。bhartuḥ は，bhartṛ.「夫」(男性) の単数・属格形。samīpam は，「近くに」の意味の副詞。-m は，子音の前で -ṃ となる。gacchati は，gam-「行く」の意味の動詞 (3 人称・

単数・現在形）。

（3）pitṝṇāṃ durlabhaḥ putraḥ.

ピトリーナーン・ドゥルラバハ・プトラハ

「息子は父たちにとって得がたい」

pitṝṇām は，pitṛ「父」（男性）の複数・属格形。属格は，「～にとって」と訳すとうまくいく場合が多い。durlabha は，「得がたい」の意味の形容詞（男性・単数・主格形）。putraḥ「息子」（男性）は，単数・主格形。

（4）jāmātur duhitā balam.

ジャーマートゥル・ドゥヒター・バラム

「娘は婿の力である」

jāmātur は，jāmātṛ「婿」（男性）の単数・属格形。有声音の前で，-ḥ が -r になる。duhitā は，duhitṛ「娘」（女性）の単数・主格形。balam は，bala「力」（中性）の単数・主格形。

（5）vāyur ambhasi nāvaṃ harati.

ヴァーユル・アムバシ・ナーヴァン・ハラティ

「風が水中で舟を奪う」

vāyur は，vāyu「風」（男性）の単数・主格形。ambhasi は，ambhas「水」（中性）の単数・処格形（その格変化は，第6章を参照）。nāvam は，nau「舟」（女性）の単数・対格形。harati は，hṛ-「奪う」の意味の動詞（3人称・単数・現在形）。

（6）gandhena gāvaḥ paśyanti.

ガンデーナ・ガーヴァハ・パシュヤンティ

「牛はにおいで見る」

gandhena は，gandha「香り」（男性）の単数・具格形。gāvaḥ は，go

「牛」(男性・女性)の複数・主格形。paśyanti は，dṛś- (paś-)「見る」の意味の動詞(3 人称・複数・現在形)。

(7) kanyā gobhyo jalaṃ dadāti.

カニヤー・ゴービヨー・ジャラン・ダダーティ

「少女は牛たちに水を与える」

kanyā「少女」は，女性・単数・主格形。gobhyo は，go「牛」(男性・女性)の複数・為格形。有声音の前で，-aḥ が -o となる。jalam は，jala「水」(中性)の単数・対格形。dadāti は，dā-「与える」の意味の動詞(3 人称・単数・現在形)。

(8) divi sūryaś ca candraś ca.

ディヴィ・スーリヤシュ・チャ・チャンドラシュ・チャ

「天空に太陽と月が[ある]」

divi は，div「天」(女性)の単数・処格形。sūryaś は，sūrya「太陽」(男性)の単数・主格形。-ḥ は，c- の前で -ś となる。candraś「月」も，男性・単数・主格形。ca は，「そして」の意味。“sūryaś ca candraś ca” は，“sūryaś candraś ca” とも書く。

(9) lokasya pitarau vande.

ローカスヤ・ピタラウ・ヴァンデー

「世界の両親に私は敬礼する」

lokasya は，loka「世界」(男性)の単数・属格形。pitarau は，pitṛ「父」(男性)の両数・対格形。ここでは，「両親」の意味。vande は，vand-「敬礼する」の意味の動詞(1 人称・単数・現在形)。

(10) guror mātaraṃ toṣayet.

グロール・マータラン・トーシャイェート

「師の母を満足させるべきである」

gurorは，guru「師」（男性）の単数・属格形。有声子音の前で，-ḥが-rとなる。mātaramは，mātṛ「母」（女性）の単数・対格形。toṣayetは，tuṣ-「満足する」の意味の動詞（3 人称・単数・使役・願望法の形。第13，24 章を参照）。

名詞（形容詞）の格変化（6）

− 子音で終わる語幹（1）（1 語幹の名詞）−

第 6 章

サンスクリットでは語幹が母音で終わる名詞（形容詞）が多く使用されるために，ここまではそれらを先に学習してきたが，じつは母音で終わる名詞の格変化は不規則で，子音で終わる名詞の格変化の方が規則的である。また，よく使用される語の格変化の方が不規則になる場合が多い。規則的に変化する場合には，その格語尾は以下のようになる。

<table>
<tr><th rowspan="2"></th><th colspan="2">単数</th><th colspan="2">両数</th><th colspan="2">複数</th></tr>
<tr><th>男性・女性</th><th>中性</th><th>男性・女性</th><th>中性</th><th>男性・女性</th><th>中性</th></tr>
<tr><td>主格形</td><td>-s</td><td rowspan="3">—</td><td rowspan="3">-au</td><td rowspan="3">-ī</td><td rowspan="3">-as</td><td rowspan="3">-i</td></tr>
<tr><td>呼格形</td><td>— / -s</td></tr>
<tr><td>対格形</td><td>-am</td></tr>
<tr><td>具格形</td><td colspan="2">-ā</td><td colspan="2" rowspan="3">-bhyām</td><td colspan="2">-bhis</td></tr>
<tr><td>為格形</td><td colspan="2">-e</td><td colspan="2" rowspan="2">-bhyas</td></tr>
<tr><td>奪格形</td><td colspan="2" rowspan="2">-as</td></tr>
<tr><td>属格形</td><td colspan="2" rowspan="2">-os</td><td colspan="2">-ām</td></tr>
<tr><td>処格形</td><td colspan="2">-i</td><td colspan="2">-su</td></tr>
</table>

語幹が子音で終わる名詞の格変化では，語幹が，弱語幹，標準（中）語幹，延長（強）語幹というように，多語幹になることがある。たとえば，rājan「王」（男性）は，rājān-/ rājan-/ rājñ- という 3 つの語幹をもつ。この章では，まず 1 語幹の名詞の格変化を見よう。

〈marut「風」（男性）の格変化〉

<table>
<tr><th></th><th>単数</th><th>両数</th><th>複数</th></tr>
<tr><td>主格形・呼格形</td><td>マルト
marut</td><td rowspan="2">マルタウ
marutau</td><td rowspan="2">マルタハ
marutaḥ</td></tr>
<tr><td>対格形</td><td>マルタム
marutam</td></tr>
<tr><td>具格形</td><td>マルター
marutā</td><td rowspan="3">マルドビヤーム
marudbhyām</td><td>マルドビヒ
marudbhiḥ</td></tr>
<tr><td>為格形</td><td>マルテー
marute</td><td rowspan="2">マルドビヤハ
marudbhyaḥ</td></tr>
<tr><td>奪格形</td><td rowspan="2">マルタハ
marutaḥ</td></tr>
<tr><td>属格形</td><td rowspan="2">マルトーホ
marutoḥ</td><td>マルターム
marutām</td></tr>
<tr><td>処格形</td><td>マルティ
maruti</td><td>マルトゥス
marutsu</td></tr>
</table>

〈diś「方角」（女性）の格変化〉

<table>
<tr><th></th><th>単数</th><th>両数</th><th>複数</th></tr>
<tr><td>主格形・呼格形</td><td>ディク
dik</td><td rowspan="2">ディシャウ
diśau</td><td rowspan="2">ディシャハ
diśaḥ</td></tr>
<tr><td>対格形</td><td>ディシャム
diśam</td></tr>
<tr><td>具格形</td><td>ディシャー
diśā</td><td rowspan="3">ディグビヤーム
digbhyām</td><td>ディグビヒ
digbhiḥ</td></tr>
<tr><td>為格形</td><td>ディシェー
diśe</td><td rowspan="2">ディグビヤハ
digbhyaḥ</td></tr>
<tr><td>奪格形</td><td rowspan="2">ディシャハ
diśaḥ</td></tr>
<tr><td>属格形</td><td rowspan="2">ディショーホ
diśoḥ</td><td>ディシャーム
diśām</td></tr>
<tr><td>処格形</td><td>ディシ
diśi</td><td>ディクシュ
dikṣu</td></tr>
</table>

なお -ś は，語末で -k になる。bh- ではじまる語尾の前では，-k が -g になる。-ś + s- は，-kṣ- となる。

❶　-r で終わる語幹の格変化は，gir「声」(女性)，pur「都市」(女性) の例で示すと，以下のようになる。

単数・主格形	ギーヒ gīḥ	プーフ pūḥ
両数・具格形	ギールビヤーム gīrbhyām	プールビヤーム pūrbhyām
複数・処格形	ギールシュ gīrṣu	プールシュ pūrṣu

[例文]

(1) indro marudbhiḥ saha gataḥ.

インドロー・マルドビヒ・サハ・ガタハ

「インドラはマルト神群とともに行った」

indro「インドラ」は，indra (男性) の単数・主格形。-aḥ が，有声音の前で -o となる。marudbhiḥ は，marut (男性) の複数・具格形。marut は，ここでは「マルト」と呼ばれる神群をさす。saha は，「〜(具格形) とともに」の意味。gataḥ は過去受動分詞 (語根 gam-) の男性・単数・主格形だが，ここでは「行った」の意味。

(2) avayo maruti sthitāḥ.

アヴァヨー・マルティ・スティターハ

「羊たちは風の中に立っている」

avayo は，avi「羊」(男性) の複数・主格形。有声音の前で，-aḥ が -o となる。maruti は，marut の単数・処格形。sthitāḥ は，sthita の男性・複数・主格形。sthita は過去受動分詞 (語根 sthā-) だが，ここでは「立っている」の意味。

（3） indrasya diśaṃ paśya.

インドラスヤ・ディシャン・パシュヤ

「インドラの方角を見よ」

indrasya は，indra「インドラ（帝釈天）」の単数・属格形。diśam は，diś の単数・対格形。-m は，子音の前で -ṃ となる。「インドラの方角」とは，「東」を意味する。paśya は，dṛś-（paś-）「見る」の意味の動詞の命令形（2 人称・単数）。

（4） dikṣu maruto vavuḥ sukhāḥ.

ディクシュ・マルトー・ヴァヴフ・スカーハ

「諸々の方角で快い風が吹いた」

dikṣu は，diś「方角」（女性）の複数・処格形。maruto（-aḥ）は，marut の複数・主格形。vavuḥ（語根 vā-）は，「吹いた」の意味の動詞（完了・3 人称・複数形）。sukhāḥ は，sukha「快い」の男性・複数・主格形で，maruto にかかる。

❷ -as, -is, -us で終わる語幹の格変化は，次のようになる。

① 中性名詞の場合

〈manas「思考」の格変化〉

	単数	両数	複数
主格・呼格・対格形	マナハ manaḥ	マナシー manasī	マナーンシ manāṃsi
具格形	マナサー manasā	マノービヤーム manobhyām	マノービヒ manobhiḥ

〈jyotis「光輝」の格変化〉

	単数	両数	複数
主格・呼格・対格形	ジュヨーティヒ jyotiḥ	ジュヨーティシー jyotiṣī	ジュヨーティーンシ jyotīṃṣi
具格形	ジュヨーティシャー jyotiṣā	ジュヨーティルビヤーム jyotirbhyām	ジュヨーティルビヒ jyotirbhiḥ

〈cakṣus「眼」の格変化〉

	単数	両数	複数
主格・呼格・対格形	チャクシュフ cakṣuḥ	チャクシュシー cakṣuṣī	チャクシューンシ cakṣūṃṣi
具格形	チャクシュシャー cakṣuṣā	チャクシュルビヤーム cakṣurbhyām	チャクシュルビヒ cakṣurbhiḥ

② -as で終わる男性名詞と女性名詞の格変化は，主格と対格以外は，中性名詞の格変化と同じになる。

〈vedhas「創造者」（男性）の格変化〉

	単数	両数	複数
主格形	ヴェーダーハ vedhāḥ	ヴェーダサウ vedhasau	ヴェーダサハ vedhasaḥ
対格形	ヴェーダサム vedhasam		

〈apsaras「水の妖精，天女」（女性）の格変化〉

	単数	両数	複数
主格形	アプサラーハ apsarāḥ	アプサラサウ apsarasau	アプサラサハ apsarasaḥ
対格形	アプサラサム apsarasam		

なお，-as で終わる形容詞の格変化も名詞の場合に準じる。

sumanas「よい心をもつ，善良な」は，男性と女性の単数・主格形が sumanāḥ，対格形が sumanasam となる。

[例文]

(1) manasāpi na vipriyaṃ mayā kṛtam.

マナサーピ・ナ・ヴィプリヤン・マヤー・クリタム

「私によって，心によってさえ不快なことはなされなかった」

→「私は心によってさえ不快なことをしなかった」

manasā は，manas「心」（中性）の単数・具格形。api は，「〜も」「〜さえ」の意味。na は，否定をあらわす英語の "not" の意味。vipriyam「不快」は，中性・単数・主格形。mayā は，代名詞「私によって」の意味。kṛtam は，kṛta（過去受動分詞，語根 kṛ̥-）「なされた」の中性・単数・主格形。vipriyam と性・数・格が一致している。

(2) rāmasya manasi vedanā jātā.

ラーマスヤ・マナシ・ヴェーダナー・ジャーター

「ラーマの心に苦痛が生じた」

rāmasya は，rāma「ラーマ」（男性）の単数・属格形。manasi は，manas「心」（中性）の単数・処格形。vedanā「苦痛」は，女性・単数・主格形。jātā は，「生じた」の意味の過去受動分詞（語根 jan- ）の女性・単数・主格形。vedanā と性・数・格が一致している。

(3) śriyā striyo haranti puṃsāṃ manāṃsi ca cakṣūṃṣi ca.

シュリヤー・ストリヨー・ハランティ・プンサーン・マナーンシ・チャ・チャクシューンシ・チャ

「美しさで女たちは男たちの心も眼も奪う」

śriyā は，śrī「美しさ」の女性・単数・具格形。striyo（striyaḥ の連声形）は，strī「女」（女性）の複数・主格形。haranti「奪う」は，動詞 hṛ- の3人称・複数・現在形。puṃsām は，puṃs「男」（男性）の複数・属格形。manāṃsi は，manas「心」（中性）の複数・対格形。cakṣūṃṣi は，cakṣus「眼」（中性）の複数・対格形。

（4）śivo vidhātā vedhasām.

シヴォー・ヴィダーター・ヴェーダサーム

「シヴァは創造者たちのうちの創造者である」

śivo は，śiva「シヴァ神」の単数・主格形。vidhātā は，vidhātṛ「創造者」（男性）の単数・主格形。vedhasām は，vedhas「創造者」（男性）の複数・属格形。

（5）naraḥ sumanāḥ strībhir anuraktaḥ.

ナラハ・スマナハ・ストリービル・アヌラクタハ

「よい心の人は女たちに愛される」

naraḥ「人間」「男」は，男性・単数・主格形。sumanāḥ は，sumanas「よい心をもつ」の男性・単数・主格形。strībhiḥ は，strī「女」の女性・複数・具格形。anu-raktaḥ は，「愛される」の意味の過去受動分詞（語根 raj-/rañj-）。naraḥ と性・数・格が一致している。

名詞（形容詞）の格変化（7）
－子音で終わる語幹（2）（多語幹の名詞）－

第7章

❶　-at で終わる語幹の格変化は，次のようになる。

-at で終わる語幹の多くは現在分詞である。tud-「打つ」の意味の語根の現在分詞 tudat は，tudant-/tudat- という強弱2つの語幹をもつ。

〈tudat の男性の格変化（強語幹）〉

	単数	両数	複数
主格・呼格形	トゥダン tudan	トゥダンタウ tudantau	トゥダンタハ tudantaḥ
対格形	トゥダンタム tudantam		トゥダタハ tudataḥ
具格形	トゥダター tudatā	トゥダッドビヤーム tudadbhyām	トゥダッドビヒ tudadbhiḥ
為格形	トゥダテー tudate		トゥダッドビヤハ tudadbhyaḥ
奪格形	トゥダタハ tudataḥ		
属格形		トゥダトーホ tudatoḥ	トゥダターム tudatām
処格形	トゥダティ tudati		トゥダトゥス tudatsu

〈tudat の中性の格変化（弱語幹）〉

	単数	両数	複数
主格・呼格・対格形	トゥダット tudat	ドゥダティー tudatī	トゥダンティ tudanti

なお，tudat の女性形は tudatī/tudantī で，その格変化は 34 ページの nadī にならう。

❷　-at で終わる重複語幹の格変化は，次のようになる。

-at で終わる重複語幹の格は，すべて弱語幹である。dā-「与える」の意味の語根の現在分詞 dadat は，以下のように格変化する。

	単数	両数	複数
男性・主格形	ダダット dadat	ダダタウ dadatau	ダダタハ dadataḥ
中性・主格形		ダダティー dadatī	ダダティ dadati（または ダダンティ dadanti）

❸　mahat「大きい」は，mahānt-/mahat- という語幹をとる。

（男性）

	単数	両数	複数
主格形	マハーン mahān	マハーンタウ mahāntau	マハーンタハ mahāntaḥ
対格形	マハーンタム mahāntam		マハタハ mahataḥ
具格形	マハター mahatā	マハドビヤーム mahadbhyām	マハドビヒ mahadbhiḥ
呼格形	マハン mahan	マハーンタウ mahāntau	マハーンタハ mahāntaḥ

（中性）

	単数	両数	複数
主格・対格・呼格形	マハット mahat	マハティー mahatī	マハーンティ mahānti

[例文]

（1）nalo dadarśa dāvaṃ dahyantaṃ mahāntaṃ vane.

ナロー・ダダルシャ・ダーヴァン・ダヒヤンタム・マハーンタン・ヴァネー

「ナラは森の中で燃えている大きい［森の］火事を見た」

nalo は，nala（人名）の男性・単数・主格形。dadarśa は，dṛś-「見る」の意味の動詞（3 人称・単数・完了形）。dāvaṃ は，dāva「森，火事」（男性）の単数・対格形。dahyantam は，dahyat「燃えている」（叙事詩形）の意味の現在分詞（語根 dah-）の男性・単数・対格形。mahāntaṃ は，mahat「大きい」の男性・単数・対格形。vane は，vana「森」（中性）の単数・処格形。

（2）nāhaṃ jīvati gāṅgeye yotsye.

ナーハン・ジーヴァティ・ガーンゲーイェー・ヨーツイェー

「ガーンゲーヤ（ビーシュマ）が生きている限り，私は戦わないだろう」

nāham は，na + aham。na は否定をあらわす。aham は，「私は」の意味の代名詞。jīvati は，jīvat「生きている」の意味の現在分詞（語根 jīv-）の男性・単数・処格形。gāṅgeye は，gāṅgeya（人名，Bhīṣma のこと）の単数・処格形。処格を 2 つ並べた「処格絶対節」（Locative absolute）といわれる用法で，「～が～するとき」という状況の説明となる。yotsye は，「戦わないだろう」の意味の動詞（語根 yudh-。未来・1 人称・単数形）。

（3）varṣāṇy atītāni tasya dānāni dadataḥ sadā.

ヴァルシャーニ・アティーターニ・タスヤ・ダーナーニ・ダダタハ・サダー

「彼がいつも布施を与えているうちに，数年が過ぎた」

varṣāṇi は，varṣa「年」（中性）の複数・主格形。母音の前で，-i が -y になる。atītāni (ati-itāni) は，「過ぎた」の意味の過去受動分詞 (語根 i-)。この場合，受動の意味はない。中性・複数・主格形で，varṣāṇi にかかる形容詞。tasya は，「彼の」の意味の代名詞の男性・単数・属格形。dānāni は，dāna「布施」(中性) の複数・対格形。dadataḥは，dadat「与えている」の意味の現在分詞 (語根 dā-) の男性・単数・属格形。直訳すれば，「布施を与えている彼にとって」の意味だが，これを「属格絶対節」(Genetive absolute) と解すれば，「彼が布施を与えている間に」とも訳せる。「属格絶対節」は「処格絶対節」ほど熟していないが，これを知らなくても意味を理解することはできる。sadā (副詞)「いつも」。

☞ **雑学のよろこび** ☜

2　米のはなし

米は日本人の主食だが，インドの人たちもヴェーダの昔から米を知っている。その大切さを示唆するものとして，まず「米，稲」をあらわす語をみてみよう。

われわれは，餅に対する米をあらわすのに「うるしね」(粳稲，シネはイネの古形)，あるいは「うるち」(粳) という語をもっている。この「うる」には，「うるおう」とか「うるわしい」などとの関連が予想されるけれども，それは推定の域をでない。それよりもおもしろいのは，サンスクリットの vrīhi-「米」からの借用説である。もちろんその借用の経緯はわからないが，東南アジアや台湾の土着の言語にも明らかに同じ借用を思わせる形が指摘されているから，それらの 1 つが米の文化とともに日本列島にもたらされたと考えることができよう。

このサンスクリットの語形は，インドの東ばかりか西のほうにも広がっている。というのは，われわれになじみ深い多くのヨーロッパの「米，稲」をあらわす語，たとえば英語 rice，ドイツ語 Reis，フランス語 riz，イタリア語 riso，ロシア語 ris などの源をたずねていくと，どれもがこの vrīhi- にゆきつく可能性があるからである。これら近代の諸言語は，いずれもまずラテン語の oryza，さらにはその源となった古典ギリシア語の同じ形にさかのぼるが，この 2 つの古典語そのものが，じつはインドからか，あるいは直接でないとすれば，早くから古典世界と接触のあったイラン系の言語の話し手を介して借用されたものにちがいない。

このインドとイランの両語派の人々は先史時代に非常に親密

な関係にあり，1つの集団をなしていたことは確かだが，それでもこの「米，稲」の語形に関するかぎり，イラン系の言語の形には，中期ペルシア語の brinj，近代ペルシア語の birinj にみられるように，-n- がはいっている点で vrīhi- とは微妙なちがいを示している。ということは，この2つの語派の人たちは，第三者から別々に「米」をその文化とともに借用したのだろう。その意味では，この語彙はいわゆる「文化語」の類で，それまでインド・ヨーロッパ語族としては未知だった食べ物をこの両派の話し手がはじめてこの語彙とともに受け入れ，歴史時代になってそれを西欧世界に教え広めたわけだが，同時にわれわれ日本人も，インドにつながるこの「米」の文化を名実ともに担っているということができる。

こうして，米はその形とともに西方にも知られるようになったわけだが，その受容は東洋にくらべればずっと遅かった。インドと西洋古典世界との本格的な交流が開かれたのは，アレクサンドロス大王のインド遠征以後に属する。その遠征に随行したアリストブーロスというマケドニア人が残したインドに関する記録の断片によると，稲はインドのみならず，バクトリア，バビロン，そしてペルシアの首都スサを中心とするスシス，さらにシリア南部に生育するとあり，それより西方は含まれていない。そのためか，ギリシア，ローマでは米の使用も限られていて，医療用に当てられていたらしく，あるローマの風刺詩には，けちのせいで倒れた男を診察した医者が，胃が弱っているから力をつけるために「つぶした米の粥」を食べるようにとすすめている。紀元後1世紀に書かれたと思われるギリシア語の『エリュトラー海案内記』*Periplus tēs erythrās thalassēs* によると，西北インドの港からエジプトのソマリアにある港に向けて，麦やゴマ油，綿布などとともに米が輸出されている。したがって，古代ローマでは香辛料などとともに米は貴重品であった。

サンスクリットには vrīhi- のほかにも「米，稲」に関係する語彙がいくつもあるが，なかでも広く用いられていたものに śāli- という語形がある。古典期には，その実った美しさは花嫁のようだと歌われるなど，「稲」にも用いられているが，同時に「米」にも多用されている。この形はわれわれがすし屋などで耳にする「しゃり」とよく似ていて，借用を思わせるが，通説ではこの「しゃり」は「(仏) 舎利」(サンスクリット śarīra-「身体」，ふつうは複数形を使用する) の転用とされている。それは，米粒の形が舎利に似ているからだとか，舎利の量を穀物のように量ったからだとか説明されている。しかし，米粒を舎利とよぶことについては，空海が『秘蔵記』という著作の 32 節「梵語にて」の項に，「天竺では米粒を呼んで舎利となす。佛舎利も米粒に似たり。この故に舎利という」と説明しているし，中国の唐代の書にも，「舎利は稲穀也」と明記されているから，これらは śāli- を念頭においていることはまちがいない。したがって，これと同音の「舎利」とが結びつけられて，見た目の形が似ているからといった理由づけが後からなされたのだろう。

この śāli- という語形はイラン語派にはなくインド語派だけのもので，しかも古典期以降の用例しかない。したがってこの śāli- は，サンスクリットの話し手が東のガンジス川のほうに侵入し定着した後，土着の言語の話し手から借用したものであろうと思われる。現在のインドの米を主食とする地域は北東部が中心だから，śāli- の登場はこの分布とも符合する。言語史の上からは vrīhi- のほうが古いけれども，その使用は衰退してしまって，後からでてきた śāli- のほうが，ヒンディー語をはじめ近代の諸言語にまでその伝統を保っている。古い医書の教えるところでは，vrīhi- は秋，śāli- は冬に実るもので，多くの種類があるという。そしてこのほかに，夏60日で実る ṣaṣṭika-（ṣaṣṭi-「60」）とよばれる米があり，これが栄養があって日常食べるのにはお勧めの品とされている。

「米」のたいせつさを物語るものとして，anna-「食べ物」（語根 ad-「食べる」-na-）という語の「(炊いた）米」への転用がある。米の贈り物は，数千の馬や牛，金銀の皿にもまさり，また navānnam「新米」は，新鮮な肉，若い女性，ミルクの味わい，バター，温かな水とともに，6つの生命のもとだとも歌われている。

米の調理法の一例として，7世紀ころと推定されるダンディン Daṇḍin 作として伝えられる『十王子物語』*Daśakumāracarita* という冒険譚の一節（6章2話）に，美しい乙女が客に乞われるままに食事をつくる場面がある。ここでは，米に taṇḍula-「米粒」という形が使われている。まず米を搗き籾を取り去って臼にいれ，杵で搗いて篩にかけ，水で洗って5倍ほどの量の熱湯にいれ，軟らかくなったところで，とろ火にして粥汁 annam を絞り出す。そしてこれを匙でかきまぜ，煮えたところで鍋をおろす。これに数種類の副食を調理し，冷やした粥汁を新しい皿にいれ，塩気を加え芳香を添えて客にだす。この粥汁のお代わりには，いくつかの副食物が提供される。この米の調理法はわれわれにも容易に理解できるが，インドではこのように粥状にしないで，炊いた米を冷やし，シナモンなどの調味料と凝乳 dadhi- を加えてこれをいちど粉状にして水をまぜ，パスタをつくり，チャパティーのようにして食べることも古来行なわれている。

米以外に小麦を主食とする地域が，北西インド一帯を占めている。穀類では大麦 yava- がヴェーダの時代から知られていて，しばしば vrīhi- とともにあげられ，「病を癒す天の不死の子」（『アタルヴァ・ヴェーダ』*Atharva-veda* 8.7.20）と歌われている。そして，小麦も大麦と同じように早くから文献に登場するが，これをあらわす語形は godhūma- という。これは go-「牛」と dhūma-「煙」の合成語で，イラン語派でも非常に古くからサンスクリットに対応する gantuma- という形をもっている。そしてインド，イランの両語派とも，この語彙の伝統を近代に至るまで失っていない。それにしても「牛の煙」という構成は不可解で，先史時代に借用した形がサンスクリット化されたものとしか考えられない。

-vat, -mat, -an で終わる名詞

第 8 章

❶　-vat, -mat で終わる語幹は，単数・主格で -vān (-mān) という語尾をもつ。

〈bhagavat (名詞「尊者」「神」(男性)，形容詞「尊い」) の格変化〉

	単数	複数
主格形	バガヴァーン bhagavān	バガヴァンタハ bhagavantaḥ
呼格形	バガヴァン bhagavan	
対格形	バガヴァンタム bhagavantam	バガヴァタハ bhagavataḥ
具格形	バガヴァター bhagavatā	バガヴァッドビヒ bhagavadbhiḥ
為格形	バガヴァテー bhagavate	バガヴァッドビヤハ bhagavadbhyaḥ

❷　-an で終わる男性名詞は，rājan「王」のように 3 つの語幹 (rājān / rājan (rāja) / rājñ) をもつ。

〈rājan「王」（男性）の格変化〉

<table>
<tr><th></th><th>単数</th><th>両数</th><th>複数</th></tr>
<tr><td>主格形</td><td>ラージャー
rājā</td><td rowspan="3">ラージャーナウ
rājānau</td><td rowspan="2">ラージャーナハ
rājānaḥ</td></tr>
<tr><td>呼格形</td><td>ラージャン
rājan</td></tr>
<tr><td>対格形</td><td>ラージャーナム
rājānam</td><td>ラージュニャハ
rājñaḥ</td></tr>
<tr><td>具格形</td><td>ラージュニャー
rājñā</td><td rowspan="3">ラージャビヤーム
rājabhyām</td><td>ラージャビヒ
rājabhiḥ</td></tr>
<tr><td>為格形</td><td>ラージュニェー
rājñe</td><td rowspan="2">ラージャビヤハ
rājabhyaḥ</td></tr>
<tr><td>奪格形</td><td rowspan="2">ラージュニャハ
rājñaḥ</td></tr>
<tr><td>属格形</td><td rowspan="2">ラージュニョーホ
rājñoḥ</td><td>ラージュニャーム
rājñām</td></tr>
<tr><td>処格形</td><td>ラージュニ　ラージャニ
rājñi（rājani）</td><td>ラージャス
rājasu</td></tr>
</table>

❸　-an で終わる中性名詞の例として，nāman「名前」（中性）の格変化をあげる。

〈nāman「名前」（中性）の格変化〉

<table>
<tr><th></th><th>単数</th><th>両数</th><th>複数</th></tr>
<tr><td>主格形</td><td rowspan="3">ナ ー マ
nāma</td><td rowspan="3">ナームニー　ナーマニー
nāmnī（nāmanī）</td><td rowspan="3">ナーマーニ
nāmāni</td></tr>
<tr><td>呼格形</td></tr>
<tr><td>対格形</td></tr>
</table>

その他の格変化形は❷の rājan の変化に準じるが，単数・呼格形は nāman となる場合もある。

❹　-man, -van で終わる名詞の場合，ātman「アートマン，自我」（男性）のように，直前に子音のある語は弱語幹をもたない。

〈ātman「アートマン，自我」(男性)の格変化〉

	単数	両数	複数
主格形	アートマー ātmā	アートマーナウ ātmānau	アートマーナハ ātmānaḥ
呼格形	アートマン ātman		
対格形	アートマーナム ātmānam		アートマナハ ātmanaḥ
具格形	アートマナー ātmanā	アートマビヤーム ātmabhyām	アートマビヒ ātmabhiḥ
為格形	アートマネー ātmane		アートマビヤハ ātmabhyaḥ
奪格形	アートマナハ ātmanaḥ		
属格形		アートムノーホ ātmanoḥ	アートマナーム ātmanām
処格形	アートマニ ātmani		アートマス ātmasu

brahman「絶対者，梵」(中性)の格変化は，単数・主格形 brahma，具格形 brahmaṇā，為格形 brahmaṇe などとなる。

śvan「犬」(男性)(「牝犬」(女性)は śunī)，yuvan「若い」，maghavan「インドラ」(男性)の弱語幹は，それぞれ śun-，yūn-，maghon- である。この 3 語の単数の格変化形をあげよう。

	śvan	yuvan	maghavan
主格形	シュヴァー śvā	ユヴァー yuvā	マガヴァー maghavā
呼格形	シュヴァン śvan	ユヴァン yuvan	マガバン maghavan
対格形	シュヴァーナム śvānam	ユヴァーナム yuvānam	マガヴァーナム maghavānam
具格形	シュナー śunā	ユーナー yūnā	マゴナー maghonā
為格形	シュネー śune	ユーネー yūne	マゴネー maghone

なお，ahan「日」(中性) は，ahān- / ahaḥ- / ahn- という 3 つの語幹をもつ。

〈ahan「日」(中性) の格変化〉

<table>
<tr><th></th><th>単数</th><th>両数</th><th>複数</th></tr>
<tr><td>主格形</td><td rowspan="3">アハハ
ahaḥ</td><td rowspan="3">アフニー　アハニー
ahnī (ahanī)</td><td rowspan="3">アハーニ
ahāni</td></tr>
<tr><td>呼格形</td></tr>
<tr><td>対格形</td></tr>
<tr><td>具格形</td><td>アフナー
ahnā</td><td>アホービヤーム
ahobhyām</td><td>アホービヒ
ahobhiḥ</td></tr>
<tr><td>処格形</td><td>アフニ　アハニ
ahni / ahani</td><td>アフノーホ
ahnoḥ</td><td>アハフス　アハス
ahaḥsu / ahassu</td></tr>
</table>

[例文]

(1) bhagavān vāsudevaḥ

バガヴァーン・ヴァースデーヴァハ

「尊い神ヴァースデーヴァ」

bhagavān は，bhagavat「尊い (神)」の男性・単数・主格形。vāsudevaḥ「ヴァースデーヴァ」(男性) も主格形。

(2) bhagavate namaḥ.

バガヴァテー・ナマハ

「尊者に敬礼！」

bhagavate は，bhagavat「尊者」の男性・単数・為格形。namas (中性・単数・主格形) は，為格によって示されるものに対して「敬礼」の意をあらわす語。「南無」と漢語訳される。

(3) āsīd rājā nalo nāma vīrasenasuto balī.

アーシード・ラージャー・ナロー・ナーマ・ヴィーラセーナストー・バリー

「ナラというヴィーラセーナの息子で力強い王がいた」

āsīd (āsīt の連声形) は，「いた」の意味の動詞 (語根 as- の 3 人称・単数・過去形)。rājā は，rājan「王」(男性) の単数・主格形。nalo は，nala (ナラ，人名) の単数・主格形。-aḥ が，有声音の前で -o となる。nāma は，「〜という」「〜という名前の」の意味の不変化詞。vīrasena (人名) -suto は，suta「息子」の男性・単数・主格形。balī は，balin「力をもつ」(形容詞) の男性・単数・主格形 (第 9 章を参照)。

(4) rājñā phalaṃ dattaṃ.

ラージュニャー・パラン・ダッタム

「王によって果実が与えられた」

rājñā は，rājan「王」(男性) の単数・具格形。phalam は，phala「果実」(中性) の単数・主格形。m は，子音の前で ṃ となる。dattam は，「与えられた」の意味の過去受動分詞 (語根 dā-)。phalam にかかって，中性・単数・主格をとる。

(5) bahūni nāmāni kīrtitāni maharṣibhiḥ.

バフーニ・ナーマーニ・キールティターニ・マハルシビヒ

「多くの名前が大仙たちによって称えられた」

bahūni は，bahu「多くの」の中性・複数・主格形。nāmāni「名前」(中性・複数・主格) にかかる。kīrtitāni は，kīrtita「称えられた」の中性・複数・主格形。maharṣibhiḥは，maharṣi.「偉大な聖仙」(男性) の複数・具格形。mahā (偉大な) ＋ṛṣi (聖仙) ＝ maharṣi。

(6) ātmany eva ātmanā tuṣṭaḥ.

アートマニ・エーヴァ・アートマナー・トゥシュタハ

「(彼は)自己によって(自ら)自己においてのみ満足した者(である)」

ātmani は，ātman「自己」(中性)の単数・処格形。eva は，強意・限定をあらわす語。ātmanā は，ātman の単数・具格形。tuṣṭaḥ は，tuṣṭa(語根 tuṣ-)「満足した」の男性・単数・主格形。

(7) śunā māṃsaṃ bhakṣitam.

シュナー・マーンサン・バクシタハ

「犬によって肉が食われた」

śunā は，śvan「犬」(男性)の単数・具格形。māṃsam は，māṃsa「肉」(中性)の単数・主格形。bhakṣitam は，過去受動分詞 bhakṣita「食われた」(語根 bhakṣ-)の中性・単数・主格形。

(8) ekāhnā skando 'jayat trailokyam.

エカーフナー・スカンドー・ジャヤット・トライローキヤム

「スカンダは一日で三界を征服した」

ekāhnā は，eka「1」＋ ahan「日」(中性)の単数・具格形。skando は，skanda(神名)の単数・主格形。'jayat は, ajayat の省略形で,「勝利した，征服した」の意味の動詞(3 人称・単数・過去形，語根 ji-)。trailokyam は，trailokya「三界」(中性)の単数・対格形。

-han, -in, -vas, -īyas で終わる名詞

第 9 章

❶　合成語の後の部分が -han である場合の格変化形は，-han- / -ha- / -ghn- をとる。

〈vṛtrahan-「ヴリトラを殺すもの＝インドラ」の格変化〉

	単数	両数	複数
主格形	ヴリトラハー vṛtrahā	ヴリトラハナウ vṛtrahaṇau	ヴリトラハナハ vṛtrahaṇaḥ
対格形	ヴリトラハナム vṛtrahaṇam		ヴリトラグナハ vṛtraghnaḥ
具格形	ヴリトラグナー vṛtraghnā	ヴリトラハビヤーム vṛtrahabhyām	ヴリトラハビヒ vṛtrahabhiḥ
為格形	ヴリトラグネー vṛtraghne		ヴリトラハビヤハ vṛtrahabhyaḥ

なお，この場合，gh の後で n が ṇ になることはない。

❷　-in で終わる語は，そのほとんどが所有をあらわす形容詞である。

balin「力 bala をもつ（者）」は，男性・主格・単数形のみ balī で，その他の格変化形は balin- / bali- をとる。

〈balin-「力をもつ（者）」の格変化〉

<table>
<tr><th></th><th>単数</th><th>両数</th><th>複数</th></tr>
<tr><td>主格形</td><td>バリー　バリ
balī（中性bali）</td><td rowspan="3">バリナウ
balinau
バリニー
（中性balinī）</td><td rowspan="3">バリナハ
balinaḥ
バリーニ
（中性balīni）</td></tr>
<tr><td>呼格形</td><td>バリン
balin</td></tr>
<tr><td>対格形</td><td>バリナム　バリ
balinam（中性bali）</td></tr>
<tr><td>具格形</td><td>バリナー
balinā</td><td>バリビヤーム
balibhyām</td><td>バリビヒ
balibhiḥ</td></tr>
</table>

なお，女性形は，balinī（その格変化は，34 ページの nadī にならう）である。

❸　path または pathi「道」（男性）は，panthān- / pathi- / path- という語幹をとる。

〈path-（pathi-）「道」の格変化〉

<table>
<tr><th></th><th>単数</th><th>両数</th><th>複数</th></tr>
<tr><td>主格形</td><td>パターハ
panthāḥ</td><td rowspan="2">パンターナウ
panthānau</td><td>パンターナハ
panthānaḥ</td></tr>
<tr><td>対格形</td><td>パターナム
panthānam</td><td>パタハ
pathaḥ</td></tr>
<tr><td>具格形</td><td>パター
pathā</td><td>パティビヤーム
pathibhyām</td><td>パティビヒ
pathibhiḥ</td></tr>
</table>

❹　-vas で終わる完了能動分詞の格変化形は，-vāṃs- / -vat- / -uṣ- をとる。

〈vidvas「知っている」「賢い〔人〕」の格変化〉

<table>
<tr><th rowspan="2"></th><th colspan="2">単数</th><th colspan="2">両数</th><th colspan="2">複数</th></tr>
<tr><th>男性</th><th>中性</th><th>男性</th><th>中性</th><th>男性</th><th>中性</th></tr>
<tr><td>主格形</td><td>ヴィドヴァーン
vidvān</td><td rowspan="3">ヴィドヴァット
vidvat</td><td rowspan="3">ヴィドヴァーンサウ
vidvāṃsau</td><td rowspan="3">ヴィドゥシー
viduṣī</td><td rowspan="2">ヴィドヴァーンサハ
vidvāṃsaḥ</td><td rowspan="3">ヴィドヴァーンシ
vidvāṃsi</td></tr>
<tr><td>呼格形</td><td>ヴィドヴァン
vidvan</td></tr>
<tr><td>対格形</td><td>ヴィドヴァーンサム
vidvāṃsam</td><td>ヴィドゥシャフ
viduṣaḥ</td></tr>
<tr><td>具格形</td><td colspan="2">ヴィドゥシャー
viduṣā</td><td colspan="2" rowspan="3">ヴィドヴァドビヤーム
vidvadbhyām</td><td colspan="2">ヴィドヴァドビヒ
vidvadbhiḥ</td></tr>
<tr><td>為格形</td><td colspan="2">ヴィドゥシェー
viduṣe</td><td colspan="2" rowspan="2">ヴィドヴァドビヤハ
vidvadbhyaḥ</td></tr>
<tr><td>奪格形</td><td colspan="2" rowspan="2">ヴィドゥシャハ
viduṣaḥ</td></tr>
<tr><td>属格形</td><td colspan="2" rowspan="2">ヴィドゥショーホ
viduṣoḥ</td><td colspan="2">ヴィドゥシャーム
viduṣām</td></tr>
<tr><td>処格形</td><td colspan="2">ヴィドゥシ
viduṣi</td><td colspan="2">ヴィドヴァトゥス
vidvatsu</td></tr>
</table>

なお，女性形は，viduṣī（その格変化は，34 ページの nadī にならう）である。

❺ -īyas で終わる形容詞の比較級の格変化形は，-īyāṃs- / -īyas- をとる。

〈garīyas-「より重い」（guru の比較級）の男性の格変化〉

<table>
<tr><th></th><th>単数</th><th>両数</th><th>複数</th></tr>
<tr><td>主格形</td><td>ガリーヤーン
garīyān</td><td rowspan="3">ガリーヤーンサウ
garīyāṃsau</td><td rowspan="2">ガリーヤーンシャハ
garīyāṃsaḥ</td></tr>
<tr><td>呼格形</td><td>ガリーヤン
garīyan</td></tr>
<tr><td>対格形</td><td>ガリーヤーンサム
garīyāṃsam</td><td>ガリーヤサハ
garīyasaḥ</td></tr>
<tr><td>具格形</td><td>ガリーヤサー
garīyasā</td><td>ガリーヨービヤーム
garīyobhyām</td><td>ガリーヨービヒ
garīyobhiḥ</td></tr>
</table>

中性の主格・呼格・対格形は，単数 garīyaḥ，両数 garīyasī，複数 garīyāṃsi となる。

なお，女性形は，garīyasī（その格変化は，34 ページの nadī にならう）である。

❻ prāc（形容詞）「東方の」は，prāñc- / prāc- という 2 つの語幹をもつ。

〈prāc「東方の」の男性の格変化〉

	単数	両数	複数
主格形	プラーン prāṅ	プラーンチャウ prāñcau	プラーンチャハ prāñcaḥ
対格形	プラーンチャム prāñcam		プラーチャハ prācaḥ
具格形	プラーチャー prācā	プラーグビヤーム prāgbhyām	プラーグビヒ prāgbhiḥ

中性の主格・呼格・対格形は，単数 prāk，両数 prācī，複数 prāñci となる。女性の語幹は prācī-（その格変化は，34 ページの nadī にならう）である。たとえば，女性・単数・対格形は prācīm となる。

❼ pratyac（形容詞）「西方の」は，pratyañc- / pratyac- / pratīc- という 3 つの語幹をもつ。viśvac「遍満する」，udac「北方の」，tiryac「水平の」なども，ほぼ同様である。

〈pratyac「西方の」の男性の格変化〉

	単数	両数	複数
主格形	プラティヤン pratyaṅ	プラティヤンチャウ pratyañcau	プラティヤンチャハ pratyañcaḥ
対格形	プラティヤンチャム pratyañcam		プラティーチャハ pratīcaḥ
具格形	プラティーチャー pratīcā	プラティヤグビヤーム pratyagbhyām	プラティヤグビヒ pratyagbhiḥ
処格形	プラティーチ pratīci	プラティーチョーホ pratīcoḥ	プラティヤクシュ pratyakṣu

中性の主格・呼格・対格形は，単数 pratyak，両数 pratīcī，複数 pratyañci

となる。女性の語幹は pratīcī-（その格変化は，34 ページの nadī にならう）。たとえば，女性・単数・対格形は pratīcīm となる。

❽　ap「水」(女性) は複数形のみである。語幹において，p と d が交替する。
主格形 āpaḥ，対格形 apaḥ，具格形 adbhiḥ，為格形・奪格形 adbhyaḥ，属格形 apām，処格形 apsu.

❾　akṣan「眼」(中性) は，母音で始まる語尾の前で akṣṇ- という弱語幹をとる (akṣṇā, akṣṇe, akṣṇas, etc.) が，その他の位置では，akṣi- の形をとる。たとえば，akṣi, akṣibhiḥ。とくに，複数の主格形・対格形では akṣīṇi の形をとる。asthan「骨」，dadhan「凝乳」の場合も同様である。

　puṃs「男」の格変化は，(単数) pumān, puman, pumāṃsam, puṃsā; (複数) pumāṃsas, puṃsas, pumbhiḥ, puṃsām などとなる。

[例文]

(1) budhyāmi tvāṃ vṛtrahaṇam.

　ブッディヤーミ・トゥヴァーン・ヴリトラハナム

　「私はあなたをヴリトラハン (インドラ) と知る」

　budhyāmi は，「私は知る」の意味の動詞 (語根 budh-) の 1 人称・単数・現在形。tvāṃは，代名詞 tvam「あなた」の単数・対格形。子音の前で，m は ṃ となる。vṛtrahaṇam は，vṛtrahan「インドラ」(男性) の単数・対格形。

(2) balinā saha na yoddhavyam.

　バリナー・サハ・ナ・ヨーッダヴィヤム

「強力なものとは戦うべきではない」

balinā は，balin「強力な（者）」の男性・単数・具格形。saha は，「〜（具格）とともに」の意味の不変化詞。na は否定辞。yoddhavya は，「戦われるべき（ではない）」の意味の未来受動分詞（語根 yudh-）。中性の単数・主格形で，非人称的に用いられる。

(3) panthāś ca na viditaḥ.

パンターシュ・チャ・ナ・ヴィディタハ

「そして道もわからない」

panthāś は，path「道」（男性）の単数・主格形。c の前で，ḥ (s) は ś となる。ca は，「そして」の意味。na は否定辞。viditaḥ は，vidita「知られた」（過去受動分詞，語根 vid-）の男性・単数・主格形。

(4) droṇaś ca viduṣāṃ varaḥ.

ドローナシュ・チャ・ヴィドゥシャーン・ヴァラハ

「そしてドローナは賢者たちのうちの最上者である」

droṇaś は，droṇa（人名）の単数・主格形。c の前で，ḥ (s) は ś となる。viduṣām は，vidvas「賢い（人）」（完了分詞）の男性・複数・属格形。varaḥ は，形容詞 vara「最高の」の男性・単数・主格形。

(5) gurur garīyān pitṛto mātṛtaś ca.

グルル・ガリーヤーン・ピトリトー・マートリタシュ・チャ

「師は父母よりも重要である」

gurur は，guru「師」（男性）の単数・主格形。ḥ は，有声音の前で r になる。garīyān は，guru「重い」の比較級 garīyas の男性・単数・主格形。pitṛto は，pitṛ「父」に -tas がついたもの。-tas がつくと，奪格と同じく「〜より」の意味になる。as は，有声子音の前で -o となる。matṛtaś は，mātṛ「母」に -tas がついたもの。c の前で，ḥ (s) は ś となる。

(6) prācīṃ diśaṃ bhīmo yayau.

プラーチーン・ディシャン・ビーモー・ヤヤウ

「ビーマは東方の方角へ行った」

prācīm は，prāc「東方の」の女性・単数・対格形。diśam は，diś「方角」(女性) の単数・対格形。bhīmo は，bhīma (人名) の単数・主格形。yayau は，「(彼は) 行った」の意味の完了の動詞 (語根 yā-)。

形容詞の比較法，数詞

◈第 10 章◈

❶ 形容詞の比較法

形容詞の**比較級**は男性語幹に -tara を，**最上級**は -tama をつけて作る。2 語幹の場合は弱語幹に，3 語幹の場合は標準（中）語幹につける。

puṇya（プニャ）「清い」→puṇyatara（プニヤタラ）「より清い」→puṇyatama（プニヤタマ）「最も清い」
vidvas（ヴィドヴァス）「知っている，賢い」→vidvattara（ヴィドヴァッタラ）「より賢い」→vidvattama（ヴィドヴァッタマ）「最も賢い」

また，-u または -ra で終わる多くの形容詞では，語根に -īyas（比較級），-iṣṭha（最上級）をつける。語根の母音はたいていの場合，標準（guṇa）の階梯となる。

laghu（ラグ）「軽い」→laghīyas（ラギーヤス）「より軽い」→laghiṣṭha（ラギシュタ）「最も軽い」
guru（グル）「重い」→garīyas（ガリーヤス）「より重い」→gariṣṭha（ガリシュタ）「最も重い」
dūra（ドゥーラ）「遠い」→davīyas（ダヴィーヤス）「より遠い」→daviṣṭha（ダヴィシュタ）「最も遠い」

❷ 数詞

1 eka（エーカ）, 2 dvi（ドヴィ）, 3 tri（トリ）, 4 catur（チャトゥル）, 5 pañca（パンチャ）,
6 ṣaṣ（シャシュ）, 7 sapta（サプタ）, 8 aṣṭa（アシュタ）, 9 nava（ナヴァ）, 10 daśa（ダシャ）,
11 ekādaśa（エーカーダシャ）, 12 dvādaśa（ドヴァーダシャ）, 13 trayodaśa（トラヨーダシャ）, 14 caturdaśa（チャトゥルダシャ）,

15 pañcadaśa（パンチャダシャ）,　16 ṣodaśa（ショーダシャ）,　17 saptadaśa（サプタダシャ）,　18 aṣṭādaśa（アシュターダシャ）,
19 navadaśa（ナヴァダシャ）(ekonaviṃśati（エーコーナヴィンシャティ）または ūnaviṃśati（ウーナヴィンシャティ）),　20 viṃśati（ヴィンシャティ）,
21 ekaviṃśati（エーカヴィンシャティ）,　...,　30 triṃśat（トリンシャト）,　40 catvāriṃśat（チャトヴァーリンシャト）,　50 pañcāśat（パンチャーシャト）,
60 ṣaṣṭi（シャシュティ）,　70 saptati（サプタティ）,　80 aśīti（アシィーティ）,　90 navati（ナヴァティ）,
100 śata（シャタ）,　200 dve śate（ドヴェーシャテー）または dviśata（ドヴィシャタ）,　300 trīṇi śatāni（トリーニ シャターニ）または triśata（トリシャタ）,　...,
1,000 sahasra（サハスラ）,　10,000 ayuta（アユタ）,　100,000 lakṣa（ラクシャ）,　1,000,000 prayuta（プラユタ）,
10,000,000 koṭi（コーティ）

①　eka「1」は，代名詞的に格変化する（第 11 章を参照）。

単数	男性	中性	女性
主格形	ekaḥ（エーカハ）	ekam（エーカム）	ekā（エーカー）
為格形	ekasmai（エーカスマイ）	ekasmai（エーカスマイ）	ekasyai（エーカスヤイ）

複数	男性	中性	女性
主格形	eke（エーケー）	ekāni（エーカーニ）	ekāḥ（エーカーハ）

eka の複数は，「若干」の意味になる。

②　dvi「2」は，dva の両数として格変化する。

両数	男性	中性	女性
主格・呼格・対格形	dvau（ドヴァウ）	dve（ドヴェー）	dve（ドヴェー）
具格・為格・奪格形	dvābhyām（ドヴァービヤーン）		
属格・処格形	dvayoḥ（ドヴァヨーホ）		

③　tri「3」と catur「4」の格変化は，次のようになる。

〈tri「3」の格変化〉

	男性	中性	女性
主格・呼格形	トラヤハ trayaḥ	トリーニ trīṇi	ティスラハ tisraḥ
対格形	トリーン trīn		
具格形	トリビヒ tribhiḥ		ティスリビヒ tisṛbhiḥ
為格・奪格形	トリビヤハ tribhyaḥ		ティスリビヤハ tisṛbhyaḥ
属格形	トラヤーナーム trayāṇāṃ		ティスリナーム tisṛṇām
処格形	トリシュ triṣu		ティスリシュ tisṛṣu

〈catur「4」の格変化〉

	男性	中性	女性
主格・呼格形	チャトヴァーラハ catvāraḥ	チャトヴァーリ catvāri	チャタスラハ catasraḥ
対格形	チャトゥラハ caturaḥ		
具格形	チャトゥルビヒ caturbhiḥ		チャタスリビヒ catasṛbhiḥ
為格・奪格形	チャトゥルビヤハ caturbhyaḥ		チャタスリビヤハ catasṛbhyaḥ
属格形	チャトゥルナーム caturṇām		チャタスリナーム catasṛṇām
処格形	チャトゥルシュ caturṣu		チャタスリシュ catasṛṣu

④　pañca「5」，sapta「7」，nava「9」は，男性，中性，女性を通じて同一の語形になる。

	pañca「5」	sapta「7」	nava「9」
主格・呼格・対格形	pañca（パンチャ）	sapta（サプタ）	nava（ナヴァ）
具格形	pañcabhiḥ（パンチャビヒ）	saptabhiḥ（サプタビヒ）	navabhiḥ（ナヴァビヒ）
為格・奪格形	pañcabhyaḥ（パンチャビヤハ）	saptabhyaḥ（サプタビヤハ）	navabhyaḥ（ナヴァビヤハ）
属格形	pañcānām（パンチャーナーム）	saptānām（サプターナーム）	navānām（ナヴァーナーム）
処格形	pañcasu（パンチャス）	saptasu（サプタス）	navasu（ナヴァス）

ただし，aṣṭa「8」は次のように格変化する。

主格・呼格・対格形	aṣṭa（アシュタ）（またはaṣṭau（アシュタウ））
具格形	aṣṭabhiḥ（アシュタビヒ）（aṣṭābhiḥ（アシュタービヒ））
為格・奪格形	aṣṭabhyaḥ（アシュタビヤハ）（aṣṭābhyaḥ（アシュタービヤハ））
属格形	aṣṭānām（アシュターナーム）
処格形	aṣṭasu（アシュタス）（aṣṭāsu（アシュタース））

⑤　ṣaṣ「6」の格変化は，主格・呼格・対格形 ṣaṭ，具格形 ṣaḍbhiḥ，為格・奪格形 ṣaḍbhiyaḥ，属格形 ṣaṇṇām，処格形 ṣaṭsu である。

⑥　1〜19 は，形容詞と同じように用いられ，それが修飾する名詞の性・数・格と一致する。

catvāro　vīrāḥ（チャトヴァーロー・ヴィーラーハ）　（男性・複数・主格形）「4 人の勇士たち」

tribhir vīraiḥ（トリビル・ヴィーライヒ）（男性・複数・具格形）「3 人の勇士たちにより」

⑦　20〜99 は，単数の女性名詞であり，100, 1,000 などは単数の中性名詞である。それらの数詞が修飾する名詞は同格になるか，複数・属格形にする。

viṃśatir（ヴィンシャティル・）aśvāḥ（アシュヴァーハ）「20 頭の馬」

（viṃśatir は女性・単数・主格形，aśvāḥ は男性・複数・主格形）

属格形を用いた，次の言い方もできる。

viṃśatir aśvānām「馬たちの 20 頭」→「20 頭の馬」

（aśvānām は，男性・複数・属格形）

❸ 序数詞

「第 1」prathama（プラタマ）（女性 -mā），「第 2」dvitīya（ドヴィティーヤ），「第 3」tṛtīya（トリティーヤ），「第 4」caturtha（チャトゥルタ）（女性 -thī）またはturīya（トゥリーヤ）（女性 -yā），「第 5」pañcama（パンチャマ）（女性 -mī），「第 6」ṣaṣṭha（シャシュタ），「第 7」saptama（サプタマ），「第 8」aṣṭama（アシュタマ），「第 9」navama（ナヴァマ），「第 10」daśama（ダシャマ），「第 11」ekādaśa（エーカーダシャ），…，「第 20」viṃśatitama（ヴィンシャティタマ）または viṃśa（ヴィンシャ）.

[例文]

（1）tebhyo dhanyataro nāradaḥ.

テービヨー・ダニヤタロー・ナーラダハ

「ナーラダは彼らより幸せである」

tebhyo は代名詞（複数・奪格形）で，「彼らより」の意味。dhanyataro は dhanya「幸せな」の意味の形容詞の比較級で，男性・単数・主格形。いずれも，有声子音の前で，-aḥ が -o となる。nāradaḥ は，nārada（人名）の単数・主格形。

（2）tataḥ puṇyatamaṃ nāsti

タタハ・プニヤタマン・ナースティ

「それよりも清浄なものは存在しない」

tataḥ は，「それよりも」の意味の不変化詞。puṇyatamam は，puṇya「清浄な」の意味の形容詞の最上級で，中性・単数・主格形。nāsti は，na + asti。na は否定辞。asti は，「存在する」の意味の動詞の 3 人称・

単数・現在形（語根 as-）。

（3）gurur garīyasāṃ śreṣṭhaḥ.

グルル・ガリーヤサーン・シュレーシュタハ

「師はより重要なもののうちで最上である」

gurur は，guru「師」（男性）の単数・主格形。有声音の前で，-ḥ（s）は -r になる。garīyasām は，garīyas「より重い」の意味の形容詞・比較級の複数・属格形。ここでは，garīyas は名詞化して，「より重要なもの」（中性）の意味になっている。śreṣṭhaḥ は，「最もよい」の意味の形容詞・最上級の男性・単数・主格形。

（4）rājñām ekaviṃśatir mṛtā.

ラージュニャーム・エーカヴィンシャティル・ムリター

「21 名の王が死んだ」

rājñām は rājan「王」（男性）の複数・属格形で，「王たちの」の意味。ekaviṃśatir は，ekaviṃśati「21」（女性）の単数・主格形。mṛtā は，mṛta「死んだ」の意味の過去受動分詞（語根 mṛ-）の女性・単数・主格形。

（5）catvāriṃśat putrā jātāḥ.

チャトヴァーリンシャト・プトラー・ジャーターハ

「40 人の息子たちが生まれた」

catvāriṃśat「40」は，女性・単数・主格形。putrāḥ（有声音の前で，putrā となる）は，putra「息子」（男性）の複数・主格形。catvāriṃśat との間に，格だけを対応させている。jātāḥ は，jāta「生まれた」（語根 jan- の過去分詞形）の男性・複数・主格形。

（6）saptame māsi vīro nidhanaṃ gataḥ.

サプタメー・マーシ・ヴィーロー・ニダナン・ガタハ

「第 7 月に勇士は死んだ」

saptame は，saptamam「第 7」の単数・処格形。māsi は，mās「月」(男性) の単数・処格形。nidhanam は，nidhana「滅亡・死」(男性・中性) の単数・対格形。gataḥ は，gata「行った」(語根 gam- の過去分詞形) の男性・単数・主格形。

代名詞

❖第 11 章❖

❶ 人称代名詞

① 第 1 人称の人称代名詞

	単数	両数	複数
主格形	アハム aham	アーヴァーム āvām	ヴァヤム vayam
対格形	マーム マー mām (mā)	アーヴァーム ナウ āvām (nau)	アスマーン ナハ asmān (naḥ)
具格形	マヤー mayā	アーヴァービヤーム āvābhyām	アスマービヒ asmābhiḥ
為格形	マヒヤム メー mahyam (me)	アーヴァービヤーム ナウ āvābhyām (nau)	アスマビヤム ナハ asmabhyam (naḥ)
奪格形	マット mat	アーヴァービヤーム āvābhyām	アスマット asmat
属格形	ママ メー mama (me)	アーヴァヨーホ ナウ āvayoḥ (nau)	アスマーカム ナハ asmākam (naḥ)
処格形	マイ mayi	アーヴァヨーホ āvayoḥ	アスマース asmāsu

② 第 2 人称の人称代名詞

	単数	両数	複数
主格形	トゥヴァム tvam	ユヴァーム yuvām	ユーヤム yūyam
対格形	トゥヴァーム トゥヴァー tvām (tvā)	ユヴァーム ヴァーム yuvām (vām)	ユシュマーン ヴァハ yuṣmān (vaḥ)
具格形	トゥヴァヤー tvayā	ユヴァービヤーム yuvābhyām	ユシュマービヒ yuṣmābhiḥ
為格形	トゥビヤム テー tubhyam (te)	ユヴァービヤーム ヴァーム yuvābhyām (vām)	ユシュマビヤム ヴァハ yuṣmabhyam (vaḥ)
奪格形	トゥヴァット tvat	ユヴァービヤーム yuvābhyām	ユシュマット yuṣmat
属格形	タヴァ テー tava (te)	ユヴァヨーホ ヴァーム yuvayoḥ (vām)	ユシュマーカム ヴァハ yuṣmākam (vaḥ)
処格形	トゥヴァイ tvayi	ユヴァヨーホ yuvayoḥ	ユシュマース yuṣmāsu

第 1 人称代名詞のうち，たとえば aham は「私は」，vayam は「われわれは」の意味になる。第 2 人称代名詞の tvam は「あなたは」，yūyam は「あなたがたは」の意味である。( ) 内の me, mā, nau, te, vām などは，付帯形 (enclitic form；それ自体ではアクセントをもたず，文頭に立つことのない形) と呼ばれる。

❷ 指示代名詞

① tad「それ，これ」

<table>
<tr><th rowspan="2"></th><th colspan="3">単数</th><th colspan="3">複数</th></tr>
<tr><th>男性</th><th>中性</th><th>女性</th><th>男性</th><th>中性</th><th>女性</th></tr>
<tr><td>主格・呼格形</td><td>サハ
saḥ</td><td rowspan="2">タット
tat</td><td>サー
sā</td><td>テー
te</td><td rowspan="2">ターニ
tāni</td><td rowspan="2">ターハ
tāḥ</td></tr>
<tr><td>対格形</td><td>タム
tam</td><td>ターム
tām</td><td>ターン
tān</td></tr>
<tr><td>具格形</td><td colspan="2">テーナ
tena</td><td>タヤー
tayā</td><td colspan="2">タイヒ
taiḥ</td><td>タービヒ
tābhiḥ</td></tr>
<tr><td>為格形</td><td colspan="2">タスマイ
tasmai</td><td>タスヤイ
tasyai</td><td colspan="2" rowspan="2">テービヤハ
tebhyaḥ</td><td rowspan="2">タービヤハ
tābhyaḥ</td></tr>
<tr><td>奪格形</td><td colspan="2">タスマート
tasmāt</td><td rowspan="2">タスヤーハ
tasyāḥ</td></tr>
<tr><td>属格形</td><td colspan="2">タスヤ
tasya</td><td colspan="2">テーシャーム
teṣām</td><td>ターサーム
tāsām</td></tr>
<tr><td>処格形</td><td colspan="2">タスミン
tasmin</td><td>タスヤーム
tasyām</td><td colspan="2">テーシュ
teṣu</td><td>タース
tāsu</td></tr>
</table>

<table>
<tr><th rowspan="2"></th><th colspan="3">両数</th></tr>
<tr><th>男性</th><th>中性</th><th>女性</th></tr>
<tr><td>主格・呼格・対格形</td><td>タウ
tau</td><td colspan="2">テー
te</td></tr>
<tr><td>具格・為格・奪格形</td><td colspan="3">タービヤーム
tābhyām</td></tr>
<tr><td>属格・処格形</td><td colspan="3">タヨーホ
tayoḥ</td></tr>
</table>

saḥ は，a- で始まる語の前で so となり，a は省略される (saḥ + atra = so'tra) が，a- 以外の母音の前では sa となる。文の内部では，saḥ はすべての子音の前で sa となるが，文の終わりでは saḥ となる。

指示代名詞は，第 3 人称の人称代名詞としても用いられる。たとえば，sa naraḥ「その男」では，saḥ は指示代名詞だが，sa gataḥ「彼は行った」では，saḥ は第 3 人称の人称代名詞として用いられている。

etad「それ，これ」も，tad とまったく同様に格変化し，同様の意味で用いられる。

<table>
<tr><th rowspan="2"></th><th colspan="3">単数</th><th colspan="3">両数</th><th colspan="3">複数</th></tr>
<tr><th>男性</th><th>中性</th><th>女性</th><th>男性</th><th>中性</th><th>女性</th><th>男性</th><th>中性</th><th>女性</th></tr>
<tr><td>主格形</td><td>エーシャハ
eṣaḥ</td><td rowspan="2">エータット
etat</td><td>エーシャー
eṣā</td><td rowspan="2">エータウ
etau</td><td colspan="2" rowspan="2">エーテー
ete</td><td>エーテー
ete</td><td rowspan="2">エーターニ
etāni</td><td rowspan="2">エーターハ
etāḥ</td></tr>
<tr><td>対格形</td><td>エータム
etam</td><td>エーターム
etām</td><td>エーターン
etān</td></tr>
</table>

eṣaḥ が eṣo, eṣa になる条件も，saḥ の場合と同様である（eṣaḥ devaḥ → eṣa devaḥ「この神」）。

② **語幹 enad「それ，彼」**は，単数・両数・複数の対格形，単数の具格形，両数の属格形と処格形のみに現れる。

<table>
<tr><th rowspan="2"></th><th colspan="3">単数</th></tr>
<tr><th>男性</th><th>中性</th><th>女性</th></tr>
<tr><td>対格形</td><td>エーナム
enam</td><td>エーナット
enat</td><td>エーナーム
enām</td></tr>
<tr><td>具格形</td><td colspan="2">エーネーナ
enena</td><td>エーナヤー
enayā</td></tr>
</table>

<table>
<tr><th rowspan="2"></th><th colspan="3">両数</th></tr>
<tr><th>男性</th><th>中性</th><th>女性</th></tr>
<tr><td>対格形</td><td>エーナウ
enau</td><td colspan="2">エーネー
ene</td></tr>
<tr><td>属格・処格形</td><td colspan="3">エーナヨーホ
enayoḥ</td></tr>
</table>

<table>
<tr><th rowspan="2"></th><th colspan="3">複数</th></tr>
<tr><th>男性</th><th>中性</th><th>女性</th></tr>
<tr><td>対格形</td><td>エーナーン
enān</td><td>エーナーニ
enāni</td><td>エーナーハ
enāḥ</td></tr>
</table>

③ idam「この，その，これ，それ，彼」

	単数		両数		複数	
	男性	女性	男性	女性	男性	女性
主格・呼格形	アヤム ayam	イヤム iyam	イマウ imau	イメー ime	イメー ime	イマーハ imāḥ
対格形	イマム imam	イマーム imām			イマーン imān	
具格形	アネーナ anena	アナヤー anayā	アービヤーム ābhyām		エービヒ ebhiḥ	アービヒ ābhiḥ
為格形	アスマイ asmai	アスヤイ asyai			エービヤハ ebhyaḥ	アービヤハ ābhyaḥ
奪格形	アスマート asmāt	アスヤーハ asyāḥ				
属格形	アスヤ asya		アナヨーホ anayoḥ		エーシャーム eṣām	アーサーム āsām
処格形	アスミン asmin	アスヤーム asyām			エーシュ eṣu	アース āsu

中性は，単数の主格・対格形 idam，両数形 ime，複数形 imāni で，その他は男性と同じ形になる。

④ adas「その，それ，あの，あれ」

	単数		両数	複数	
	男性	女性	男性・中性・女性	男性	女性
主格・呼格形	アサウ asau		アムー amū	アミー amī	アムーフ amūḥ
対格形	アムム amum	アムーム amūm		アムーン amūn	
具格形	アムナー amunā	アムヤー amuyā	アムービヤーム amūbhyām	アミービヒ amībhiḥ	アムービヒ amūbhiḥ
為格形	アムシュマイ amuṣmai	アムシュヤイ amuṣyai		アミービヤハ amībhyaḥ	アムービヤハ amūbhyaḥ
奪格形	アムシュマート amuṣmāt	アムシュヤーハ amuṣyāḥ			
属格形	アムシュヤ amuṣya		アムヨーホ amuyoḥ	アミーシャーム amīṣām	アムーシャーム amūṣām
処格形	アムシュミン amuṣmin	アムシュヤーム amuṣyām		アミーシュ amīṣu	アムーシュ amūṣu

中性は，単数の主格・対格形 adas，複数形 amūni で，その他は男性と同じ形になる。

[例文]

(1) asmākaṃ pitā dhanī.

アスマーカン・ピター・ダニー

「われわれの父親は金持ちである」

asmākam は，第 1 人称代名詞の複数・属格形。pitā は，pitṛ「父」の単数・主格形。dhanī は，dhanin「財産をもっている」の男性・単数・主格形。

(2) asmatpitā dhanī.

アスマットピター・ダニー

「われわれの父親は金持ちである」

asmatpitā は，asmat + pitā という複合語。複合語の前分の第 1 人称代名詞は奪格の形をとるが，ここでは属格の意味である。たとえば，matpitā「私の父」。

(3) me duḥkham utpannaṃ dṛṣṭvā yuṣmān.

メー・ドゥッカム・ウトパンナン・ドリシュトヴァー・ユシュマーン

「あなた方を見て，私に苦しみが生じた」

me は第 1 人称代名詞の付帯形で，ここでは単数・属格形。duḥkham「苦しみ」は，中性・単数・主格形。ut-pannam は「生じた」の意味の過去受動分詞（語根 pad-）で，中性・単数・主格形。dṛṣṭvā は，「見てから」「見て」の意味の絶対詞（語根 dṛś-）で，主体は me。yuṣmān は，第 2 人称代名詞の複数・対格形。

(4) sa tebhyaḥ pradadau vittam.

サ・テービヤハ・プラダダウ・ヴィッタム

「彼は彼らに財産を与えた」

sa は，第 3 人称代名詞（指示代名詞）の男性・単数・主格形。tebhyaḥ は，第 3 人称代名詞の男性・複数・為格形。pra-dadau は，「（彼は）与えた」の意味の完了動詞（語根 dā-）。vittam は，vitta「財産」（中性）の単数・対格形。

（5）sā nyāyam āha etam.

サー・ニヤーヤム・アーハ・エータム

「彼女はこの道理を説いた」

sā は，第 3 人称代名詞の女性・単数・主格形。nyāyam は，nyāya「道理」（男性）の単数・対格形。āha は，「（彼は）言った」の意味の完了の不規則動詞（語根 ah-）。etam は，nyāyam にかかる指示代名詞で，男性・単数・対格形。

（6）sa putraḥ śaśāpa enām.

サ・プトラハ・シャシャーパ・エーナーム

「その息子は彼女を呪った」

sa は，男性・単数・主格の指示代名詞で，putraḥ にかかる。putraḥ は，putra「息子」（男性）の単数・主格形。śaśāpa は，「（彼は）呪った」の意味の完了動詞（語根 śap-）。enām は，指示代名詞 enad の女性・単数・対格形。

（7）ebhyas tvaṃ devebhyo varaṃ prayaccha.

エービヨー・トゥヴァン・デーヴェービヨー・ヴァラン・プラヤッチャ

「あなたはこれらの神々に贈物を与えよ」

ebhyas は，指示代名詞 idam の男性・複数・為格形で，devebhyo にかかる。tvam「あなた」は，第 2 人称代名詞の単数・主格形。devebhyo は，deva「神」（男性）の複数・為格形。-aḥ は，半母音 v- の前で -o になる。varam は，vara（男性・中性）「願いを選ぶこと，贈物」の単数・

対格形。pra-yaccha は，「与える」の意味の命令形の動詞（語根 yam-）の 2 人称・単数形。

(8) asau mayā patir vṛtaḥ.

アサウ・マヤー・パティル・ヴリタハ

「彼は私によって夫として選ばれた」

asau は，adas の男性・単数・主格形。mayā は第 1 人称代名詞の単数・具格形。patir は，pati「夫」の単数・主格形。-ḥ は，有声音の前で -r になる。vṛtaḥ は，「選ばれた」の意味の過去受動分詞（語根 vṝ-）で，男性・単数・主格形。

関係代名詞

第 12 章

❶ 関係代名詞 yad-

yad- “who” “which” は，指示代名詞 tad-「それ，これ」と同様に格変化する（第 11 章を参照）。

<table>
<tr><th rowspan="2"></th><th colspan="3">単数</th><th colspan="2">両数</th><th colspan="3">複数</th></tr>
<tr><th>男性</th><th>中性</th><th>女性</th><th>男性</th><th>中性・女性</th><th>男性</th><th>中性</th><th>女性</th></tr>
<tr><td>主格形</td><td>yaḥ</td><td rowspan="2">yat</td><td>yā</td><td rowspan="2">yau</td><td rowspan="2">ye</td><td>ye</td><td rowspan="2">yāni</td><td rowspan="2">yāḥ</td></tr>
<tr><td>対格形</td><td>yam</td><td>yām</td><td>yān</td></tr>
<tr><td>具格形</td><td colspan="2">yena</td><td>yayā</td><td colspan="2" rowspan="3">yābhyām</td><td colspan="2">yaiḥ</td><td>yābhiḥ</td></tr>
<tr><td>為格形</td><td colspan="2">yasmai</td><td>yasyai</td><td colspan="2" rowspan="2">yebhyaḥ</td><td rowspan="2">yābhyaḥ</td></tr>
<tr><td>奪格形</td><td colspan="2">yasmāt</td><td rowspan="2">yasyāḥ</td></tr>
<tr><td>属格形</td><td colspan="2">yasya</td><td colspan="2" rowspan="2">yayoḥ</td><td colspan="2">yeṣām</td><td>yāsām</td></tr>
<tr><td>処格形</td><td colspan="2">yasmin</td><td>yasyām</td><td colspan="2">yeṣu</td><td>yāsu</td></tr>
</table>

❷ 疑問代名詞 kim-

kim- “what” “which” “who” も，指示代名詞 tad- や関係代名詞 yad- と同様の格変化をする。

<table>
<tr><th rowspan="2"></th><th colspan="3">単数</th><th colspan="2">両数</th><th colspan="3">複数</th></tr>
<tr><th>男性</th><th>中性</th><th>女性</th><th>男性</th><th>中性・女性</th><th>男性</th><th>中性</th><th>女性</th></tr>
<tr><td>主格形</td><td>kaḥ</td><td rowspan="2">kim</td><td>kā</td><td rowspan="2">kau</td><td rowspan="2">ke</td><td>ke</td><td rowspan="2">kāni</td><td rowspan="2">kāḥ</td></tr>
<tr><td>対格形</td><td>kam</td><td>kām</td><td>kān</td></tr>
<tr><td>具格形</td><td colspan="2">kena</td><td>kayā</td><td colspan="2">kābhyām</td><td colspan="2">kaiḥ</td><td>kābhiḥ</td></tr>
</table>

❸ **anya-「他の」**も，代名詞的な格変化をする。

	男性	中性	女性
単数・主格形	anyas	anyat	anyā
単数・為格形	anyasmai	anyasmai	anyasyai
複数・主格形	anye	anyāni	anyās

❹ 疑問代名詞 kim- に副詞 api, cid, cana がつくと，不定の意味になる。

ko 'pi「誰かある人(男性)」(下の例文(1)を参照)，kim api「何かあるもの(中性)」

[例文]

(1) ko 'rthaḥ tena putreṇa yo na vidvān.

コー・ルタハ・テーナ・プトレーナ・ヨー・ナ・ヴィドゥヴァーン

「賢明でない息子が何になるか」

ko は kaḥ「誰」で，疑問代名詞 kim の男性・単数・主格形。'rthaḥ は arthaḥ の省略形で，artha「目的，意味」の男性・主格形。具格プラス ko 'rthaḥ で，「～が何になるか」の意味になる。yo は yaḥ で，関係代名詞 yad の男性・単数・主格形。na は否定詞。vidvān は，完了分詞 vidvas「知っている」(語根 vid-) の男性・単数・主格形。

(2) yad abhāvi na tad bhāvi.

ヤッド・アバーヴィ・ナ・タッド・バーヴィ

「実現しないものは実現しない」

yad は，関係代名詞 yad の中性・単数・主格形。bhāvi は，bhāvin の中性・単数・主格形で，「なるであろう」「実現するであろう」の意味。abhāvi は，bhāvi の否定。tad は，指示代名詞 tad の主格・単数・主格形で，yad を受ける。

(3) śāstraṃ yasya nāsty andha eva saḥ.

シャーストラン・ヤスヤ・ナースティ・アンダ・エーヴァ・サハ

「その人に論書がないなら，その人は盲人にほかならない」

śāstram は，śāstra「論書，学術書」(中性) の単数・主格形。yasya は，関係代名詞 yad の男性・単数・属格形。nāsty は，na + asti (母音の前で，i は y になる) で，「存在しない」の意味。asti は，動詞 as「ある」の 3 人称・単数・現在形 (語根 as-)。andha「盲目の」は，男性・単数・主格形。a 以外の母音の前で，-aḥ は -a となる。saḥ は，指示代名詞 tad の男性・単数・主格形。eva は強め，または限定。

(4) kasya nārīyam asti.

カスヤ・ナーリーヤム・アスティ

「彼女は誰の妻か」

kasya は，疑問代名詞 kim の男性・単数・属格形。nārīyam は nārī + iyam で，nārī「妻」(女性) は単数・主格形。iyam は，指示代名詞 idam の女性・単数・主格形。asti は，「～である」の意味の動詞 (語根 as-)。

(5) kas tvaṃ.

カス・トゥヴァム

「あなたは誰か」

kas は，疑問代名詞 kim の男性・単数・主格形。tvam は，第 2 人称代名詞の単数・主格形。

(6) sa mṛgaḥ kena cit sṛgālenāvalokitaḥ.

サ・ムリガハ・ケーナ・チット・スリガーレーナーヴァローキタハ

「その鹿は，あるジャッカルによって見られた」

sa は，指示代名詞 tad の男性・単数・主格形。mṛgaḥ は，mṛga「鹿」(男性) の単数・主格形。kena は，疑問代名詞 kim の男性・単数・具格形。kena cit で，「ある〜」の意味になり，sṛgālena にかかる。sṛgālena は，sṛgāla「ジャッカル」(男性) の単数・具格形。avalokitaḥ (男性・単数・主格形) は，「見られた」の意味の過去受動分詞 (語根 lok-)。

☞ **雑学のよろこび** ☜

3　一角仙人のはなし

一角仙人の話はインドの有名な説話の1つで，それが漢語訳の仏教経典を通してわが国にも伝えられた。そしてこれが物語文学から能，さらには歌舞伎十八番にまで取り上げられ，多くの人々に親しまれてきた。というのも，題材である eka-śṛṅga-「一つの角（をもつ)」よりも，その本来の名称である ṛśya-śṛṅga-「カモシカの角（をもつ muni- 仙人)」が示す通り，まず主人公が半人半獣の奇妙な仙人であることと，その仙人が色香に迷って戒を犯して堕落するというエロチックな結末が民衆に好まれたからだろう。この仙人は，父親がカモシカが交尾をするのをみて思わずもらした精液を雌鹿がなめて妊娠した結果生まれたために，人間でありながら鹿の角をもっていたことから，一角仙人と呼ばれるようになったのである。

ことの起こりは，アンガという国の王が犯したバラモンにたいする罪にある。そのためにうち続く日照りに，人々は苦しめられていた。これは竜神が下した罰で，これをとくためには，森で苦行する一角仙人をこの国に連れてこなければならない。しかし，ひたすら行にはげむこの行者の心を動かすことは容易ではない。そこで考えられた策というのが，いまだ女をみたこともないというこの仙人を美女によって誘惑することだった。その結果，竜神は雨を降らせ，この策にはまった仙人のほうは，王女シャーンターを妻にあたえられることになる。

『ラーマーヤナ』*Rāmāyana*（1, 8–10)，『マハーバーラタ』*Mahābhārata*（3，112）の二大叙事詩によると，この誘惑のために，選りすぐりの美しい遊女 gaṇikā, veśa-yoṣā が選ばれる。その肉体はもとより，仙人の知らないおいしい果物や飲みもので，その心を魅惑する。そこで仙人は父の言葉を振り切って，女についてアンガの国まできてしまうのだが，中期インド・アーリア語であるパーリ語で綴られた『ジャータカ』*Jātaka*（本生譚，仏陀の前世の説話集）にみられる isisiṅga（= ṛśyaśṛṅga）の説話によると，話が少しちがっている。523 番のアランブサー篇では，一角千人はアランブサーという名前の天女の誘惑にも禅定に集中しているので屈しない。しかしもう 1 つのナリニカーの説話 526 番では，ヒマラヤ山中に住むこの仙人のもとに，仙人の装いをした王女ナリニカーが忍び込み，仙人はだまされて戒を破ってしまう。そこで待望の雨が降るが，父ボーディサットヴァのいさめによって仙人は再び行に励むことになったという。この結果をみる限り，パーリ語の仏教説話では，一角仙人の苦行者としての面目が保たれている。

この話がわが国にもちこまれると，さらに少し変形が加わる。まず，平安後期 12 世紀のはじめのころの編と推定されている『今昔物語集』(5–4) をみてみよう。これはわが国でもっとも大きな説話集で，ここにはインド，中国，日本から広く題材が集められている。ところがここでは，雨が降らない理由はインドの説話とは異なり，仙人が大雨のため山道で滑ったことに腹を立て，このような大雨を降らせた竜神をとらえて水瓶にいれて動けなくしてしまう。そこで長い間旱魃が続くが，占い師がいうには，丑寅の方角の深い山にいる一角仙人のせいだというので，多くの着飾った美女が仙人のところに遣わされる。そしてついにその魂を迷わせてしまったために，竜王たちは昇天して大雨が降る。女たちは仙人のもとに 5 日間とどまり，その導きによって山を下りて帰っていく。

これがやや遅れて 14 世紀後半までにまとめられたとされる

『太平記』の末尾に近い37巻の説話では，仙人の竜王への怒りは『今昔物語集』と同じながら，美女たちの先頭になる后によって仙人は戒を破られてしまう。そして病をえて，むなしくなったとある。ついで室町時代の能役者で，同時にその作者でもあった金春禅鳳の『一角仙人』でも，仙人は扇陀夫人に酒をすすめられ，誘われて臥す。そして夫人が都に帰った後，竜神が封じ込められていた岩屋が鳴動する。これは，仙人が人間に交わって心を悩まし，無明の酒に酔い臥し，通力を失った天罰だった。やがて竜神2人が現れる。仙人は剣をとってこれに立ち向かうが，力尽きて倒れ，大雨が降り，竜神は竜宮に帰っていく。

歌舞伎十八番のひとつ『鳴神』は，芝居だけにもっと手がこんでいるし，エロチックな場面が観客に好まれたらしい。現在われわれがみるのは，二代目の左団次が新たに復活させた演出によるものである。ここでは鳴神上人が内裏に願いを立てたのに勅免がないことに怒って朝廷を恨み，三千世界の竜神を北山の滝壺に封じ込め，岩屋に籠もって雨を降らせまいと行法を行なっている。そこへ当麻姫が亡き夫の衣を濯ごうと，上人のいる山の滝の名水を求めてやってくる。上人は姫に夫婦の事を聞く。去年春の花の宴のこと，二十歳ばかりの男に会い歌を交わすが相手の住まいは知れず，ひとり尋ね歩いて，姫は男の家に至ったという。この話を聞いて，上人はまっ逆さまに滝に落ちるが，姫が口移しに滝の水を飲ませる。すると上人は姫をつかんで投げつけ，「いぶかしき女」といって，天竺での一角仙人の話を語る。それは，仙人がうっかり谷にすべり落ちたが，これは雨のせいだといって竜神を咎め，仙人の術によって彼らを封じ込めて雨を降らせなかったので，帝王は施陀（扇陀）女という美人に命じて，色香によって仙人の通力を失わせ，魂を溶かして雨を降らせたという故事である。そこで上人は，いままたこの類のことなのだろうと姫にいう。ところが姫はこれを否定して，ただ夫の跡を弔うためですといって死のうとする。上人がこれをとめると，姫が癪をおこし，上人の手をとり，起こしてくれといって，懐に手をいれさせる。そこで上人は姫の乳にふれ，腹にもふれてしまう。そして還俗し，夫婦になりたいといってしまう。そこでふたりは酒を酌み交わして祝うが，姫は「杯のなかに蛇がいる」という。これにたいして酒に酔った上人は，「これは七五三（しめ）縄じゃ」「これを切れば雨が降る」「人にいってはならぬ」という。こうして，内裏の帝が選んだ官女によって注連縄は切られ，鳴神上人は破戒し，竜神は天に上がり，雨を降らせることになる。そのことから，この女は雲の絶間姫とよばれるようになった。

動詞の第 1 種活用

第 13 章

サンスクリットの動詞も，名詞と同じく，単数，両数，複数という 3 つの**数**をもつ。そして，3 つの**態**（Voice）をもつ。すなわち，能動態（Parasmaipada），反射態（Ātmanepada），受動態（Passive）である。このうち，Parasmaipada（P と略記）は「他のために～する」，Ātmanepada（Ā と略記）は「自分のために～する」の意味だが，古典サンスクリットでは両者は区別なしに用いられる場合が少なくない。

法（Mode）としては，直説法（Indicative），願望法（Optative），命令法（Imperative）の 3 つがある。願望法は，願望のほかに，可能性，要求，仮定などをあらわす。

時制（Tense）は，現在（Present），過去（Imperfect），完了（Perfect），アオリスト（Aorist），未来（Future），そして，まれにだが条件法（Conditional）がある。

たとえば，ruh-「生える」の意味の動詞語根（Root）から現在語幹 roha- ができる。それに -ti などの人称語尾を加えたもの（= rohati）が，実際に文中で用いられる語形である。

現在語幹の作り方にもとづいて，動詞(語根)は 10 類に分類される。そのうち，第 1，4，6，10 類は第 1 種活用，第 2，3，5，7，8，9 類は第 2 種活用に属する。

人称語尾には，2 種の区別がある。

(1) 第 1 次人称語尾：直説法　現在と未来
(2) 第 2 次人称語尾：直説法　過去とアオリスト，願望法

命令法と完了は，これとは別に考えるのがよい。

以下に，一般的な人称語尾をあげる。

			第 1 人称	第 2 人称	第 3 人称
(1)	能	単数	-mi	-si	-ti
	動	両数	-vas	-thas	-tas
	態	複数	-mas	-tha	- (a) nti
	反	単数	-e	-se	-te
	射	両数	-vahe	-e/āthe	-e/āte
	態	複数	-mahe	-dhve	- (a) nte
(2)	能	単数	- (a) m	-s	-t
	動	両数	-va	-tam	-tām
	態	複数	-ma	-ta	- (a) n, -ur
	反	単数	-i	-thās	-ta
	射	両数	-vahi	-e/āthām	-e/ātām
	態	複数	-mahi	-dhvam	-a/nta
命令法	能	単数	-āni	ゼロ，-dhi, hi	-tu
	動	両数	-āva	-tam	-tām
	態	複数	-āma	-ta	- (a) ntu
	反	単数	-ai	-sva	-tām
	射	両数	-āvahai	-e/āthām	-e/ātām
	態	複数	-āmahai	-dhvam	-a/ntām

サンスクリットの動詞は，伝統的に**語根**（root，サンスクリットでは dhātu）によって示される。どの辞書でも，動詞はまず語根の形によって見出しが提示され，この下に現在その他の時制の語形が列挙されている。人称による語形の変化は，ギリシア語やラテン語とちがって，第 1 人称ではなく，**第 3 人称・単数・現在・能動形**が基本の形として提示される。

語根の形には，その動詞の弱い階梯の母音が選ばれていることが多い。たとえば，語根 bhū-「なる」，現在形 bhav-a-ti；語根 budh-「覚める」，現在形 bodh-a-ti；語根 kṛ-「つくる」，現在形 karo-ti のように。定動詞は，この語根をもとに接尾辞をそえて**語幹**（stem）をつくり，これに人称語尾がつけられることになる。たとえば，語根 bhū- の現在形ならば，bhav + a（語幹形成母音）+ ti（人称語尾）によって，第 3 人称の単数形（能動態）bhavati がつくられる。

第 1 種活用に属する第 1，4，6，10 類は，いずれもこの語幹形成母音 a をもっている。この母音がそえられると，次章で説明する第 2 種活用にみられるような，人称変化の中で語幹部あるいは接尾辞の部分に異なる母音の階梯があらわれることがない。この点で，第 1 種活用は規則的な変化といえよう。

第 1 種活用

第 1 種活用は，語幹母音 -a をもつ活用である。たとえば，ruh- という語根の語幹は roha- であり，bhṛ- という語根の語幹は bhara- である。願望法は，第 1 種活用では -ī- を標識として，これが語幹母音の a と合わさって（a + ī > ）e になっている。たとえば，bhava-ī-t > bhavet (3 人称・単数形)。また，語幹母音 a は，m, v ではじまる人称語尾の前では ā となる。

❶ 第 1 類の活用

〈bhū-「ある，なる」，現在語幹 bhava〉

直説法現在

	〈能動態〉		
	単数	両数	複数
第 1 人称	bhavāmi	bhavāvaḥ	bhavāmaḥ
第 2 人称	bhavasi	bhavathaḥ	bhavatha
第 3 人称	bhavati	bhavataḥ	bhavanti

	〈反射態〉		
	単数	両数	複数
第 1 人称	bhave	bhavāvahe	bhavāmahe
第 2 人称	bhavase	bhavethe	bhavadhve
第 3 人称	bhavate	bhavete	bhavante

過去（Imperfect）なども，現在語幹から作られる。過去時制は，語幹の前に a をつけて作る。これをオーグメント（augment，加音）という。

過去

	〈能動態〉		
	単数	両数	複数
第 1 人称	abhavam	abhavāva	abhavāma
第 2 人称	abhavaḥ	abhavatam	abhavata
第 3 人称	abhavat	abhavatām	abhavan

	〈反射態〉		
	単数	両数	複数
第 1 人称	abhave	abhavāvahi	abhavāmahi
第 2 人称	abhavathāḥ	abhavethām	abhavadhvam
第 3 人称	abhavata	abhavetām	abhavanta

願望法

	〈能動態〉		
	単数	両数	複数
第 1 人称	bhaveyam	bhaveva	bhavema
第 2 人称	bhaveḥ	bhavetam	bhaveta
第 3 人称	bhavet	bhavetām	bhaveyuḥ

	〈反射態〉		
	単数	両数	複数
第 1 人称	bhaveya	bhavevahi	bhavemahi
第 2 人称	bhavethāḥ	bhaveyāthām	bhavedhvam
第 3 人称	bhaveta	bhaveyātām	bhaveran

命令法

	〈能動態〉		
	単数	両数	複数
第 1 人称	bhavāṇi	bhavāva	bhavāma
第 2 人称	bhava	bhavatam	bhavata
第 3 人称	bhavatu	bhavatām	bhavantu

	〈反射態〉		
	単数	両数	複数
第 1 人称	bhavai	bhavāvahai	bhavāmahai
第 2 人称	bhavasva	bhavethām	bhavadhvam
第 3 人称	bhavatām	bhavetām	bhavantām

[例文]

(1) rājā bhavati.

ラージャー・バヴァティ

「王がいる」

rājā は，rājan「王」(男性) の単数・主格形。bhavati は，bhū- の直説法現在・能動態・3 人称・単数形。

(2) te jīvanti sukhaṃ loke bhavanti nirāmayāḥ.

テー・ジーヴァンティ・スカン・ローケー・バヴァンティ・ニラーマヤーハ

「彼らはこの世にあっては幸福に生き息災でいる」

te は，指示代名詞 sas の複数・主格形で，「その人たちは，彼らは」の意味。jīvanti「生きている」は，jīv- の 3 人称・複数・現在形。sukham「幸福に」は，中性・単数・対格形を副詞に使ったもの。loke は，loka「世界，世間」(男性) の単数・処格形。bhavanti は，bhū- の直説法現在・能動態・3 人称・複数形。nirāmayaḥ は，nirāmaya「息災な」の複数・主格形。

(3) ṛṣiḥ praṇato ’bhavat.

リシヒ・プラナトー・バヴァット

「聖仙は敬礼していた」

ṛṣiḥ は，ṛṣi「聖仙」(男性) の単数・主格形。praṇato (pra-ṇataḥ から変化した形) は，過去受動分詞 praṇata「敬礼した」(語根 nam-「身を曲げる」) の男性・単数・主格形。’bhavat は abhavat で，bhū-の過去・能動態・3 人称・単数形。

(4) kācit kriyā phalavatī bhavet.

カーチット・クリヤー・パラヴァティー・バヴェートゥ

「ある種の行動は実りあるものであろう」

kācit は，「ある」の意味で，kriyā にかかる。kriyā「行動」（女性）は，単数・主格形。phalavatī（phala-vatī）「果報を有する，実りある」は，女性・単数・主格形。bhavet は，bhū- の願望法・能動態・3 人称・単数形。ここでは，推測をあらわしている。

（5）mā garvito bhava.

マー・ガルヴィトー・バヴァ

「自慢してはいけない」

mā は，「～なかれ」の意味。garvito は，garvita「誇った」の男性・単数・主格形。bhava は，bhū- の命令法・能動態・2 人称・単数形。

（6）putrā me bahavo bhaveyuḥ.

プトラー・メー・バハヴォー・バヴェーユフ

「私に多くの息子たちができますように」

putrā は，putra「息子」の複数・主格形。-ās が，有声音の前で -ā となる。me は，第 1 人称代名詞の付帯形で，「私の」「私に」の意味。bahavo は，bahu「多くの」の複数・主格形。-as が，有声音の前で -o となる。bhaveyuḥ は，-bhū の願望法・能動態・3 人称・複数形。話し手の願望をあらわしている。「～すべき」と訳せる場合が多い。

（7）me putraśataṃ bhavet.

メー・プトラシャタン・バヴェートゥ

「私に百人の息子ができますように」

me は第 1 人称代名詞の付帯形で，「私の」「私に」の意味。putraśatam（putra-śatam）は，「百人の息子」の意味で，中性・単数・主格形。bhavet は，bhū- の願望法・能動態・3 人称・単数形。

語幹の形成については，以下の諸点にも注意が必要である。

❷　第 1 類の動詞では，一般に語根の母音は標準階梯となる。たとえば，nī-「導く」は naya-，hṛ「とる」は hara- のように。ただし，nind-「非難する」は ninda- で，このように変化しない語根もある。また例外的に，gam-「行く」の現在語幹は gaccha- で，その直説法現在の 3 人称・単数形は gacchati になる。yam-（第 1 類）「与える」は yacchati，iṣ-（第 6 類）「望む」は icchati，prach-（第 6 類）「問う」は pṛcchati となる。

❸　第 4 類の動詞は，語根に -ya- をそえて語幹を作る。このとき，語根の母音は変化しない。

man-「考える」→ manyate

❹　第 6 類の動詞では，語根の母音が標準（中）階梯にはならない。

tud-「打つ」→ tudati

kṝ-「まき散らす」→ kirati

❺　語根の母音が延長される（長音になる）動詞がある。

guh-（第 1 類）「隠す」→ gūhati

śram-（第 4 類）「疲れる」→śrāmyati

❻　語根から鼻音が失われる動詞と，鼻音が挿入される動詞がある。

daṃś-（第 1 類）「咬む」→ daśati

sañj-（第 1 類）「くっつく」→ sajati

kṛt-（第 6 類）「切る」→ kṛntati

sic-（第 6 類）「注ぐ」→ siñcati

❼　語根が重複される動詞がある。以下の 3 例は，いずれも第 1 類に属する動詞である。

sthā-「立つ」→ tiṣṭhati

pā-「飲む」→ pibati

sad-「座る」→ sīdati ＜ *si-sd-

❽　第 10 類の動詞は，語根に aya をそえて語幹を作る。

cur-「盗む」→ corayati

cint-「考える」→ cintayati

[例文]

(1) na me manyur upaśamaṃ gacchati.

ナ・メー・マヌユル・ウパシャマン・ガッチャティ

「私の思いは静まらない」

na は否定辞。me は，第 1 人称代名詞の付帯形で，「私の」の意味。manyur は，manyu「思い」(男性) の単数・主格形。-ḥ が，有声音の前で-r になる。upaśamaṃ は，upaśama「鎮静」「静寂」(男性) の単数・対格形。-m が，子音の前で-ṃとなる。gacchati は，gam-「行く」の直説法現在・能動態・3 人称・単数形。

(2) rājā paramaṃ harṣam agacchat.

ラージャー・パラマン・ハルシャム・アガッチャト

「王は最高の喜びに達した」

rājā は，rājan「王」(男性) の単数・主格形。paramaṃ は，para「最高の」の意味の形容詞の男性・単数・対格形で，harṣam にかかる。harṣam は，harṣa「喜び」(男性) の単数・対格形。agacchat は，gam-「行く」の過去・能動態・3 人称・単数形。

(3) tam apṛcchat tato rākṣasaḥ.

タム・アプリッチャト・タトー・ラークシャサハ

「それから羅刹は彼に尋ねた」

tam は，指示代名詞 tad の男性・単数・対格形。apṛcchat は，prach-「問う」の過去・能動態・3 人称・単数形。tato は，「それから」の意味。rākṣasaḥ は，rākṣasa「羅刹」(男性) の単数・主格形。

(4) tvām kecid unmattaṃ manyante.

トゥヴァーム・ケーチッド・ウンマッタン・マヌヤンテー

「ある人々はあなたを狂人と考える」

tvām は，第 2 人称代名詞の単数・対格形。kecid は，疑問代名詞 kim の男性・複数・主格形の ke に，cit (有声音の前で，cid となる) をつけたもので，「誰かある人々」の意味になる。unmattaṃ は，unmatta「狂った (人)」(ud-matta-) の男性・単数・対格形。manyante は，man-「考える」の直説法現在・反射態・3 人称・単数形。

(5) śoko me marmāṇi kṛntati.

ショーコー・メー・マルマーニ・クリンタティ

「悲しみは私の急所を断つ」

śoko は，śoka「悲しみ」(男性) の単数・主格形。me は，第 1 人称代名詞の付帯形で，「私の」の意味。marmāṇi は，marman「急所」(中性) の複数・対格形。kṛntati は，kṛt-「切る」の直説法現在・能動態・3 人称・単数形。

(6) īśvaraḥ hṛddeśe tiṣṭhati.

イーシュヴァラハ・フリッデーシェー・ティシュタティ

「主は心にまします」

īśvaraḥ は，īśvara「主」(男性) の単数・主格形。hṛd は「心」(中性)，

deśa は「場所」(男性) で，hṛddeśe は単数・処格形。tiṣṭhati は，sthā-「立つ」の直説法現在・能動態・3 人称・単数形。

(7) apibat somam indreṇa saha kauśikaḥ.

アピバット・ソーマム・インドレーナ・サハ・カウシカハ

「カウシカ仙はインドラとともにソーマを飲んだ」

apibat は，pā-「飲む」の過去・能動態・3 人称・単数形。somam は，soma「ソーマ」(男性) の単数・対格形。ソーマとは，幻覚性のある植物 (のしぼり汁)。indreṇa は，indra「インドラ」(男性) の単数・具格形。saha は，具格とともに用いて「～とともに」の意味になる。kauśikaḥ. は，聖仙の名前で，男性・単数・主格形。

(8) sa naraś corayate tailam.

サ・ナラシュ・チョーラヤテー・タイラム

「その人は油を盗む」

sa は，指示代名詞 tad の男性・単数・主格形。naraś は，nara「人」(男性) の単数・主格形。c- の前で，-s (-ḥ) は -ś となる。corayate は，cur-「盗む」の反射態・3 人称・単数形。tailam は，taila「油」(中性) の単数・対格形。

動詞の第 2 種活用 (1)

– 第 2 類の動詞 –

第 14 章

第 2 種活用

第 2 種活用に属する動詞の語幹には，強弱 2 形の区別がある。

強形は，(1) 第 1，2，3 人称・単数の現在と過去の能動態，(2) 第 3 人称・単数・命令法・能動態，(3) すべての第 1 人称 (単数・両数・複数)・命令法の能動態と反射態，で使われる。

また，人称語尾が第 1 種活用と異なる場合があるので注意を要する。たとえば，第 3 人称・複数・反射態では，現在形 -ate，過去形 -ata，命令形 -atām となる。また，命令法・第 2 人称・単数・能動態では，-hi となる。願望法の標識は，-ī (a + ī > e) ではなく，-yā- (能動態) / -ī- (反射態) となる。

その他の特徴は，以下にあげる変化表を参照してほしい。

第 2 種の活用をみる前に，語末に立つ子音に課せられる制約についてふれておこう。

つぎにあげる第 2 類動詞の活用の能動態・過去の単数・第 2，3 人称では，人称語尾 -s, -t を a-dveṣ- につけると，a-dveṣ-s/-t となることが予想される。ところが，活用表には a-dveṭ とある。この一見不規則な形には，語末の子音に関するいくつかの約束が働いている。

(1) 語末の子音は，原則として 1 個に限られる。そこで，2 個以上の子音が語末に予想されるときには，最初のもののみが残されて，他は削除される。この規則の例外は，語末の -r + k, ṭ, t, p が語根部に属しているときで，その場合には，-rk, -rṭ, -rt, -rp は残される。

(2) 語末にくることが許される子音は，k, ṭ, t, p, ṅ, ṇ, n, m, l, ḥ である。このなかで，ṇ と l は，実際には問題にならない。そこで，語末にくる ṣ は ṭ/k に変えられるというさらなる原則によって，先ほどの a-dveṭ という形は，a-dveṣ-s/-t からいずれも a-dveṣ を経て a-dveṭ になったと解釈できるわけである。子音が語末にくるときの変化については，第 29 章の❸でより詳細に説明しているので参照してほしい。

さて，第 2 類動詞の活用をみよう。

❶　第 2 類に属する動詞 dviṣ-「憎む」は，dveṣ- / dviṣ- という語幹をもつ。

〈直説法現在〉

	〈能動態〉		
	単数	両数	複数
第 1 人称	dveṣmi	dviṣvaḥ	dviṣmaḥ
第 2 人称	dvekṣi	dviṣṭhaḥ	dviṣṭha
第 3 人称	dveṣṭi	dviṣṭaḥ	dviṣanti

	〈反射態〉		
	単数	両数	複数
第 1 人称	dviṣe	dviṣvahe	dviṣmahe
第 2 人称	dvikṣe	dviṣāthe	dviḍḍhve
第 3 人称	dviṣṭe	dviṣāte	dviṣate

〈直説法過去〉

	〈能動態〉		
	単数	両数	複数
第 1 人称	adveṣam	adviṣva	adviṣma
第 2 人称	adveṭ	adviṣṭam	adviṣṭa
第 3 人称	adveṭ	adviṣṭām	adviṣan

	〈反射態〉		
	単数	両数	複数
第 1 人称	adviṣi	adviṣvahi	adviṣmahi
第 2 人称	adviṣṭhāḥ	adviṣāthām	adviḍḍhvam
第 3 人称	adviṣṭa	adviṣātām	adviṣata

〈願望法〉

	〈能動態〉		
	単数	両数	複数
第 1 人称	dviṣyām	dviṣyāva	dviṣyāma
第 2 人称	dviṣyāḥ	dviṣyātam	dviṣyāta
第 3 人称	dviṣyāt	dviṣyātām	dviṣyuḥ

	〈反射態〉		
	単数	両数	複数
第 1 人称	dviṣīya	dviṣīvahi	dviṣīmahi
第 2 人称	dviṣīthāḥ	dviṣīyāthām	dviṣīdhvam
第 3 人称	dviṣīta	dviṣīyātām	dviṣīran

〈命令法〉

	〈能動態〉		
	単数	両数	複数
第 1 人称	dveṣāṇi	dveṣāva	dveṣāma
第 2 人称	dviḍḍhi	dviṣṭam	dviṣṭa
第 3 人称	dveṣṭu	dviṣṭām	dviṣantu

	〈反射態〉		
	単数	両数	複数
第 1 人称	dveṣai	dveṣāvahai	dveṣāmahai
第 2 人称	dvikṣva	dviṣāthām	dviḍḍhvam
第 3 人称	dviṣṭām	dviṣātām	dviṣatām

❷　同じ第 2 類の動詞 as-「ある」の能動態の活用では，as-/s- という語幹をとる。

〈直説法現在〉

	〈能動態〉		
	単数	両数	複数
第 1 人称	asmi	svaḥ	smaḥ
第 2 人称	asi	sthaḥ	stha
第 3 人称	asti	staḥ	santi

〈直説法過去〉

	〈能動態〉		
	単数	両数	複数
第 1 人称	āsam	āsva	āsma
第 2 人称	āsīḥ	āstam	āsta
第 3 人称	āsīt	āstām	āsan

〈願望法〉

	〈能動態〉		
	単数	両数	複数
第 1 人称	syām	syāva	syāma
第 2 人称	syāḥ	syātam	syāta
第 3 人称	syāt	syātām	syuḥ

〈命令法〉

	〈能動態〉		
	単数	両数	複数
第 1 人称	asāni	asāva	asāma
第 2 人称	edhi	stam	sta
第 3 人称	astu	stām	santu

なお，上の 4 つの表にみられる asi, āsīḥ, āsīt, edhi は，不規則な形である。

❸ 同じく第 2 類の動詞 i-「行く」は，能動態で e-/i- という語幹をとる。母音で始まる語尾の前では，y となる。

〈直説法現在〉

	〈能動態〉		
	単数	両数	複数
第 1 人称	emi	ivaḥ	imaḥ
第 2 人称	eṣi	ithaḥ	itha
第 3 人称	eti	itaḥ	yanti

〈直説法過去〉

	〈能動態〉		
	単数	両数	複数
第 1 人称	āyam	aiva	aima
第 2 人称	aiḥ	aitam	aita
第 3 人称	ait	aitām	āyan

〈願望法〉

	〈能動態〉		
	単数	両数	複数
第 1 人称	iyām	iyāva	iyāma
第 2 人称	iyāḥ	iyātam	iyāta
第 3 人称	iyāt	iyātām	iyuḥ

〈命令法〉

	〈能動態〉		
	単数	両数	複数
第 1 人称	ayāni	ayāva	ayāma
第 2 人称	ihi	itan	ita
第 3 人称	etu	itām	yantu

❹　この動詞 i-「行く」に動詞前綴 adhi- がつくと，adhī-「学ぶ」(反射態) となる。

現在：単数・1 人称 adhīye，単数・3 人称 adhīte，複数・3 人称 adhīyate

過去：単数 adhyaiyi, adhyaithāḥ, adhyaita

両数 adhyaivahi, adhyaiyāthām, adhyaiyātām

複数 adhyaimahi, adhyaidhvam, adhyaiyata

願望： adhīyīya

命令：単数 adhyayai, adhīṣva, adhītām

複数 adhyayāmahai, adhīdhvam, adhīyatām

❺　動詞 an-「呼吸する」，jakṣ-「食う」，rud-「泣く」，śvas-「ため息をつく」，svap-「眠る」は，子音または y 以外の半母音で始まる語尾の前で i を挿入する。また，能動態・過去・単数の第 2 人称，第 3 人称の語尾の前で，ī または a を挿入する。rud- の例で示そう。

現在：単数 rodimi, rodiṣi, roditi

複数 rudimaḥ, ruditha, rudanti

過去：単数 arodam, arodas（または arodīḥ）, arodat（または arodīt）

願望：単数 rudyām

命令：単数 rodāni, rudihi, roditu

❻　動詞 brū-「言う」は，強形のとき，子音で始まる語尾の前で bravī- という語幹をとる。

現在：能動態・単数 bravīmi, bravīṣi, bravīti; 両数 brūvaḥ; 複数 bruvanti

反射態・単数 bruve, brūṣe, brūte; 複数 bruvate

過去：能動態・単数 abravam（または abruvam）, abravīḥ, abravīt;

両数 abrūvaḥ; 複数 abruvan

願望：単数 brūyām

命令：能動態・単数 bravāṇi, brūhi, bravītu

❼　動詞 śās-「命ずる」(能動態)は，śās-/śiṣ- という語幹をとる。現在，過去，命令法の複数・第 3 人称形が，-ati, -uḥ, -atu という語尾をとることに注意してほしい。

現在：単数 śāsmi, śāssi, śāsti; 両数 śiṣvaḥ, śiṣṭhaḥ, śiṣṭaḥ;
　　　複数 śiṣmaḥ, śiṣṭha, śāsati

過去：単数 aśāsam, aśāḥ(または aśāt), aśāt; 複数 aśiṣma, aśiṣṭa, aśāsuḥ

願望：単数 śiṣyām

命令：単数 śāsāni, śādhi, śāstu; 複数 śāsāma, śiṣṭa, śāsatu

❽　動詞 han-「殺す」(能動態)は，han-, ha-, ghn-という語幹をとる。とくに，命令法の単数・第 2 人称形 jahi「殺せ」は特殊な語形であり，重要である。

現在：単数 hanmi, haṃsi, hanti; 複数 hanmaḥ, hatha, ghnanti

過去：単数 ahanam, ahan, ahan; 複数 ahanma, ahata, aghnan

願望：単数 hanyām

命令：単数 hanāni, jahi, hantu; 両数 hatam; 複数 hanāma, hata, ghnantu

❾　動詞 duh-「乳をしぼる」(能動態)は，doh-/duh- という語幹をとる。

現在：単数 dohmi, dhokṣi, dogdhi; 複数 duhmaḥ, dugdha, duhanti

語幹と語尾の子音が有声帯気音となることなどに注意してほしい。

[例文]

(1) balavantaṃ yo dveṣṭi tam āhur mūḍhacetasam.

バラヴァンタム・ヨー・ドゥヴェーシュティ・タム・アーフル・ムーダチェータサム

「強力なものを憎む人，彼を愚かな人と呼ぶ」

balavantaṃ は，balavat「力をもつ(人)」の男性・単数・対格形。yo は yaḥ で，関係代名詞 yad の男性・単数・主格形。dveṣṭi は，dviṣ-「憎む」

の直説法現在・能動態・3人称・単数形。tam は，指示代名詞 tad の男性・単数・対格形。āhur は，完了・3人称・複数形で，「彼らは言った」の意味だが，普通は現在の意味で用いられる。mūḍhacetas は，mūḍha「愚かな」＋ cetas「心」（中性）で，全体として「愚かな心をもつ（人）」「愚かな（人）」の意味になる。-cetasam は，その男性・単数・対格形。

（2）edhi guṇavān.

エーディ・グナヴァーン

「徳ある者であれ」

edhi は，as- の命令法・能動態・2人称・単数形。guṇavān は，guṇavat「徳をもつ」の男性・単数・主格形。

（3）śūro 'smīti na dṛptaḥ syāt buddhimān.

シューロー・スミーティ・ナ・ドリプタハ・スヤート・ブッディマーン

「賢者は『私は勇者である』と自慢しないだろう」

śūro は，śūra「勇士」（男性）の単数・主格形。-o + a- で，後の a- は省略される。asmīti は asmi + iti で，asmi は as- の直説法現在・1人称・単数形。iti は，「～と」の意味。dṛptaḥ は，語根 dṛp-「荒れ狂う，傲慢である」の過去受動分詞 dṛpta「自慢する」の男性・単数・主格形。syāt は，as- の願望法・3人称・単数形。buddhimān は，buddhimat「賢者」の男性・単数・主格形。

（4）te bhīmaṃ tyaktvā yanti.

テー・ビーマン・トヤクトゥヴァー・ヤンティ

「彼らはビーマを捨てて行く」

te は，指示代名詞 tad の男性・複数・主格形。bhīmaṃ は，bhīma（人名）の男性・単数・対格形。tyaktvā は，「～を捨てて」の意味（絶対詞，語根 tyaj-「捨てる」）。yanti は，i-「行く」（能動態）の直説法現在・3人称・複数形。

(5) viprā vedān adhīyate.

ヴィプラー・ヴェーダーン・アディーヤテー

「バラモンたちはヴェーダを学ぶ」

viprās (有声音の前で，-ās が -ā となる) は，vipra「バラモン」(男性) の複数・主格形。vedān は，veda「ヴェーダ」(男性) の複数・対格形。adhīyate は，adhī- (adhi + i-)「学ぶ」(反射態) の 3 人称・複数形。

(6) bālā bhītā muhur roditi.

バーラー・ビーター・ムフル・ローディティ

「恐れた少女は何度も泣く」

bālā「少女」(女性・単数・主格形)。bhītā は，bhīta「恐れた」(語根 bhī-「恐れる」) の女性・単数・主格形。muhur は，「何度も」「繰り返し」の意味。roditi は，rud-「泣く」(能動態) の現在・3 人称・単数形。

(7) te māṃ vākyam abruvan.

テー・マーン・ヴァーキヤム・アブルヴァン

「彼らは私に言葉を告げた」

te は，指示代名詞 tad の 3 人称・複数形。māṃ は，第 1 人称代名詞 aham の対格形。vākyam は，vākya「文章」「言葉」(中性) の単数・対格形。abruvan は，brū-「言う」の過去・能動態・3 人称・複数形。

(8) yad gurur bravīti kuru tat.

ヤッド・グルル・ブラヴィーティ・クル・タット

「師が告げることをせよ」

yad は，関係代名詞 yad の中性・単数・対格形。gurur は，guru「師」(男性) の単数・主格形。bravīti は，brū-「言う」の直説法現在・能動態・

3 人称・単数形。kuru は，kṛ-「なす」の命令法・能動態・2 人称（第 18 章を参照）・単数形。tat は，指示代名詞 tat（yad ... をうける）の中性・単数・対格形。

（9）rājānaḥ śāsati prajāḥ.

ラージャーナハ・シャーサティ・プラジャーハ

「諸王は臣民を統治する」

rājānaḥ は，rājan「王」（男性）の複数・主格形。śāsati は，śās-「治める」（能動態）の直説法現在・3 人称・複数形。prajāḥ は，prajā「臣民」（女性）の複数・対格形。

（10）adya jahi śatrūn.

アディヤ・ジャヒ・シャトゥルーン

「今日，敵たちを殺せ」

adya は，「今日」の意味。jahi は，han-「殺す」（能動態）の命令・2 人称・単数形。śatrūn は，śatru「敵」（男性）の複数・対格形。

（11）hanyāṃ sadā bhujagam.

ハヌヤーム・サダー・ブジャガム

「私はいつも蛇を殺したい」

hanyāṃ は，han-「殺す」（能動態）の願望法・1 人称・単数形。sadā は，「つねに」の意味。bhujagam は，bhujaga「蛇」（男性）の単数・対格形。

動詞の第2種活用(2)
–第3類の動詞–

❖第15章❖

第2類の動詞に続いて，第3類の動詞の活用をみよう。

❶ 第3類の動詞の現在語幹は，語根を重複して作る。

❷ 直説法現在，および命令法の能動態・複数・第3人称は，-ati, -atu という人称語尾をもつ。

❸ 能動態・過去・複数・第3人称では，人称語尾は -an ではなくて -ur をとる。また，語幹末の母音は標準(guṇa)階梯のそれとなる(序章の(2)を参照)。

① 動詞 hu-「供物を火中にくべる」は，juho-/-juhu- という語幹をもつ。この動詞の活用を例示しよう。

〈直説法現在〉

	〈能動態〉		
	単数	両数	複数
第 1 人称	juhomi	juhuvaḥ	juhumaḥ
第 2 人称	juhoṣi	juhuthaḥ	juhutha
第 3 人称	juhoti	juhutaḥ	juhvati

	〈反射態〉		
	単数	両数	複数
第 1 人称	juhve	juhvahe	juhumahe
第 2 人称	juhuṣe	juhvāthe	juhudhve
第 3 人称	juhute	juhvāte	juhvate

〈直説法過去〉

	〈能動態〉		
	単数	両数	複数
第 1 人称	ajuhavam	ajuhuva	ajuhuma
第 2 人称	ajuhoḥ	ajuhutam	ajuhuta
第 3 人称	ajuhot	ajuhutām	ajuhavuḥ

	〈反射態〉		
	単数	両数	複数
第 1 人称	ajuhvi	ajuhuvahi	ajuhumahi
第 2 人称	ajuhuthāḥ	ajuhvāthām	ajuhudhvam
第 3 人称	ajuhuta	ajuhvātām	ajuhvata

〈願望法〉

	〈能動態〉		
	単数	両数	複数
第 1 人称	juhuyām	juhuyāva	juhuyāma
第 2 人称	juhuyāḥ	juhuyātam	juhuyāta
第 3 人称	juhuyāt	juhuyātām	juhuyuḥ

	〈反射態〉		
	単数	両数	複数
第 1 人称	juhvīya	juhvīvahi	juhvīmahi
第 2 人称	juhvīthāḥ	juhvīyāthām	juhvīdhvam
第 3 人称	juhvīta	juhvīyātām	juhvīran

〈命令法〉

	〈能動態〉		
	単数	両数	複数
第 1 人称	juhavāni	juhavāva	juhavāma
第 2 人称	juhudhi	juhutam	juhuta
第 3 人称	juhotu	juhutām	juhvatu

	〈反射態〉		
	単数	両数	複数
第 1 人称	juhavai	juhavāvahai	juhavāmahai
第 2 人称	juhuṣva	juhvāthām	juhudhvam
第 3 人称	juhutām	juhvātām	juhvatām

② 動詞 dā-「与える」と dhā-「置く」の語幹は，それぞれ dadā-/dad- および dadhā-/dadh- である。-th- で始まる人称語尾の前では dhat-，-dh- の前では dhad- となる。

〈dhā-「置く」の活用〉

現在：能動態	単数	dadhāmi, dadhāsi, dadhāti
	両数	dadhvaḥ, dhatthaḥ, dhattaḥ
	複数	dadhmaḥ, dhattha, dadhati
反射態	単数	dadhe, dhatse, dhatte
	両数	dadhvahe, dadhāthe, dadhāte
	複数	dadhmahe, dhaddhve, dadhate
過去：能動態	単数	adadhām, adadhāḥ, adadhāt
	両数	adadhva, adhattam, adhattām
	複数	adadhma, adhatta, adadhuḥ
反射態	単数	adadhi, adhatthāḥ, adhatta
	両数	adadhvahi, adadhāthām, adadhātām
	複数	adadhmahi, adhaddhvam, adadhata
願望：能動態	単数	dadhyām，反射態・単数（1 人称）dadhīya
命令：能動態	単数	dadhāni, dhehi, dadhātu
	両数	dadhāva, dhattam, dhattām
	複数	dadhāma, dhatta, dadhatu
反射態	単数	dadhai, dhatsva, dhattām
	両数	dadhāvahai, dadhāthām, dadhātām
	複数	dadhāmahai, dhaddhvam, dadhatām

③ 動詞 hā-「捨てる」の語幹は，jahā-/ jah（i）-, jahī- となる。

〈hā-「捨てる」の活用〉

現在：能動態　単数 jahāmi, jahāsi, jahāti
　　　　　　　両数（1 人称）jahīvaḥ（jahivaḥ）
　　　　　　　複数（3 人称）jahati
過去：能動態　単数（1 人称）ajahām
願望：能動態　単数（1 人称）jahyām
命令：能動態　単数 jahāni, jahāhi（jahīhi, jahihi）, jahātu
　　　　　　　両数 jahāva, jahītam（jahitam）
　　　　　　　複数（3 人称）jahatu

[例文]

（1）agnau ghṛtaṃ juhoti.

「彼は火中にギーをくべる」

agnau は，agni「火」（男性）の単数・処格形。ghṛtaṃ は，ghṛta「ギー」（中性）の単数・対格形。juhoti は，hu-「供物を火中にくべる」の直説法現在・能動態・3 人称・単数形。

（2）devyai manāṃsi dadhāti.

「彼は女神に心を置く（女神を念想する）」

devyai は，devī「女神」（女性）の単数・為格形。manāṃsi は，manas「意，思考」（中性）の複数・対格形。dadhāti は，dhā-「置く」の直説法現在・3 人称・単数形。「manas + 〜を置く」で，「念想する」の意味になる。

（3）grāsamuṣṭiṃ gave dadyāt.

「一握りの食物を牛に与えるべきである」

grāsa は「一口」「食物」（男性），muṣṭi は「一握り」（男性，女性）の意味。grāsa-muṣṭi で，「一握りの食物」の意味になる。-muṣṭiṃ は，その単数・対格形。gave は，go「牛」(男性，女性) の単数・為格形。dadyāt は，dā-「与える」の願望法・能動態・3 人称・単数形。

(4) ekaṃ me patiṃ dehi.

「私にひとりの夫を与えよ」

ekaṃ は，eka「一」の男性・単数・対格形。me は，第 1 人称代名詞 (aham) の付帯形で，単数・為格形。patiṃ は，pati「夫」(男性) の単数・対格形。dehi は，dā-「与える」の命令法・能動態・2 人称・単数形。

(5) jahāti mṛtyuṃ ca jarāṃ bhayaṃ ca.

「彼は死と老いと恐怖とを捨てる」

jahāti は，hā- の直説法現在・能動態・3 人称・単数形。mṛtyuṃ は，mṛtyu「死」(男性) の単数・対格形。jarāṃ は，jarā「老い」(女性) の単数・対格形。bhayaṃ は，bhaya「恐怖」(中性) の単数・対格形。

(6) ahaṃ tvāṃ na jahyāṃ kathaṃ cana.

「私は決してあなたを捨てまい」

ahaṃ は，第 1 人称代名詞の単数・主格形。tvāṃ は，第 2 人称代名詞 tvam の単数・対格形。na は否定辞。jahyāṃ は，hā-「捨てる」の願望法・能動態・1 人称・単数形。na ... kathaṃ cana で，「決して～ない」の意味。

(7) duḥkhena vīrā jahati jīvitam.

「勇士たちは苦しみにより命を捨てる」

duḥkhena は，duḥkha「苦しみ」(中性) の単数・具格形。vīrā は vīrāḥ (有声音の前で，-āḥ は -ā となる) で，vīra「勇士」(男性) の複数・主格形。jahati は，hā- の直説法現在・能動態・3 人称・複数形。jīvitam は，jīvita「生命」(中性) の単数・対格形。

☞ **雑学のよろこび** ☜

4　黄金の島

マルコ・ポーロの『東方見聞録』の記述を読んで，コロンブスは中国の東にある黄金に富む島ジパングに向けての大航海を決意したといわれているが，インドにもこれとよく似た「黄金の島／地」suvarṇa-dvīpa/-bhūmi- とよばれる夢の国の伝説がある。

海に囲まれたギリシア人は早くから航海の技に長けていたが，これを学んだローマ人は，陸路ばかりでなく海路によってもインドから中国へと交易を拡大した。その刺激を受けてインドでも，人々は季節風を利用して東西に航海を試みるようになった。その船は，6 世紀のアジャンタの壁画や，インドネシアはジャワ島のボロブドール寺院に残る 8 世紀ころの浮き彫り（レリーフ）に描かれている。それは，3 本のマストに四角の帆，2 本の櫂を備え，しっかりした舵と碇をつけている。このような船を操るのは，それなりの技術を身につけた「船乗り，航海業者」samudra-yāyin- だった。紀元前後の数世紀の間に書かれたとされているカウティリヤ Kauṭilya の『実利論』*Arthaśāstra* (2 巻 28 章) にも，インド内外の船舶を取り締まる船舶長官 nāvadhyakṣa- の任務が明記されている。ただ，船乗りはそれなりの危険を伴う危険な職業だったからか，社会的には卑しめられていたらしく，『マヌ法典』*Manusmṛti* (3.168) によると，船乗りは祖霊祭のさいにも忌避される者のなかに入れられている。それだけに，紀元後に国つくりが開けはじめた東南アジアのどこかにあると想定されたらしい夢の国への想いが，この「黄金の島／地」にあらわれている。中国の史書の伝えるところでは，1 世紀のころにメコン川の下流の地につくられた扶南国は，商船でやってきたインドのバラモンと土着民の女王との結婚によってつくられたものとされているし，事実この外港だったと思われるオケオの遺跡からは，ローマやインドとの交易を物語る品々が出土している。

そこで問題の「黄金の島／地」だが，まず南方仏教のパーリ語文献の『ジャータカ』*Jātaka*（本生譚）でも，suvaṇṇa-bhūmi-「黄金の地」の名前で5巻10，22巻2などの説話に幾度もふれられているが，その文脈はほぼ一定している。というのは，この地におもむこうとする目的が，なにかの必要から財産をつくるためであれ，あるいは誘拐された王妃の探索のためであれ，その人はどうしてもその地に行こうとする商船を利用せざるをえなかったからである。ところが，その船は途中で難破してしまう。しかし，思わぬ救いの神があらわれて救われる，というのが話の展開で，肝心の夢の地そのものについての記述はみられない。そしてその地のあるべき場所についても，ベンガル湾の東の各地，ミャンマーからマレー半島西岸の地域，スマトラ島と，いろいろな説があるが，これはもちろん黄金伝説にもとづく想像の地なのだから，確定のしようがない。

とはいえ，「黄金の島」の位置に関連して，叙事詩『ラーマーヤナ』*Rāmāyana*の4巻40章29にみられるyava-dvīpa-「ヤヴァ島」（ジャワ）に続く次の一節に，suvarṇarūpyakadvīpa-「金銀島」という名前の島があげられている。この章は，愛するシーターをランカーの魔王ラーヴァナに誘拐されたラーマが，猿王スグリーヴァにその居場所を探り救出を願うところからはじまる。猿の王はかつてラーマの援助をかりた恩を忘れず，さっそく優れた猿のハヌマットに命じて，地上のすべての猿をよび集め，四方に彼らを派遣して，シーターを探そうとする。そこでは，探索すべき各地の山や川をはじめとして，インド大陸の外の海や島の名があげられている。そのなかに，神々の住む架空の場所にまじって，「7つの王国に飾られたヤヴァ島を」yavadvīpam saptarājyopaśobhitam の後に，「金細工師に飾られた金銀島を」suvarṇarūpyakadvīpam suvarṇakaramaṇḍitam と歌われている。もしこの夢の島がジャワ島のつぎにあげられていることを重視するなら，この島はジャワ島に近接する島であると考えられよう。

『ジャータカ』や叙事詩のほかにも，「黄金の島」が登場する作品がある。それは，『カターサリット・サーガラ』*Kathāsaritsāgara*（説話の海）という，11世紀後半にカシュミールの人ソーマデーヴァ Somadeva がまとめた説話集である。この膨大な説話集に問題の島は幾度も取り上げられているが，この島がどんな島であったか，具体的にはのべられていない。とはいえ『ジャータカ』とちがって，とにもかくにも幾人かの主人公は苦難の末にこの島に到着している。たとえば54話では，ある良家の商人が商用でこの島に行こうとして遭難してしまう。しかし，彼は縄を身につけて海に沈み，死体につかまってついに島にたどり着く。ところが，その死体の腰についていた宝石をもっていたために，盗人と間違えられるという事件に巻き込まれてしまう。

めずらしいことに，この島の位置を暗示するかのような周航の記録を含む説話がある。それは，56話のチャンドラスヴァーミン Candrasvāmin というバラモンの話である。彼には息子と娘があったが，国が飢饉に陥って崩壊，そのために2人の子供を妻の実家にあずけ自分は国に残るつもりで，子供を連れて家をでる。ところが途中で子供は暑さのために倒れ，自分は水を探しにでた道で悪者の群れにつかまってしまう。幸い子供たちはある商人にひきとられていくが，そこへある王の大臣があらわれ，祭式のできるこの2人をもらいうけることになる。そしてその後もつぎつぎに子供は人手に渡ってゆき，自由の身になった父親も子供たちを探して，商人が連れていったというあちらこちらの島を訪ね歩くことになる。まずはナーリケーラ島（nārikela「ココ椰子」，現在のニコバル諸島と推定される。ベンガル湾の南，スマトラ島の北にある），次にカターハ島（kaṭāha「(片手）鍋，鍋状の地」，現在のマレー半島の西海岸ケダー Kedah），それからカルプーラ島（karpūra「樟脳」，現在のスマトラ島西海岸か），そして問題の「黄金の島」，最後にシンハラ島（siṃhala「セイロン」，現在のセイロン島）にたどり着くも，ついに子供たちには再会できなかった。このチャンドラスヴァーミンの巡回の経路から推測すると，「黄金の島」はやはりインドを出てそれほど遠くないスマトラ島の周辺にあったと考えられよう。

ところが，サンスクリット文献ではないものの，紀元後 1 世紀ころの作と推定されている『エリュトラー海案内記』*Periplus tēs erythrās thalassēs* という著者不明のギリシア語による一書があり，そのなかにも「黄金の島」が登場する。

これには，インド洋，ペルシア湾，紅海をふくむ南海貿易，とくにインドの西部や西南部の港に集められて，アラビア半島からエチオピアの港に運ばれる多くの貴重な品々が記録されている。これらの品がさらにはローマに向けて輸出されていたことはいうまでもない。その 56 節をみると，インドから送られるものとして，真珠，象牙，絹織物，金剛石などとともに，「黄金の島の khrysonētiōtikē 亀」があげられている。この島の亀はエリュトラー海中で最良のものとして，その鼈甲は古代世界で珍重されていたらしい。この記述とは別に，63 節にも「黄金の」khrysē とよばれる土地と，同名の島のことがのべられている。インド南端のセイロン島からベンガル湾を北上すると，その最も奥まったところでガンジス川の河口付近に達するが，ガンゲースとよばれる今日のベンガル地方をすぎたその周りにインド世界の東の果ての陸地である「黄金の」地があるという。そこで著者はこのガンジス川周辺の地の産物にふれ，付近に金鉱もあったという言い伝えを紹介している。そこから，この川が流れそそぐ海洋のなかに島があり，ここは人が住む世界の東に向いた部分の果てで，昇る太陽そのものの下にあり，これが「黄金の」（島）とよばれると付言している。

この著者のいう黄金の島とその地は，サンスクリット文献のいう suvarṇa-dvīpa-/-bhūmi- に相当するものだが，肝心のその位置についてはインドの東の果てにあるという以上には，明確な指示はみられない。一説には，古代に大きな金鉱があったと推定されているマレー半島がこれに比定されているが，確証されるには至っていない。とすると，これはやはり夢の島の物語なのだろうか。

動詞の第 2 種活用 (3)
– 第 5 類の動詞 –

◈第 16 章◈

第 5 類の動詞の活用では，語根に -no (-ṇo) をそえて強語幹を，-nu (-ṇu) をそえて弱語幹を作る。-nu は，-n, -nuv, -nv の形をとることがある。

たとえば，su-「しぼる」は，suno-/ sunu- という語幹をもつ。

〈su-「しぼる」の活用〉

〈直説法現在〉

	〈能動態〉		
	単数	両数	複数
第 1 人称	sunomi	sunuvaḥ (sunvaḥ)	sunumaḥ (sunmaḥ)
第 2 人称	sunoṣi	sunuthaḥ	sunutha
第 3 人称	sunoti	sunutaḥ	sunvanti

	〈反射態〉		
	単数	両数	複数
第 1 人称	sunve	sunuvahe (sunvahe)	sunumahe (sunmahe)
第 2 人称	sunuṣe	sunvāthe	sunudhve
第 3 人称	sunute	sunvāte	sunvate

〈直説法過去〉

	〈能動態〉		
	単数	両数	複数
第1人称	asunavam	asunuva (asunva)	asunuma (asunma)
第2人称	asunoḥ	asunutam	asunuta
第3人称	asunot	asunutām	asunvan

	〈反射態〉		
	単数	両数	複数
第1人称	asunvi	asunuvahi (asunvahi)	asunumahi (asunmahi)
第2人称	asunuthāḥ	asunvāthām	asunudhvam
第3人称	asunuta	asunvātām	asunvata

〈願望法〉

	〈能動態〉		
	単数	両数	複数
第1人称	sunuyām	sunuyāva	sunuyāma

	〈反射態〉		
	単数	両数	複数
第1人称	sunvīya	sunvīvahi	sunvīmahi

〈命令法〉

	〈能動態〉		
	単数	両数	複数
第 1 人称	sunavāni	sunavāva	sunavāma
第 2 人称	sunu	sunutam	sunuta
第 3 人称	sunotu	sunutām	sunvantu

	〈反射態〉		
	単数	両数	複数
第 1 人称	sunavai	sunavāvahai	sunavāmahai
第 2 人称	sunuṣva	sunvāthām	sunudhvam
第 3 人称	sunutām	sunvātām	sunvatām

動詞 śru-「聞く」は，śṛṇo-/śṛṇu-という語幹をもつ。

〈śru-「聞く」の活用〉

〈直説法現在〉

	〈能動態〉		
	単数	両数	複数
第 1 人称	śṛṇomi	śṛṇuvaḥ	śṛṇumaḥ
第 2 人称	śṛṇoṣi	śṛṇuthaḥ	śṛṇutha
第 3 人称	śṛṇoti	śṛṇutaḥ	śṛṇvanti

	〈反射態〉		
	単数	両数	複数
第 1 人称	śṛṇve	śṛṇuvahe	śṛṇumahe
第 2 人称	śṛṇuṣe	śṛṇvāthe	śṛṇudhve
第 3 人称	śṛṇute	śṛṇvāte	śṛṇvate

〈直説法過去〉

	〈能動態〉		
	単数	両数	複数
第 1 人称	aśṛṇavam	aśṛṇuva	aśṛṇuma
第 2 人称	aśṛṇoḥ	aśṛṇutam	aśṛṇuta
第 3 人称	aśṛṇot	aśṛṇutām	aśṛṇvan

	〈反射態〉		
	単数	両数	複数
第 1 人称	aśṛṇvi	aśṛṇuvahi	aśṛṇumahi
第 2 人称	aśṛṇuthāḥ	aśṛṇvāthām	aśṛṇudhvam
第 3 人称	aśṛṇuta	aśṛṇvātām	aśṛṇvata

〈願望法〉

	〈能動態〉		
	単数	両数	複数
第 1 人称	śṛṇuyām	śṛṇuyāva	śṛṇuyāma

	〈反射態〉		
	単数	両数	複数
第 1 人称	śṛṇvīya	śṛṇvīvahi	śṛṇvīmahi

〈命令法〉

	〈能動態〉		
	単数	両数	複数
第 1 人称	śṛṇavāni	śṛṇavāva	śṛṇavāma
第 2 人称	śṛṇu	śṛṇutam	śṛṇuta
第 3 人称	śṛṇotu	śṛṇutām	śṛṇvantu

	〈反射態〉		
	単数	両数	複数
第 1 人称	śṛṇavai	śṛṇavāvahai	śṛṇavāmahai
第 2 人称	śṛṇuṣva	śṛṇvāthām	śṛṇudhvam
第 3 人称	śṛṇutām	śṛṇvātām	śṛṇvatām

[例文]

(1) sunu somam.

「ソーマをしぼれ」

sunu は，su-「しぼる」の命令法・能動態・2 人称・単数形。somam は，soma「ソーマ」(男性)の単数・対格形。ソーマとは，幻覚性のある植物(のしぼり汁)。

(2) yena śṛṇoti tat śrotram ucyate.

「それによって人が聞くところのもの，それが耳と言われる」

yena は，関係代名詞 yad の男性(または中性)・単数・具格形。śṛṇoti は，śru- の直説法現在・能動態・3 人称・単数形。tat は，指示代名詞・中性・単数・主格形。śrotram「耳」は，中性・単数・主格形。ucyate は，vac-「言う」の現在・受動態・3 人称・単数形。

(3) yad jñātaṃ mayā saṃjaya tat śṛṇu.

「サンジャヤよ，私によって知られたこと，それを聞け」

yad は，関係代名詞・中性・単数・主格形。指示代名詞 tat でうける。jñātaṃは，過去受動分詞 jñāta「知られた」(語根 jñā-) の中性・単数・主格形。mayā は，第 1 人称代名詞の単数・具格形。saṃjaya は人名で，単数・呼格形。śṛṇu は，śṛu-「聞く」の命令法・能動態・2 人称・単数形。

(4) śṛṇudhvaṃ vaco mama.

「あなた方は私の言葉を聞け」

śṛṇudhvaṃは，śṛu-「聞く」の命令法・反射態・2 人称・複数形。vaco は，vacas「言葉」(中性) の単数・対格形。-as は，有声子音の前で -o となる。mama「私の」は，第 1 人称代名詞の単数・属格形。

(5) gāṇḍīvasya nirghoṣam aśṛṇvan.

「彼らはガーンディーヴァ弓の音を聞いた」

gāṇḍīvasya は，gāṇḍīva［弓の名］(男性) の単数・属格形。nirghoṣam は，nirghoṣa「音」(男性) の単数・対格形。aśṛṇvan は，śru-「聞く」の過去・能動態・3 人称・複数形。

(6) puruṣaḥ phalam āpnoti.

「人は成果を得る」

puruṣaḥ は，puruṣa「人」(男性) の単数・主格形。phalam は，phala「果実，結果」(中性) の単数・対格形。āpnoti は，āp-「得る」「達する」(第 5 類) の直説法現在・能動態・3 人称・単数形。

動詞の第 2 種活用 (4)

– 第 7 類の動詞 –

第 17 章

第 7 類の動詞の活用では，語根に -na- (-ṇa-) をはさんで強語幹を，-n- をはさんで弱語幹を作る。

❶　動詞 bhid-「裂く」「破る」は，bhinad-/bhind- という語幹をとる。この動詞で，第 7 類の動詞の活用を例示しよう。

〈bhid-「裂く」「破る」の活用〉

〈直説法現在〉

	〈能動態〉		
	単数	両数	複数
第 1 人称	bhinadmi	bhindvaḥ	bhindmaḥ
第 2 人称	bhinatsi	bhintthaḥ	bhinttha
第 3 人称	bhinatti	bhinttaḥ	bhindanti

	〈反射態〉		
	単数	両数	複数
第 1 人称	bhinde	bhindvahe	bhindmahe
第 2 人称	bhintse	bhindāthe	bhinddhve
第 3 人称	bhintte	bhindāte	bhindate

〈直説法過去〉

	〈能動態〉		
	単数	両数	複数
第 1 人称	abhinadam	abhindva	abhindma
第 2 人称	abhinat（abhinas）	abhinttam	abhintta
第 3 人称	abhinat	abhinttām	abhindan

	〈反射態〉		
	単数	両数	複数
第 1 人称	abhindi	abhindvahi	abhindmahi
第 2 人称	abhintthāḥ	abhindāthām	abhinddhvam
第 3 人称	abhintta	abhindātām	abhindata

〈願望法〉

	〈能動態〉		
	単数	両数	複数
第 1 人称	bhindyām	bhindyāva	bhindyāma

	〈反射態〉		
	単数	両数	複数
第 1 人称	bhindīya	bhindīvahi	bhindīmahi

〈命令法〉

	〈能動態〉		
	単数	両数	複数
第 1 人称	bhinadāni	bhinadāva	bhinadāma
第 2 人称	bhinddhi	bhinttam	bhintta
第 3 人称	bhinattu	bhinttām	bhindantu

	〈反射態〉		
	単数	両数	複数
第 1 人称	bhinadai	bhinadāvahai	bhinadāmahai
第 2 人称	bhintsva	bhindāthām	bhinddhvam
第 3 人称	bhinttām	bhindātām	bhindatām

❷　動詞 yuj-「結合する」「つなぐ」は，yunaj-/yuñj- という語幹をとる。

現在：能動態　単数 yunajmi, yunakṣi, yunakti
両数 yuñjvaḥ, yuṅkthaḥ, yuṅktaḥ
複数 yuñjmaḥ, yuṅktha, yuñjanti
反射態　単数 yuñje, yuṅkṣe, yuṅkte
複数 yuñjmahe, yuṅgdhve, yuñjate
過去：能動態　単数 ayunajam, ayunak, ayunak
複数 ayuñjma, ayuṅkta, ayuñjan
反射態　単数 ayuñji, ayuṅkthāḥ, ayuṅkta
命令：能動態　単数 yunajāni, yuṅgdhi, yunaktu
複数 (3 人称) yuñjantu
反射態　単数 (1 人称) yunajai

❸　その他，動詞 rudh-「妨げる」は ruṇadh-/rundh-，piṣ-「粉砕する」は piṇaṣ-/piṃṣ-，hiṃs-「害する」は hinas-/hiṃs- という語幹をとる。

[例文]

(1) śarīram antako bhinatti.

「死神が身体を断つ」

śarīram は，śarīra「身体」(中性) の単数・対格形。antako は，antaka「死神」(男性) の単数・主格形。有声子音の前で，-aḥ は -o となる。bhinatti は，bhid-「裂く」の直説法現在・能動態・3 人称・単数形。

(2) amitraṃ mitrair bhindanti paṇḍitāḥ.

「賢者たちは敵を友によりうち破る」

amitraṃ は，amitra「敵」(男性) の単数・対格形。mitrair は，mitra「友」「友邦」(男性) の複数・具格形。有声音の前で，-ḥ は -r になる。bhindanti は，bhid-「破る」の直説法現在・能動態・3 人称・複数形。paṇḍitāḥ は，paṇḍita「賢者」(男性) の複数・主格形。

(3) abhinat śaravarṣeṇa droṇānīkam.

「彼は矢の雨によりドローナの軍隊を射た」

abhinat は, bhid-「裂く」の過去・能動態・3 人称・単数形。śaravarṣeṇa は，śara「矢」(男性) ＋ varṣa「雨」(男性) の単数・具格形。droṇānīkam は，droṇa (人名) ＋ anīka「軍隊」(男性) の単数・対格形。

(4) bhindyāt sudurbhidaṃ vyūham.

「非常に破りがたい陣形を彼は破るであろう」

bhindyāt は，bhid-「破る」の願望法・能動態・3 人称・単数形。願望法は，「～すべき」「～できる」「～であろう」などと訳す。sudurbhidaṃ は，su-durbhida「非常に破りがたい」(形容詞) の男性・単数・対格形。vyūham は，vyūha「陣形」(男性) の単数・対格形。

(5) rajako gardabham bandhanena niyunakti.

「洗濯屋はロバを縄でつなぐ」

rajakas は，rajaka「洗濯屋」(男性) の単数・主格形。-o は，有声子音の前での形。gardabham は，gardabha「ロバ」(男性) の単数・対格形。bandhanena は，bandhana「縄，帯」(中性) の単数・具格形。niyunakti は，ni-yuj-「つなぐ，しばる」の現在・能動態・3 人称・単数形。

動詞の第 2 種活用 (5)

– 第 8 類の動詞 –

第 18 章

第 8 類の動詞の活用では，語幹に -o を添えて強語幹を，-u を添えて弱語幹を作る。m, y, v で始まる語尾の前では，-u は省いてもよい。

たとえば，動詞 tan-「拡げる」は，tano-/tanu- という語幹をとり，その活用は，第 5 類の動詞 su- (sunoti) と同じである (第 16 章を参照)。

動詞 kṛ-「する」「作る」は，karo-/kuru- (kur-) という語幹をとる。この動詞で，第 8 類の動詞の活用を例示しよう。

〈kṛ-「する」「作る」の活用〉

〈直説法現在〉

	〈能動態〉		
	単数	両数	複数
第 1 人称	karomi	kurvaḥ	kurmaḥ
第 2 人称	karoṣi	kuruthaḥ	kurutha
第 3 人称	karoti	kurutaḥ	kurvanti

	〈反射態〉		
	単数	両数	複数
第 1 人称	kurve	kurvahe	kurmahe
第 2 人称	kuruṣe	kurvāthe	kurudhve
第 3 人称	kurute	kurvāte	kurvate

〈直説法過去〉

	〈能動態〉		
	単数	両数	複数
第 1 人称	akaravam	akurva	akurma
第 2 人称	akaroḥ	akurutam	akuruta
第 3 人称	akarot	akurutām	akurvan

	〈反射態〉		
	単数	両数	複数
第 1 人称	akurvi	akurvahi	akurmahi
第 2 人称	akuruthāḥ	akurvāthām	akurudhvam
第 3 人称	akuruta	akurvātām	akurvata

〈願望法〉

	〈能動態〉		
	単数	両数	複数
第 1 人称	kuryām	kuryāva	kuryāma

	〈反射態〉		
	単数	両数	複数
第 1 人称	kurvīya	kurvīvahi	kurvīmahi

〈命令法〉

	〈能動態〉		
	単数	両数	複数
第 1 人称	karavāṇi	karavāva	karavāma
第 2 人称	kuru	kurutam	kuruta
第 3 人称	karotu	kurutām	kurvantu

	〈反射態〉		
	単数	両数	複数
第 1 人称	karavai	karavāvahai	karavāmahai
第 2 人称	kuruṣva	kurvāthām	kurudhvam
第 3 人称	kurutām	kurvātām	kurvatām

[例文]

(1) śūdraḥ karoti śuśrūṣām.

「シュードラは奉仕をなす」

śūdraḥ は，śūdra「シュードラ (召使いの階級)」(男性) の単数・主格形。karoti は，kṛ-「する」の直説法現在・能動態・3 人称・単数形。śuśrūṣām は，śuśrūṣā「奉仕」(女性) の単数・対格形。

(2) santas tv amitreṣu api dayāṃ kurvate.

「だが善き人々は，敵に対しても哀れみをかける」

santas は，sat「善い (人)」の男性・複数・主格形。tu は，「しかし」の意味。amitreṣu は，amitra「敵」(男性) の複数・処格形。api は，「～にも」の意味。dayāṃ は，dayā「哀れみ」(女性) の単数・対格形。kurvate は，kṛ-「する」の直説法現在・反射態・3 人称・複数形。

(3) sa yatnam akarot tīvraṃ mokṣārtham.

「彼は解脱のために激しい努力をした」

sa は，第 3 人称代名詞の男性・単数・主格形。yatnam は，yatna「努力」(男性) の単数・対格形。akarot は，kṛ-「する」の過去・能動態・3 人称・単数形。tīvraṃ は，tīvra「激しい」(形容詞) の男性・単数・対格形。mokṣārtham は，mokṣa「解脱」(男性) ＋ artha「目的」「ため」(男性) の中性・単数・対格形で，「解脱のために」の意味。

(4) tvam api tathā kuruṣva.

「あなたもそのようにしなさい」

tvam は，第 2 人称代名詞 tvam の単数・主格形。api は，「〜も」の意味。tathā は，「そのように」の意味。kuruṣva は，kṛ-「する」の命令法・反射態・2 人称・単数形。

(5) na kuryāṃ karmabībhatsam.

「私はおぞましい行動をすべきでない」

na は否定詞。kuryāṃ は，kṛ-「する」の願望法・能動態・1 人称・単数形。karmabībhatsam は，karma-bībhatsa「おぞましい行為」の意味で，中性・単数・対格形。

動詞の第 2 種活用 (6)

– 第 9 類の動詞 –

第 19 章

第 9 類の動詞の活用では，語根に -nā を添えて強語幹を，-nī を添えて弱語幹を作る。-ni は，母音の前では -n になる。

動詞 aś-「食べる」は，aśnā-/aśnī- (aśn-) という語幹をとる。この動詞で，第 9 類の動詞の活用を例示しよう。

〈aś-「食べる」の活用〉

〈直説法現在〉

	〈能動態〉		
	単数	両数	複数
第 1 人称	aśnāmi	aśnīvaḥ	aśnīmaḥ
第 2 人称	aśnāsi	aśnīthaḥ	aśnītha
第 3 人称	aśnāti	aśnītaḥ	aśnanti

	〈反射態〉		
	単数	両数	複数
第 1 人称	aśne	aśnīvahe	aśnīmahe
第 2 人称	aśnīṣe	aśnāthe	aśnīdhve
第 3 人称	aśnīte	aśnāte	aśnate

〈直説法過去〉

	〈能動態〉		
	単数	両数	複数
第 1 人称	āśnām	āśnīva	āśnīma
第 2 人称	āśnāḥ	āśnītam	āśnīta
第 3 人称	āśnāt	āśnītām	āśnan

	〈反射態〉		
	単数	両数	複数
第 1 人称	āśni	āśnīvahi	āśnīmahi
第 2 人称	āśnīthāḥ	āśnāthām	āśnīdhvam
第 3 人称	āśnīta	āśnātām	āśnata

〈願望法〉

	〈能動態〉		
	単数	両数	複数
第 1 人称	aśnīyām	aśnīyāva	aśnīyāma

	〈反射態〉		
	単数	両数	複数
第 1 人称	aśnīya	aśnīvahi	aśnīmahi

〈命令法〉

子音で終わる語根の能動・単数・第 2 人称形は，語根に直接 -āna をつけて作る。しかし jñā「知る」(現在形は jānāmi) の場合は，jānīhi となる。

	〈能動態〉		
	単数	両数	複数
第 1 人称	aśnāni	aśnāva	aśnāma
第 2 人称	aśāna	aśnītam	aśnīta
第 3 人称	aśnātu	aśnītām	aśnantu

	〈反射態〉		
	単数	両数	複数
第 1 人称	aśnai	aśnāvahai	aśnāmahai
第 2 人称	aśnīṣva	aśnāthām	aśnīdhvam
第 3 人称	aśnītām	aśnātām	aśnatām

語根の中間に鼻音があるときは，その鼻音をとり去ってから語尾をつける。

bandh-「しばる」→ badhnāmi (badhnā- / badhnī-)

jñā-「知る」→ jānāmi (jānā-/ jānī-)

grah-「捕える」→ gṛhṇāmi (gṛhṇā-/ gṛhṇī-)

[例文]

(1) śeṣaṃ yo 'śnāti tam āhur vighasāśinam.

「残りを食べる者，彼を vighasāśin という」

śeṣaṃ は，śeṣa「残り」(男性・中性) の単数・対格形。yo (yas) は，関係代名詞 yad の男性・単数・主格形。'śnāti = aśnāti (-o の後で，a- が省略されている) は，aś- の直説法現在・能動態・3 人称・単数形。tam は，指示代名詞 tad の男性・単数・対格形。āhur は，ah-「言う」の完了・能動態・3 人称・複数形だが，「言う」という現在の意味をもつ。vighasāśinam は，vighasa-āśin「（供物の）残りを食べる者」（男性）の単数・対格形。

（2）bāhuvīryārjitaṃ rājyam aśnīyām.

「私は腕力により獲得された王国を享受したい」

bāhuvīryārjitaṃ は，bāhu「腕」（男性）＋ vīrya「力」（中性）＋ arjita「獲得された」（語根 arj-）の中性・単数・対格形。rājyam は，rājya「王国」（中性）の単数・対格形。aśnīyām は，aś-「食べる」「享受する」の願望法・能動態・1 人称・単数形。

（3）eṣa te 'pūpaḥ aśānainam.

「これはあなたの菓子だ，それを食べなさい」

eṣa は，指示代名詞 etad の男性・単数・主格形。te は，第 2 人称代名詞の男性・単数・属格形。'pūpaḥ = apūpaḥ（-e の後で，a- が省略されている）は，apūpa「菓子」（男性）の単数・主格形。aśānainam = aśāna + enam で，aśāna は aś- の命令法・能動態・2 人称・単数形。enam は，指示代名詞 enad の男性・単数・対格形。

（4）enaṃ pāśena kaṇṭhe badhnāti mṛtyurāṭ.

「死王は輪縄により彼の首をしばる」

enaṃ は，enad の男性・単数・対格形。pāśena は，pāśa「輪縄」（男性）の単数・具格形。kaṇṭhe は，kaṇṭha「首」（男性，中性）の単数・処格形。badhnāti は，bandh-「しばる」の直説法現在・能動態・3 人称・単数形。“enaṃ kaṇṭhe badhnāti” は，直訳すれば「彼を首においてしばる」の意味になる。mṛtyurāṭ は，mṛtyurāj「死王，ヤマ（閻魔）」（男性）の単数・主格形。

(5) ahaś ca rātriś ca dharmo jānāti narasya vṛttim.

「昼も夜もダルマ神は人間の行動を知っている」

ahaś は，ahan「日，昼」(中性) の単数・主格・呼格・対格形。c- の前で，-r (-ḥ) は -ś となる。ahaḥ は，不変化詞的に「昼 (に) は」の意味で用いられることがある。ca は，「そして」の意味。rātriś は，rātri「夜」(女性) の単数・主格形。これもやはり，不変化詞的に用いられている。ちなみに，aho-rātram は「昼夜〔において〕」の意味。dharmo は，dharma「ダルマ神 (正義の神)」(男性) の単数・主格形。有声音の前で，-aḥ が -o となる。jānāti は，jñā-「知る」の直説法現在・能動態・3 人称・単数形。narasya は，nara「人間」「男」(男性) の単数・属格形。vṛttim は，vṛtti「行動」(女性) の単数・対格形。

(6) agṛhnāt pāṇiṃ bhīmasenasya rākṣasaḥ.

「羅刹はビーマセーナの手をつかんだ」

agṛhṇāt は，grah-「捕える」の過去・能動態・3 人称・単数形。pāṇiṃ は，pāṇi「手」(男性) の単数・対格形。bhīmasenasya は，bhīmasena (人名) (男性) の単数・属格形。rākṣasaḥ は，rākṣasa「羅刹」(男性) の単数・主格形。

☞ **雑学のよろこび** ☜

5　猿のはなし

猿は，ヴェーダの時代から「つかむのに手を使う 3 つの動物，それは人間と象と猿 markaṭa である」trayaḥ paśūnām hastādānāḥ puruṣo hastīmarkaṭaḥ といわれ，人間に近い動物として，親しみをもってみられてきた。それは，『ラーマーヤナ』*Rāmāyana* のハヌマットの活躍に象徴されよう。妃シーターをランカー島の魔王ラーヴァナに奪われたラーマを援けてこの島に飛び，妃の所在を確かめるや，猿たちの大群を率いてラーヴァナの居城を攻撃すると同時に，傷を受けたラーマをカイラーサ山からとってきた薬草によって治療する不思議な能力ももった猿である。その結果，シーターは無事に救出される。このハヌマットは，『西遊記』の孫悟空の雛形といわれているが，ラーマをヴィシュヌ神の化身とするヴイシュヌ派では，とくにこの猿の像がインド全土の寺院や聖地で祭られている。そこでは，近隣に住む猿たちにも食べ物が与えられ，彼らは人間と親しく共生している。猿と人間との共生は，ギリシアの古典史家の古い記録からもうかがわれる。

紀元前の後半から紀元後にかけて生きたギリシア人で，ローマ世界の『地誌』*Geographica* 17 巻を著したストラボン Strabōn は，インドの動物にふれた一節 (15,1,37) において，その尾長猿 kerkopithēkos について，「その大きなことは最も大きな犬よりも大きく，顔は黒いが，そのほかは白い。ただし場所によっては，その逆のものもいる。また，その尾は 2 ペーキュス（約 1 メートル）以上，非常に人になれていて，性質もよく，人を襲ったり物を取ったりしない」と書いている。また 2 世紀後半のローマ人アエリアヌス Aeliānus の『動物誌』*De Natura Animalium* の断片にも，尾長猿について同じような記述がある。そして，ある地域では王の命令で，猿に炊いた米があたえられているほど大切にされているという。

この大きな猿は群をなして生活している。そこで人間の敵の集団と間違えられたという話がある。それはストラボンの『地誌』(15, 1, 29) に紹介されているもので，かつてアレクサンドロスの軍隊がインド北西部に侵入したときのこと，ヒマラヤの猿の大群を人間の敵と見誤り襲撃に出かけたところ，同行していたタクシラの王から敵が猿であることを教えられたという。

ところで同じ作家は，この猿の賢さと人まねをする性質を利用して，これを生け捕りにする方法を 2 つ紹介している。いずれも鳥もちを使う。1 つは，水を鉢に入れ，眼をこするところをみせてから，水の代わりに鳥もちを鉢にいれておき，猿がまねをすると，まぶたがくっついてしまうから，そこで捕まえようというもの。もう 1 つの方法は，ズボンのようなものをはいてみせて，次にその中に鳥もちをつけておいて，猿がこれをはくと動きがとれなくなってしまうから，そこを捕獲するというもの。いずれもじつにたわいのないものだが，それだけ人と猿との関係が親しかったことをうかがわせる。

猿のやさしさと賢さを物語る証拠を，『ジャータカ』*Jātaka* (本生譚) の 342 番の説話からあげておこう。かつてブッダはヒマラヤの猿の胎内に生まれ，成長してガンジス川の岸辺にいた。そして，ワニと親しくなっていた。ところが雌のワニが妊娠していて，ブッダの心臓の肉を食べたくなった。そこで彼を誘って自分の背にのせ，川の中洲まで行くと，ワニは水にもぐった。こうして猿の心臓をとろうとしたのだったが，ブッダである猿は，その心臓の肉は胸にはなくてウドゥンバラの木にかけてあるといって，それをワニに与えたという。ただ，この「猿 vānara のジャータカ」説話には別の結末もある (57)。それは話の終わりの部分で，ワニが心臓の肉がほしいといって口を開き，目を閉じたその一瞬に，猿は向こう岸に飛び去ったというのである。また，この話は後の説話集『パンチャタントラ』*Pañcatantra* (4) でも，最後に猿は，心臓は木にあるといってその木に登り，ワニを笑うという結末になっている。

猿をあらわす名詞は，同意語の好きなサンスクリットにはいくつもある。なかでも古い kapi- という語形は，不思議なことにヘブライ，アッシリア，ギリシア，アルメニア，古エジプトの諸言語に，k-p- または k-f- をもつ「猿」の語形の存在が指摘されるところから，この kapi- も本来はエジプトのほうから渡ってきた可能性を否定できない。しかしその一方，kapila- 「褐色の，赤みがかった」のような色彩名との関係も考えられる。このほかの「猿」をあらわす名詞として有力なものに vānara- があるが，これは vanar-/vanan- 「森」の派生形である。また，一見合成語のようにもみえる markaṭa- という形もある。これは，ヴェーダの時代から古典期にかけて多くの用例がある古い語彙だが，おかしなことに，ドイツ語に一見してこれに似た Meerkatze という語形が指摘されている。しかも，これは文字通りには「海猫」だが，じつは「尾長猿」で，猿に縁があるので，markaṭa- になんらかの意味でならったのではないかという推測も可能である。とはいえ，肝心のこの形の構成をこれ以上こまかく分析できないので，両者には何の関係もないといわざるをえない。なるほど markaṭa- には，合成語の好きなサンスクリットの śākhā-mṛga- 「枝の動物＝猿」と同じような合成が予想されるけれども，さらなる分析ができないところから，ドラヴィダ語のような他系統の土着の言語からの借用ではないかと予想されている。

未来

❖第 20 章❖

ここまでみてきた動詞の活用は，すべて現在の時制に属するものだった。以下，第 23 章までは現在以外の時制をみることにしよう。

❶ 未来 (Future)

未来時制は，語根に -sya または -iṣya をそえ，さらに第 1 種活用の直説法現在と同じ語尾をそえて作る。たとえば，dā-「与える」の未来語幹は dāsya- となり，以下のように活用する。

〈dā-「与える」の未来活用〉

	〈能動態〉		
	単数	両数	複数
第 1 人称	dāsyāmi	dāsyāvaḥ	dāsyāmaḥ
第 2 人称	dāsyasi	dāsyathaḥ	dāsyatha
第 3 人称	dāsyati	dāsyataḥ	dāsyanti

	〈反射態〉		
	単数	両数	複数
第 1 人称	dāsye	dāsyāvahe	dāsyāmahe
第 2 人称	dāsyase	dāsyethe	dāsyadhve
第 3 人称	dāsyate	dāsyete	dāsyante

語根の母音は，標準（guṇa）階梯をとることが多い。

nī-「導く」→ neṣyati, neṣye

bhū-「なる」「ある」→ bhaviṣyati（o → av）

bhid-「裂く」「断つ」→ bhetsyati

cur-「盗む」→ corayiṣyati

kṛ-「する」「作る」→ kariṣyati

[例文]

（1）ahaṃ gavāṃ sahasraṃ dāsyāmi.

「私は千頭の牛を与えるであろう」

ahaṃ は，第 1 人称代名詞の単数・主格形。gavāṃ は，go「牛」（男性，女性）の複数・属格形。sahasraṃ は，数詞 sahasra「千」（中性）の単数・主格形。dāsyāmi は，dā-「与える」の未来・能動態・1 人称・単数形。

（2）iṣṭān bhogān vo devā dāsyante.

「神々はあなた方に望まれた享楽を与えるだろう」

iṣṭān は，iṣṭa「望まれた」（語根 iṣ-「願う」の過去受動分詞）の男性・複数・対格形。bhogān は，bhoga「享受」「享楽」（男性）の複数・対格形。vo（vaḥ）は，第 2 人称代名詞の複数・為格形（付帯形）。devā は，deva「神」（男性）の複数・主格形。有声音の前で，-ās は -ā となる。dāsyante は，dā-「与える」の未来・反射態・3 人称・複数形。

（3）tvām ahaṃ neṣyāmi yamasādanam.

「私はあなたをヤマ（死神）の住処に導くであろう」

tvām は，第 2 人称代名詞の単数・対格形。ahaṃ は，第 1 人称代名詞の単数・主格形。neṣyāmi は，nī- の未来・能動態・1 人称・単数形。yamasādanam は，yama「ヤマ（死神），閻魔」（男性）＋ sādana「家」「住処」(中性) の単数・対格形。「ヤマの住処に導く」とは，「殺す」の意味。

(4) bhavān uddālaka eva nāmnā bhaviṣyati.

「あなたはまさにウッダーラカという名前になるだろう」

bhavān は，bhavat「あなた」の男性・単数・主格形。意味は「あなた」(敬意を表す) だが，名詞と同じように考えるべきで，第 3 人称の動詞をとる。uddālaka (男性) は人名の主格。eva (不変化詞) は限定，または強意をあらわす。nāmnā は，nāman「名前」(中性) の単数・具格形。直訳は，「名前に関して」となる。bhaviṣyati は，bhū-「なる」の未来・能動態・3 人称・単数形。

(5) tvam andho nacirād anando bhaviṣyasi.

「盲目のあなたは遠からず盲目でなくなるであろう」

tvam は，第 2 人称代名詞の男性・単数・主格形。andho (andhaḥ) は，andha「盲目の」(形容詞) の男性・単数・主格形。nacirād (nacirāt の連声形) は，「遠からず」の意味の副詞。anando は，an (否定辞) + andha で，男性・単数・主格形。bhaviṣyati は，bhū-「なる」の未来・能動態・2 人称・単数形。

(6) bhavatv evaṃ kariṣyāmi.

「よし，このようにしてやろう」

bhavatu (母音の前で，-u は -v になる) は，bhū-「なる」の命令法・能動態・3 人称形で，「そうあってほしい」さらには「よし」の意味になる。evaṃ は，「このように」の意味の不変化詞。kariṣyāmi は，kṛ-「する」の未来・能動態・1 人称・単数形。

❷ 複合未来 (Periphrastic future)

行為者名詞 (第 5 章を参照) の男性・単数・主格形を語幹として，それに動詞 as- の直説法現在の形をそえて作る。

すなわち，動詞語根＋（i）-tṛ（男性・単数・主格形）＋ as- の現在形＝複合未来形 である。

たとえば，動詞 dā-「与える」の複合未来形は，その行為者名詞 dātṛ の男性・単数・主格形 dātā を語幹として作る。ただし第 3 人称では，動詞 -as- の現在形はつけない。

〈dā-「与える」の複合未来活用〉

	〈能動態〉		
	単数	両数	複数
第 1 人称	dādāsmi	dātāsvaḥ	dātāsmaḥ
第 2 人称	dātāsi	dātāsthaḥ	dātāstha
第 3 人称	dātā	dātārau	dātāraḥ

	〈反射態〉		
	単数	両数	複数
第 1 人称	dātāhe	dātāsvahe	dātāsmahe
第 2 人称	dātāse	dātāsāthe	dātādhve
第 3 人称	dātā	dātārau	dātāraḥ

kṛ-「する」「作る」の能動態は，第 1 人称 kartāsmi, kartāsi, kartā; 第 2 人称 kartāvaḥ, karthāsthaḥ, kartārau; 第 3 人称 kartāsmaḥ, kartāstha, kartāraḥ となる。

[例文]

(1) tadā dātāsmi te divyāny astrāṇi.

「その時，私はあなたに神聖な武器を与えるであろう」

tadā は，「その時」の意味の不変化詞。dātāsmi は，dā- の複合未来・

能動態・1人称・単数形。te は，第2人称代名詞の単数・為格形（付帯形）。divyāni（母音の前で，-y は -i となる）は，divya「神聖な」（形容詞）の中性・複数・対格形。astrāṇi は，astra「武器」（中性）の複数・対格形。

(2) rājā tasmai nagaraṃ dātā.

「王は彼に都市を与えるであろう」

rājā は，rājan（男性）の単数・主格形。tasmai は，指示代名詞 tad の男性・単数・為格形で，「彼（のため）に」の意味。nagaraṃ は，naraga「都市」（中性）の単数・対格形。dātā は，複合未来・能動態・3人称・単数形。

(3) tan mamācakṣva. śrutvā kartāsmi tat.

「それを私に言って下さい。聞いたら私はそれをやるであろう」

tat（鼻音の前で，-t は -n となる）は，指示代名詞・中性・単数・対格形。mamācakṣva は，mama + ācakṣva。mama は，第1人称代名詞の単数・属格形。ここでは，「私に」の意味になる。ācakṣva は，ā-cakṣ-「言う」の命令法・反射態・2人称・単数形（cakṣ- の命令形・単数・1人称 cakṣai，2人称 cakṣva，3人称 caṣṭām，複数・3人称 cakṣatām）。śrutvā は，śrū- の絶対詞で，「聞いてから」の意味。kartāsmi は，kṛ-「する」の複合未来・能動態・1人称・単数形。

(4) tataḥ kartāsi śatrūṇāṃ kadanaṃ mahat.

「それから，あなたは敵たちの大虐殺をするであろう」

tataḥ は，「それから」の意味の不変化詞。kartāsi は，kṛ-「する」の複合未来・能動態・2人称・単数形。śatrūṇāṃ は，śatru「敵」（男性）の複数・属格形。kadanaṃ は，kadana「殺戮」（中性）の単数・対格形。mahat は，「大きい」の意味の形容詞の中性・単数・対格形。

アオリスト(1)
－単純アオリスト－

第21章

サンスクリットにも古典ギリシア語と同じく，アオリスト(Aorist, 本来は「限定されない」の意味)と呼ばれる過去の時制をあらわす形がある。アオリストは，オーグメント(a-)をもち，過去(Imperfect)の人称語尾をつけて作られる。文法家によれば，アオリストはその日の出来事について用いられ，過去(Imperfect)や完了(Perfect)とは区別されるが，実際の用例においては区別なく，同じように過去の意味をあらわす。

アオリストは，語幹の形によって，単純アオリスト(Simple aorist)と，sを含むアオリスト(Sigmatic aorist)に区別される。前者には，語根アオリスト，a-アオリスト，重複アオリストが，また後者には，s-アオリスト，iṣ-アオリスト，siṣ-アオリスト，sa-アオリストがある。

❶ 語根アオリスト(Root-aorist)

オーグメントa-をつけた語根に，直接的に語尾をつけて作る。この語根アオリストは能動態に限られる。

〈dā-「与える」の語根アオリスト〉

語頭の a- はオーグメントである。

	単数	両数	複数
第 1 人称	adām	adāva	adāma
第 2 人称	adāḥ	adātam	adāta
第 3 人称	adāt	adātām	aduḥ

複数・3 人称では，語尾 -ur の前で母音が消えることに注意。

また，bhū-「なる」「ある」では，複数・3 人称形の語尾は -an となる。

〈bhū-「なる」の語根アオリスト〉

	単数	両数	複数
第 1 人称	abhūvam	abhūva	abhūma
第 2 人称	abhūḥ	abhūtam	abhūta
第 3 人称	abhūt	abhūtām	abhūvan

[例文]

(1) tasmai sa brāhmaṇo nādāt putram.

「そのバラモンは彼に息子を与えなかった」

tasmai は，指示代名詞 tad の男性・単数・為格形。sa は，同じく tad の男性・単数・主格形。brāhmaṇo は，brāhmaṇa「バラモン」(男性) の単数・主格形 (有声音の前で，-aḥ が -o となる)。nādāt は，na + adāt。na は否定辞。adāt は，dā-「与える」のアオリスト・3 人称・単数形。putram は，putra「息子」(男性) の単数・対格形。

(2) adām ahaṃ pṛthivīm brāhmaṇebhyaḥ.

「私はバラモンたちに土地を与えた」

adām は，dā-「与える」のアオリスト・1 人称・単数形。ahaṃ は，第 1 人称代名詞の単数・主格形。pṛthivīm は，pṛthivī「大地」「土地」(女性) の単数・対格形。brāhmanebhyaḥ は，brāhmaṇa「バラモン」(男性) の複数・為格形。

(3) sa rājā tejasvī balavān abhūt.

「その王は，威光あり，強力だった」

rājā は，rājan「王」(男性) の単数・主格形。tejasvī は，tejasvin「威光ある」(形容詞) の男性・単数・主格形。balavān は，balavat「力ある」(形容詞) の男性・単数・主格形。abhūt は，bhū-「ある」のアオリスト・3 人称・単数形。

(4) vayam abhūma modamānāḥ sabāndhavāḥ.

「われわれは親族とともに喜んでいた」

vayam は，第 1 人称代名詞の複数・主格形。abhūma は，bhū-「ある」のアオリスト・1 人称・複数形。modamānāḥ は，modamāna「喜んでいる」(語根 mud-「喜ぶ」の現在分詞) の男性・複数・主格形。sabāndhavāḥ は，sabāndhava (< sa + bāndhava)「親族とともなる」の男性・複数・主格形。

❷ a- アオリスト (a-aorist)

オーグメント a- つきの語根に，-a- をつけて語幹を作る。

その活用は第 1 類動詞の過去の活用と同じだが，過去の活用では現在語幹を用いることに注意。たとえば，sad-「座る」(現在 sīdati，過去 asīdat，アオリスト asadat)。反射態はまれなので，ここでは省略する。

〈sic-「注ぐ」の a- アオリスト〉

	単数	両数	複数
第 1 人称	asicam	asicāva	asicāma
第 2 人称	asicaḥ	asicatam	asicata
第 3 人称	asicat	asicatām	asican

〈gam-「行く」の a- アオリスト〉

	単数	両数	複数
第 1 人称	agamam	agamāva	agamāma
第 2 人称	agamaḥ	agamatam	agamata
第 3 人称	agamat	agamatām	agaman

[例文]

(1) sa toyena rājānam asicat.

「彼は水を王に注いだ」

sa は，指示代名詞 tad の男性・単数・主格形。ここでは，「彼は」の意味。toyena は，toya「水」(中性) の単数・具格形。rājānam は，rājan「王」(男性) の単数・対格形。asicat は，sic-「注ぐ」のアオリスト・3 人称・単数形。過去の場合は asiñcat となることに注意。動詞 sic- は具格をとる。

(2) sa sabhāryaḥ svargam agamat.

「彼は妻とともに天界へ行った」

sa は，指示代名詞 tad の男性・単数・主格形。sabhāryaḥ は，sabhārya「妻 (bhāryā) をともなった」(形容詞) の男性・単数・主格形で，sa「彼」にかかる。svargam は，svarga「天」(男性) の単数・対格形。agamat は，

gam-「行く」のアオリスト・3人称・単数形。過去の場合は agacchat となる。

(3) āśramaṃ kaṃcid agamam.
「私はある隠棲所に行った」
āśramaṃ は，āśrama「隠棲所」(男性・中性) の単数・対格形。kaṃcid は kaś-cit「ある」の不定代名詞・男性・単数・対格形で，āśramaṃ にかかる。agamam は，gam-「行く」のアオリスト・1人称・単数形。

❸ 重複アオリスト (Reduplicated aorist)

語根を重複させ，オーグメント a- をつけて作る。その活用は，第1類動詞の過去形と同じである。

pat-「落ちる」→ apaptat (3人称・単数形)
vac-「話す」→ avocat (同上)

重複アオリストは，とくに -aya で終わる現在 (第10類の動詞などの) と使役動詞のアオリストとして用いられる。アオリスト語幹では -aya は消えるが，-paya を加える使役動詞の活用では，-p- が残る。

dṛś-「見る」(使役動詞：darśayati「見せる」) → adīdṛśat
budh-「目覚める」(使役動詞：bodhayati「目覚めさせる」) → abūbudhat
jan-「生まれる」(使役動詞：janayati「生まれさせる」「生む」) → ajījanat
jñā-「知る」(使役動詞：jñāpayati「知らせる」) → ajijñapat (-paya- の -p- が残っている)

このアオリストは韻律上，⏑–⏑⏑ という形をとり，Rhythmic aorist (韻律アオリスト) とも呼ばれる。

[例文]

(1) avocaṃ pārthivān sarvān aham.

「私はすべての王たちに告げた」

avocaṃ は, vac- のアオリスト・1 人称・単数形。pārthivān は, pārthiva「王」(男性) の複数・対格形。sarvān は, sarva「すべての」(形容詞) の男性・複数・対格形。aham は, 第 1 人称代名詞の単数・主格形。

(2) bharatas tisṛṣu strīṣu nava putrān ajījanat.

「バラタは 3 人の妻たちに, 9 人の息子たちを生ませた」

bharatas は, bharata (男性の人名) の単数・主格形。tisṛṣu は, tri「3 つの」の女性・複数・処格形。strīṣu は, strī「女, 妻」(女性) の複数・処格形。nava は,「9」の意味。性に関わりなく変化する。putrān は, putra「息子」(男性) の複数・対格形。ajījanat は, jan-「生まれる」の使役形アオリスト・3 人称・単数形。

アオリスト(2)
–sを含むアオリスト–

第22章

sを含むアオリスト(Sigmatic aorist)は，能動態・単数の第2人称，第3人称が -sīḥ, sīt，複数の第3人称が -suḥ となるのが特徴である。能動態の語根の母音は，延長 vṛddhi 階梯をとる。ただこの s は，短母音，鼻音，r 以外の子音の後，t または th ではじまる語尾の前では落ちる。たとえば，kṛ-「つくる」の反射態・3人称・単数形 akṛta のように。また，反射態の第2人称・複数形 -dhvam (a, ā 以外の母音と r の後では -ḍhvam) の前で落ちる。たとえば，aneṣdhvam ＞ aneḍhvam, akṛṣdhvam ＞ akṛḍhvam のように。

❶ s- アオリスト

〈nī-「導く」の s- アオリスト〉

	〈能動態〉		
	単数	両数	複数
第1人称	anaiṣam	anaiṣva	anaiṣma
第2人称	anaiṣīḥ	anaiṣṭam	anaiṣṭa
第3人称	anaiṣīt	anaiṣṭām	anaiṣuḥ

	〈反射態〉		
	単数	両数	複数
第 1 人称	aneṣi	aneṣvahi	aneṣmahi
第 2 人称	aneṣṭhāḥ	aneṣāthām	aneḍhvam
第 3 人称	aneṣṭa	aneṣātām	aneṣata

śru-「聞く」→ aśrauṣam, aśroṣi

kṛ-「なす」→ akārṣam, akṛṣi

ji-「征服する」→ ajaiṣam, ajeṣi

dṛś-「見る」→能動態・3 人称・単数形 adrākṣīt

[例文]

(1) anaiṣīḥ sabhāṃ kṛṣṇām.

「あなたは集会場にクリシュナー(ドラウパディー)をつれて来た」

anaiṣīḥ は, nī-「導く」のアオリスト・能動態・2 人称・単数形。sabhāṃ は, sabhā「集会場」(女性)の単数・対格形。kṛṣṇām は, kṛṣṇā(女性の人名)の単数・対格形。

(2) vaco 'śrauṣam antarikṣe surāṇām.

「私は空中における神々の声を聞いた」

vaco は, vacas「声」(中性)の単数・対格形。'śrauṣam (aśrauṣam) は, śru-「聞く」のアオリスト・能動態・1 人称・単数形。antarikṣe は, antarikṣa「空中」(中性)の単数・処格形。surāṇām は, sura「神」(男性)の複数・属格形。

(3) satataṃ tad aśrauṣīr vacanaṃ tayoḥ.

「いつもあなたはその両者のその言葉を聞いた」

satataṃ は, 副詞で「いつも」の意味。tad は, 指示代名詞・単数・中性・対格形で，vacanaṃ にかかる。aśrauṣīr (aśrauṣīḥ。-ḥは，有声音の前で -r になる) は，śru-「聞く」のアオリスト・能動態・2 人称・単数形。vacanam は，vacana「言葉」(中性) の単数・対格形。tayoḥ は，指示代名詞 tad の両数・男性・属格形。

(4) akārṣīḥ sāhasam idaṃ kasmāt.

「あなたはどうしてこのような無謀なことをしたのか」

akārṣīḥ は，kṛ-「なす」のアオリスト・能動態・2 人称・単数形。sāhasam は，sāhasa「無謀なこと」(中性) の単数・対格形。idaṃは，指示代名詞 idam の中性・単数・対格形。kasmāt は，疑問代名詞 kim の男性 (中性)・単数・奪格形で，「何故に」の意味。

(5) yad akārṣur nṛpatayas tan mama ācakṣva.

「王たちがやったことを私に語れ」

yad は，関係代名詞 yad の中性・単数・対格形。akārṣur (akārṣuḥ) は，kṛ-「なす」のアオリスト・能動態・3 人称・複数形。nṛpatayas は，nṛpati「王」(男性) の複数・主格形。tan (tad) は，指示代名詞 tad の中性・単数・対格形。mama は，第 1 人称代名詞の単数・属格形。ここでは，「私に」の意味。ācakṣva は，ācakṣ-「告げる」(第 2 類・反射態) の命令法・2 人称・単数形。

❷ iṣ- アオリスト

人称語尾の前に，-iṣ- を挿入して作る。

〈lū-「切る」の iṣ- アオリスト〉

	〈能動態〉		
	単数	両数	複数
第1人称	alāviṣam	alāviṣva	alāviṣma
第2人称	alāvīḥ	alāviṣṭam	alāviṣṭa
第3人称	alāvīt	alāviṣṭām	alāviṣuḥ

	〈反射態〉		
	単数	両数	複数
第1人称	alaviṣi	alaviṣvahi	alaviṣmahi
第2人称	alaviṣṭhāḥ	alaviṣāthām	alavidhvam (-ḍhvam)
第3人称	alaviṣṭa	alaviṣātām	alaviṣata

vad-「言う」→ avādiṣam, avādīt, etc.

grah-「とらえる」→ agrahīṣam, agrahīt, agrahīṣi

budh-「目覚める」→ abodhiṣam, abodhīt, abodhiṣi

[例文]

rājāyaṃ me pāṇim agrahīt.

「この王は私の手をとった(私と結婚した)」

rājāyaṃ = rājā+ayaṃ。rājā は，rājan「王」(男性)の単数・主格形。ayaṃ は，指示代名詞 idam の男性・単数・主格形。me は，第1人称代名詞・単数・属格形(付帯形)。pāṇim は，pāṇi「手」(男性)の単数・対格形。agrahīt は，grah-「とらえる」のアオリスト・能動態・3人称・単数形。

❸ siṣ- アオリスト

人称語尾の前に，-siṣ- を挿入して作る。siṣ- アオリストは能動態に限られる。

このアオリストの語根の多くは，-ā（または -ai）あるいは -am で終わる。

yā-「行く」→ ayāsiṣam, ayāsīḥ, ayāsīt, etc.

nam-「敬礼する」→ anaṃsiṣam, anaṃsīt

jñā-「知る」→ ajñāsiṣam, ajñāsīt

［例文］

（1） sa rājā pāṇḍavān pratyayāsīt.

「その王はパーンダヴァのもとに行った」

sa は，指示代名詞 tad の男性・単数・主格形。rājā は，rājan「王」（男性）の単数・主格形。pāṇḍavān は，pāṇḍava「パーンダヴァ」「パーンドゥの息子たち」（男性）の複数・対格形。prati（母音の前で，-i が -y となる）は，「～に向かって」の意味。ayāsīt は，yā-「行く」のアオリスト・3 人称・単数形。

（2） tato nājñāsiṣaṃ kiṃcit.

「それから，私は何もわからなかった」

tato（tatas）は，「それから」の意味の不変化詞。nājñāsiṣaṃ = na + ajñāsiṣaṃ。ajñāsiṣaṃ は，jñā-「知る」のアオリスト・1 人称・単数形。na . . . kiṃcit で，「何も～ない」の意味になる。

❹ sa- アオリスト

人称語尾の前に，-sa- を挿入して作る。

a, ā 以外の母音をもち，ś, ṣ, h で終わる語根で用いる。-kṣ（a）- が現れるのが特徴である。

〈diś-「指示する」の sa- アオリスト〉

	〈能動態〉		
	単数	両数	複数
第 1 人称	adikṣam	adikṣāva	adikṣāma
第 2 人称	adikṣaḥ	adikṣatam	adikṣata
第 3 人称	adikṣat	adikṣatāṃ	adikṣan

	〈反射態〉		
	単数	両数	複数
第 1 人称	adikṣi	adikṣāvahi	adikṣāmahi
第 2 人称	adikṣathāḥ	adikṣāthām	adikṣadhvam
第 3 人称	adikṣata	adikṣātām	adikṣanta

guh-「隠す」→ aghukṣam, aghukṣat, etc.（語根の -h が k になると，前の g が gh になる）

lih-「なめる」→ alikṣam, alikṣat

[例文]

ahaṃ nālikṣaṃ havīṃṣi.

「私は供物をなめなかった」

ahaṃ は，第 1 人称代名詞の単数・主格形。nālikṣaṃ = na + alikṣaṃ。alikṣaṃ は，lih-「なめる」のアオリスト・能動態・1 人称・単数形。havīṃṣi は，havis「供物」(中性) の複数・対格形。

❺ 指令法 (Injunctive)

mā とオーグメント a- のないアオリスト形とで，「～するなかれ」という禁止の意味をあらわす。

[例文]

(1) mā gāḥ.
「行くな」
gāḥ は，gā「行く」の語根アオリスト agāḥ の a- のない形。

(2) mā kārṣīḥ.
「するな」
kārṣīḥ は，kṛ-「する」の s- アオリスト akārṣīḥ の a- のない形。

この形式以外にも，mā +命令法で，指令法をあらわすことがある。
mā gaccha.「行くな」(gaccha は，gam-「行く」の命令法・2 人称・単数形)

❻ 祈願法 (Precative)

「～ますように」のような祈願をあらわす形。

能動態では，語根に -yās をそえて語幹を作る。反射態では，語根の母音が guṇa 化したものに，-iṣī (母音の前では -iṣīy) をつけて作る。それほど多用されないので，若干例のみをあげる。

〈bhū-「ある」の祈願法〉

能動態・単数　第 1 人称 bhūyāsam，第 2 人称 bhūyāḥ，
　　　　　　　第 3 人称 bhūyāt
反射態・単数　第 1 人称 bhaviṣīya，第 2 人称 bhaviṣīṣthāḥ，
　　　　　　　第 3 人称 bhaviṣīṣṭa

〈dā-「与える」の祈願法〉

能動態・単数　第 3 人称 deyāt

完了

第 23 章

完了時制には，単なる完了（Perfect）と複合完了（Periphrastic perfect）とがある。

❶ 単なる完了（Perfect）

完了の語幹は重複によって作られ，強語幹（中語幹）と弱語幹とがある。完了は，過去やアオリストと同じく，過去に起こった事柄をあらわす。

	強語幹 / （中語幹） / 弱語幹
puṣ-「養う」	pupoṣ- / pupuṣ-
tud-「打つ」	tutod- / tutud-
dṛś-「見る」	dadarś- / dadṛś-
gam-「行く」	jagām- / jagam- / jagm-
grah-「つかむ」	jagrāh- / jagrah- / jagṛh-
vac-「言う」	uvāc- / uvac- / ūc-
jan-「生まれる」	jajān- / jajan- / jajñ-
svap-「眠る」	suṣvāp- / suṣvap- / suṣup-
kṛ-「する」	cakār- / cakar- / cakṛ-
pac-「煮る」	papāc- / pec-
dā-「与える」	dadā- / dad-（dadi-）

単なる完了は，特別な人称語尾をもつ。

〈完了の人称語尾〉

	〈能動態〉		
	単数	両数	複数
第 1 人称	-a	-va	-ma
第 2 人称	-tha	-athur	-a
第 3 人称	-a	-atur	-ur

	〈反射態〉		
	単数	両数	複数
第 1 人称	-e	-vahe	-mahe
第 2 人称	-se	-āthe	-dhve
第 3 人称	-e	āte	-re

〈tud-「打つ」の活用〉

	〈能動態〉		
	単数	両数	複数
第 1 人称	tutoda	tutudiva	tutudima
第 2 人称	tutoditha	tutudathuḥ	tutuda
第 3 人称	tutoda	tutudatuḥ	tutuduḥ

	〈反射態〉		
	単数	両数	複数
第 1 人称	tutude	tutudivahe	tutudimahe
第 2 人称	tutudiṣe	tutudāthe	tutudidhve
第 3 人称	tutude	tutudāte	tutudire

〈kṛ-「する」の活用〉

	〈能動態〉		
	単数	両数	複数
第1人称	cakara	cakṛva	cakṛma
第2人称	cakartha	cakrathuḥ	cakra
第3人称	cakāra	cakratuḥ	cakruḥ

	〈反射態〉		
	単数	両数	複数
第1人称	cakre	cakṛvahe	cakṛmahe
第2人称	cakṛṣe	cakrāthe	cakṛdhve
第3人称	cakre	cakrāte	cakrire

なお，能動態・単数・1人称には，cakāra の形もある。

① -ā または -ai, -au で終わる語根では，能動態・単数・1人称と3人称で語尾が -au となる。

〈dā-「与える」の活用〉

	〈能動態〉		
	単数	両数	複数
第1人称	dadau	dadiva	dadima
第2人称	dadātha	dadathuḥ	dada
第3人称	dadau	dadatuḥ	daduḥ

	〈反射態〉		
	単数	両数	複数
第1人称	dade	dadivahe	dadimahe
第2人称	dadiṣe	dadāthe	dadidhve
第3人称	dade	dadāte	dadire

② bhū-「なる」「ある」の活用は，不規則である。

	〈能動態〉		
	単数	両数	複数
第 1 人称	babhūva	babhūviva	babhūvima
第 2 人称	babhūvitha	babhūvathuḥ	babhūva
第 3 人称	babhūva	babhūvatuḥ	babhūvuḥ

	〈反射態〉		
	単数	両数	複数
第 1 人称	babhūve	babhūvivahe	babhūvimahe
第 2 人称	babhūviṣe	babhūvāthe	babhūvidhve (-ḍhve)
第 3 人称	babhūve	babhūvāte	babhūvire

③ vid-「知る」の活用では，語根は重複しない。

単数 veda, vettha, veda; 両数 vidva, vidathuḥ, vidatuḥ; 複数 vidma, vida, viduḥ。

veda, viduḥ は，現在時制の意味「知っている」として用いられる。

④ ah-「言う」は，能動態の次の形だけが用いられる。

単数・2 人称 āttha, 3 人称 āha; 両数・2 人称 āhathuḥ, 3 人称 āhatuḥ; 複数・3 人称 āhuḥ.

[例文]

(1) sa putram pupoṣa vidhivat.

「彼はその息子を規定に従って養育した」

sa は，指示代名詞 tad の男性・単数・主格形で，「彼」の意味。putram は，putra「息子」(男性) の単数・対格形。pupoṣa は，puṣ-「養う」の完了・能動態・3 人称・単数形。vidhivat は，「規定に従って」「適切に」の意味の副詞。

(2) taṃ dadarśa sa nāgendras takṣakaḥ.

「その竜王タクシャカは彼を見た」

taṃ は，指示代名詞 tad の男性・単数・対格形。dadarśa は，dṛś-「見る」の完了・能動態・3 人称・単数形。nāgendras は，nāga「竜，蛇」(男性) + indra「王」(男性) の男性・単数・主格形。takṣakaḥ は，takṣaka (竜の名) の男性・単数・主格形。

(3) putrān bhrātṝṃś ca dadṛśuḥ.

「彼らは息子や兄弟を見た」

putrān は，putra「息子」(男性) の複数・対格形。bhrātṝṃś (c- の前で，-n は -ṃś となる) は，bhrātṛ「兄弟」(男性) の複数・対格形。dadṛṣuḥ は，dṛś-「見る」の完了・能動態・3 人称・複数形。

(4) sa dadṛśe nandanapratimaṃ vanam.

「彼はナンダナ園のような森を見た」

dadṛśe は，dṛś-「見る」の完了・反射態・3 人称・単数形。nandana (中性) は，インドラの園林の名前。-pratima は，複合語の最後につくと，「～のような」の意味になる。vanam は，vana「森」(中性) の単数・対格形。

(5) tasya guruḥ paritoṣaṃ jagāma.

「彼の師は満足した」

tasya は，指示代名詞 tad の男性・単数・属格形で，ここでは「彼の」の意味。guruḥ は，guru「師，目上の人」(男性) の単数・主格形。paritoṣaṃ は，paritoṣa「満足」(男性) の単数・対格形。jagāma は，gam-「行く」「達する」の完了・能動態・3 人称・単数形。

(6) viśrāntāś ca punar yuddhāya jagmire.

「彼らは休息して，ふたたび戦いに行った」

viśrāntāḥ (-c の前で，-ḥ は -ś となる) は，viśrānta「疲れのとれた」「休息した」(形容詞) の男性・複数・主格形。punar は，「ふたたび」の意味の不変化詞。yuddhāya は，yuddha「戦い」(中性) の単数・為格形。jagmire は，gam-「行く」の完了・反射態・3 人称・複数形。

(7) atha takṣako svabhavanān niṣkramya tam uvāca.

「その時，タクシャカは自分の住処から出て，彼に言った」

atha は，「その時」「さて」などを意味する不変化詞。takṣako は，takṣaka (竜王の名) の単数・主格形。svabhavanāt (鼻音の前で，-n になる) は，sva「自分の」+ bhavana「家」「住処」(中性) の単数・奪格形。niṣkramya は，「出て」の意味の絶対詞 (語根 kram-)。tam は，指示代名詞 tad の男性・単数・対格形。uvāca は，vac-「言う」の完了・能動態・3 人称・単数形。

(8) tathā putraśataṃ jajñe dhṛtarāṣṭrasya.

「こうしてドリタラーシトラの百人の息子が生まれた」

tathā は，「こうして」の意味の不変化詞。putraśataṃ は，putra「息子」(男性) + śata「百」の中性・単数・主格形。jajñe は，jan-「生まれる」の完了・反射態・3 人称・単数形。dhṛtarāṣṭrasya は，dhṛtarāṣṭra (人名) の単数・属格形。

(9) tasyāṃ sabhāyāṃ nalinīṃ cakāra mayaḥ.

「その集会場に，マヤは蓮池を作った」

tasyāṃ は，指示代名詞 tad の女性・単数・処格形。sabhāyāṃ は，sabhā「集会場」(女性) の単数・処格形。nalinīṃ は，nalinī「蓮池」(女性) の単数・対格形。cakāra は，kṛ-「する」の完了・能動態・3 人称・単数形。mayaḥ は，maya (阿修羅の名，男性) の単数・主格形。

(10) sa pāpo dadau viṣaṃ bhīmāya.

「その悪者は，ビーマに毒を与えた」

saは，指示代名詞 tadの男性・単数・主格形。pāpoは，pāpa「悪い」(形容詞)の男性・単数・主格形で，「悪い男」の意味になる。dadauは，dā-「与える」の完了・能動態・3人称・単数形。viṣaṃは，viṣa「毒」(中性)の単数・対格形。bhīmāyaは，bhīma(人名)の単数・為格形。

(11) evaṃ yad āttha bhagavan.

「尊い神よ，あなたの言った通りである」

evaṃは，「そのような」の意味の不変化詞。yadは，関係代名詞 yadの中性・単数・対格形。ここでは，yathā「〜のような」と同じで，evaṃに対応している。ātthaは，ah-「言う」の完了・2人称・単数形。bhagavanは，bhagavat「尊者」(男性)の単数・呼格形。

❷ 複合完了 (Periphrastic perfect)

主として第10類の動詞の語根と，使役動詞，名詞起源の動詞で用いられる。現在語幹に -amをつけ，それに動詞 kṛ-, as-, bhū- の完了形(cakāra, āsa, babhūva など)をつけて作る。

たとえば,

cur-「盗む」(第10類動詞 corayati) → corayāmāsa

tuṣ-「満足する」(使役動詞 toṣayati「満足させる」) → toṣayāmāsa

budh-「目覚める」(使役動詞 bodhayati「目覚めさせる」) →
bodhayāṃcakāra

[例文]

(1) sa brāhmaṇo pustakaṃ corayāmāsa.

「そのバラモンは本を盗んだ」

brāhmaṇo は，brāhmaṇa「バラモン」(男性) の単数・主格形。pustakaṃ は，pustaka「書物」(男性，中性) の単数・対格形。corayāmāsa は，cur-「盗む」の複合完了・能動態・3 人称・単数形。

(2) toṣayāmāsa tapasā sā śaṅkaram.

「彼女は苦行によりシャンカラ (シヴァ) を満足させた」

toṣayāmāsa は，tus-「満足する」(使役動詞 toṣaya-) の複合完了・3 人称・単数形。tapasā は，tapas「苦行」(中性) の単数・具格形。sā は，指示代名詞 tad の女性・単数・主格形。ここでは，「彼女は」の意味。śaṅkaram は，śaṅkara「シャンカラ，シヴァ」(男性) の単数・対格形。

(3) tau bodhayāmāsatur harim.

「その両者はハリ (ヴィシュヌ) を目覚めさせた」

tau は，指示代名詞 tad の男性・両数・主格形。bodhayāmāsatur は，budh-「目覚める」(使役動詞 bodhaya-) の複合完了・能動態・3 人称・両数形。harim は，hari「ハリ，ヴィシュヌ」(男性) の単数・対格形。

☞ **雑学のよろこび** ☜

6　亀のはなし

江戸時代の享保年間から文化年間のはじめにかけて活躍した，真言宗の慈雲という高僧がいた。讃岐高松の人で，広く仏教学を修めるとともに，わが国サンスクリット学の先駆者として多くの著作を残しているが，飲光（オンコウ）という諱（いみな）でも知られている。この「光を飲む」という名前はすでに漢語訳の仏典にもあらわれているが，さらにその源はサンスクリットの kāśyapa- にあるとみてよいだろう。この形は，本来は kaśyapa- の派生形で，「カシュヤパに属する」という意味の形容詞だが，これを kāśya-pa- のように分析して，前分を kāśate-「輝く」(kāśi-「太陽」)，後分を語根 pā-「飲む」と解した結果，「飲光」が当てられたにちがいない。ちなみに，-pa- を pāti-「守る，保護する」ととれば，これも漢語訳にみられる「護光」となる。ところが，そのほかにも漢語訳で「亀氏」という名が当てられている。これは kāśyapa- のもとになった kaśyapa- が亀をあらわすところから思いつかれたものだろう。と同時にこの形は，多くのヴェーダ賛歌をつくった聖仙のひとりの名前でもあった。

この聖仙と「亀」を結びつけるものとしては，つぎのようなブラーフマナの一節（『シャタパタ・ブラーフマナ』*Śatapatha Brāhmaṇa* 7,5,1）がある。これは，煉瓦による agni-cayana「祭式用火壇の構築」の神話的な背景をのべているくだりだが，それによると，まずその火壇に生きた亀 kūrma をいれるのだが，この亀は「精髄」rasa だという。かつて造物主 Prajāpati が万物に浸透するものとして水をつくり，この水から大地をはじめいくつもの世界がつくられたが，亀はここから流れ出た精髄と考えられているのである。そして，亀の下の甲はこの地の世界であり，上の甲は天界に他ならない。こうして造物主は亀の形をとって生類をつくりだしたので，この主が「創造した」asṛjata ものは，それが「形づくった」akarot ものにほかならない。そこで，これは亀 kūrma とよばれたが，それは kaśyapa に等しい。だから，すべての生きものは kaśyapa の後裔と説明されているのである。

この説話の展開をみると，亀は造物主の化身とみなされて，アグニ神に供えられるが，一方で亀 kūrma には kṛ- 「作る」という語根との連想が働いているように思われる。そしてそのつながりが，インド・イラン時代からの「亀」であると同時にヴェーダの聖仙のひとりとなっている kaśyapa- に結びつけられていく。さらに時代が下ると，この亀 kaśyapa はついにヴィシュヌ神の化身になる。それとともに，叙事詩の時代になると，kaśyapa- は徐々に kacchapa- といういかにも民衆の語彙らしい形に交替していく。そしてこれが，パーリ語をはじめ中期インド・アーリア語から近代の諸言語に「亀」をあらわす形として継承されていくのである。

このように，亀は祭式に用いられる大切な動物だったが，同時にその肉はウサギ śaśa の肉とともに 11 か月の間祖霊を満足させる力をもつと教えられ，祖霊に供されている（『マヌ法典』*Manusmṛti* 3, 27）。もちろん，一般にもその肉は卵とともに賞味された。

この亀が，わが国でいわれる万年の寿命をもつ長寿の象徴だったことを物語る神話がある。その亀はアクーパーラ akūpāra とよばれ，神々が甘露 amṛta を手に入れるために大海を攪拌しようとしたときに，大海のなかでマンダラ山を背に乗せて，攪拌の棒となり軸となった，あの亀である。一説には，攪拌しようとしたときマンダラ山が沈んでいくので，ヴィシュヌ神が亀となって水中でこの山を支えたともいわれている。

アクーパーラとよばれる亀の長寿神話は，『マハーバーラタ』*Mahābhārata*（3,191）に語られているもので，その主人公はインドラディゥムナ Indradyumna と呼ばれる王仙である。彼は福徳が尽きて天界から堕ちたが，その名声が尽きていないことを証明してもらおうとして，長生きの梟（ふくろう），ついで鶴 baka（「鷺（さぎ）」）をたずねるが，いずれもこの王仙のことなど知らぬという。そのとき鶴は，アクーパーラという亀にたずねてみるように薦める。そこでこの亀に会うと，幸いなことに亀は涙を流して感激し，知っていると答える。それは大昔，この王仙によって亀は祭式の火壇に置かれたからだという。そして，今いる湖はこの王仙が寄贈した牛によって踏まれてできたもので，それ以来自分はここに住んでいるのだと語った。この亀との出会いによって，王仙は天にもどる資格をとりもどしたという。

この神話は，もちろん先にふれたブラーフマナの神話を踏まえており，鶴とともに亀の長寿を物語るものといえよう。

受動態と使役動詞

第 24 章

❶ 受動態 (Passive voice)

弱い階梯の語根に -ya- をそえて語幹とし，それにさらに反射態の人称語尾をそえて作る。

tud-「打つ」→ tudyate

dviṣ-「憎む」→ dviṣyate

grah-「つかむ」→ gṛhyate

vac-「話す」→ ucyate

bandh-「縛る」→ badhyate

第 10 類の動詞と使役動詞の語幹は，受動態では -aya- を取り去る。

cur-「盗む」(→第 10 類動詞 coraya-) → coryate

kṛ-「作る」(→使役動詞 kāraya-) → kāryate

[例文]

(1) śrotrena gṛhyate śabdaḥ.

「音声は耳によって把捉される」

śrotrena は，śrotra「聴覚」「耳」(中性) の単数・具格形。gṛhyate は，grah-「つかむ」の受動態・3 人称・単数形。śabdaḥ は，śabda「音声」(男

性）の単数・主格形。

（2）śaucam ārjavaṃ brahmacaryam ahiṃsā ca śārīraṃ tapa ucyate.

「清さ，廉直，禁欲行，不殺生が身体的な苦行と言われる」

śaucam は，śauca「清さ」（中性）の単数・主格形。ārjavaṃ は，ārjava「廉直」（中性）の単数・主格形。brahmacaryam は，brahmacarya「梵行」「清浄行」（中性）の単数・主格形。ahiṃsā は，ahiṃsā「無傷害」「不殺生」（女性）の単数・主格形。śārīraṃ は，śārīra「身体的な」（形容詞）の中性・単数・主格形。tapa は，tapas「苦行」（中性）の単数・主格形。母音の前で，-as は -a となる。ucyate は，vac-「話す」の受動態・3 人称・単数形。

（3）nityaṃ badhyante naktaṃ bahuvidhā mṛgāḥ.

「つねに夜，多種の獣たちが捕らえられる」

nityaṃ は，「つねに」の意味の副詞。badhyante は，bandh-/badh-「しばる，捕らえる」の受動態・3 人称・複数形。naktaṃ は，「夜に」の意味の副詞。bahuvidhā（ḥ）は，「多くの」の意味の形容詞の男性・複数・主格形。mṛgāḥ は，mṛga「獣」「鹿」（男性）の複数・主格形。

（4）codayāmāsa taṃ kṛṣṇaḥ sabhā kriyātām iti.

「クリシュナは『集会場を作りなさい』と言って彼をかりたてた」

codayāmāsa は，cud-「かりたてる」（第 10 類の動詞）の複合完了・能動態・3 人称・単数形。taṃ は，指示代名詞 tad の男性・単数・対格形。kṛṣṇaḥ は，kṛṣṇa（人名）の単数・主格形。sabhā「集会場」（女性）は，単数・主格形。kriyatām は，kṛ-「する」「作る」の受動態の命令・3 人称・単数形で，「作られるべきである」の意味。受動の命令は，丁重な命令をあらわす場合が多い。

現在以外の時制では，反射態が受動態の働きを兼ねる。

なお，アオリストには，-i で終わる受動態・3 人称・単数形がある。

vad-「話す」→ avādi

jan-「生まれる」→ ajani

kṛ-「する」「作る」→ akāri

hṛ-「奪う」→ ahāri

[例文]

(1) tena rāghavo nijagade.

「ラーガヴァ（ラーマ）は彼に言われた」

tena は，指示代名詞 tad の男性・単数・具格形。rāghavo は，rāghava（人名）の単数・主格形。nijagade は，ni-gad-「言う」の完了・反射態・3 人称・単数形で，ここでは「言われた」という受動の意味になる。

(2) sa tayā kaṇṭhe jagṛhe.

「彼は彼女に首に抱きつかれた」

sa と tayā は，それぞれ指示代名詞 tad の男性・単数・主格形と女性・単数・具格形。kaṇṭhe は，kaṇṭha「首」（男性，中性）の単数・処格形。jagṛhe は，grah-「つかむ」の完了・反射態・3 人称・単数で，ここでは受動の意味になる。

(3) abhyabhāvi rāmas tayā.

「ラーマは彼女に攻撃された」

abhyabhāvi は，abhi-bhū-「攻撃する」「圧倒する」のアオリスト・受動態・3 人称・単数形。rāmas は，rāma（人名）の単数・主格形。tayā は，指示代名詞・女性・単数・具格形。

(4) ratnair akārīyaṃ kanyā.

「この娘は諸々の宝物によって作られた」

ratnair は，ratna「宝物」(中性) の複数・具格形。akārīyaṃ = akāri+iyaṃ。akāri は，kṛ- のアオリスト・受動態・3 人称・単数形。iyaṃ は，指示代名詞 idam の女性・単数・主格形。kanyā「娘」「少女」(女性) は，単数・主格形。

(5) aśvas tena ahāri.

「馬は彼に奪われた」

aśvas は，aśva「馬」(男性) の単数・主格形。ahāri は，hṛ-「奪う，とる」のアオリスト・受動態・3 人称・単数形。

❷ 使役動詞 (Causative verb)

① 語根に -aya- (-ay-) をそえて，使役動詞の語幹を作る。語根の母音が強くなる場合が多い (標準 guṇa または延長 vṛddhi の階梯になる)。その活用は，第 10 類の動詞の語根と同じである。

kṛ-「作る」→ kārayati (使役・3 人称・単数形)「作らせる」

pat-「落ちる」→ pātayati「落とす」

tuṣ-「満足する」→ toṣayati「満足させる」

② 語根の中間にある a は，短いままのことがある。

gam-「行く」→ gamayati「行かせる」

jan-「生まれる」→ janayati「産む」

③ -ā で終わる語根は，-paya- をとる場合が多い。

sthā-「立つ」→ sthāpayati「立たせる」「置く」

jñā-「知る」→ jñāpayati または jñapayati「知らせる」

④ その他

kṣi-「滅びる」→ kṣapayati または kṣayayati「滅ぼす」
ṛ-「行く」→ arpayati「投げる，向ける」
ruh-「生える」「生長する」→ rohayati または ropayati「生長させる，拡げる」
adhi-i-「学ぶ」→ adhyāpayati「学ばせる，教える」（i-「行く」→āyayati「行かせる」）

[例文]

（1）tān rājā śūdrakarmāṇi kārayet.
「王は彼らにシュードラの仕事をさせるべきである」
tān は，指示代名詞 tad の男性・複数・対格形。rājā は，rājan「王」（男性）の単数・主格形。śūdrakarmāṇi = śūdra + karmāṇi。śūdra「シュードラ」（男性）は，4 つの varṇa（四姓）のうちの第 4 の階層で，奉仕の仕事をする。karmāṇi は，karman「仕事」（中性）の複数・対格形。kārayet は，kṛ-「する」の使役・現在・願望法・能動態・3 人称・単数形。

（2）tato bhīṣmo mahāstrāṇi pātayati.
「それからビーシュマは偉大な兵器を落とす（放つ）」
tatas は，「それから」の意味の不変化詞。bhīṣmo は，bhīṣma（男性の人名）の単数・主格形。mahāstrāṇi = mahā + astrāṇi。mahat「大きい」は，複合語の最初で mahā となる。astrāṇi は，astra「兵器」「矢，弓」（中性）の複数・対格形。pātayati は，pat-「落ちる」の使役・現在・能動態・3 人称・単数形。

（3）taṃ vāgbhis toṣayiṣye.
「私は彼を言葉によって満足させましょう」
taṃ は，指示代名詞 tad の男性・単数・対格形。vāgbhis は，vāc「言葉」(女性) の複数・具格形。toṣayiṣye は，tuṣ-「満足する」の使役の未来・反射態・1 人称・単数形。

(4) sa tasyāṃ sutam ajanayat.

「彼は彼女に息子を産ませた」

sa は，指示代名詞 tad の男性・単数・主格形。tasyāṃ は，指示代名詞 tad の女性・単数・処格形。sutam は，suta「息子」(男性) の単数・対格形。ajanayat は，jan-「生まれる」の使役形 (janaya-) の過去・3 人称・単数形。

(5) sa rājānam ajñāpayat svaṃ prayojanam.

「彼は王に自分の目的を告げた」

rājānam は，rājan「王」(男性) の単数・対格形。ajñapayat は，jñā-「知る」の使役・過去・能動態・3 人称・単数形。svaṃ は，sva「自分の」(形容詞) の中性・単数・対格形。prayojanam は，prayojana「目的」(中性) の単数・対格形。

(6) idaṃ dvaipāyanaḥ pūrvaṃ putram adhyāpayat.

「ドゥヴァイパーヤナはまず最初に，それを息子に学ばせた」

idaṃ は，指示代名詞 idam の中性・単数・対格形。dvaipāyanaḥ (人名) は，男性・単数・主格形。pūrvaṃ は，「最初に」「第一に」の意味の副詞。putram は，putra「息子」(男性) の単数・対格形。adhyāpayat は，adhi-i-「学ぶ」の使役形 (adhyāpaya-) の過去・能動態・3 人称・単数形。過去のしるしである a- は，-ā- の中に融合している。

意欲法，強意活用，名詞起源の動詞

❖第 25 章❖

❶ 意欲法 (Desiderative)

① 重複によって作られた語根に，-sa- (-iṣa-) をそえて意欲動詞の語幹を作る。「〜しようと欲する」の意味になる。

pac-「煮る」「調理する」→ pipakṣa-

kṣip-「投げる」→ cikṣipsa-

ji-「勝利する」→ jigīṣa-

śru-「聞く」→ śuśrūṣa-

kṛ-「する」「作る」→ cikīrṣa-

mṛ-「死ぬ」→ mumūrṣa-

han-「殺す」→ jighāṃsa-

〈動詞 kṛ-「する」の意欲活用〉

	〈能動態〉	〈反射態〉
意欲法・現在	cikīrṣati	cikīrṣate
意欲法・過去	acikīrṣat	acikīrṣata
願望法	cikīrṣet	cikīrṣeta
命令法	cikīrṣatu	cikīrṣatām

② さらに，次のような形もある。

dā-「与える」→ ditsa-

dhā-「置く」→ dhitsa-

pat-「落ちる」→ pitsa- または pipatiṣa-

labh-「得る」→ lipsa-

śak-「できる」→ śikṣa-「学ぶ」

duh-「乳をしぼる」→ dudhukṣa-

viś-「入る」→ vivikṣa-

[例文]

(1) bhavān kiṃ kāryaṃ cikīrṣati.

「あなたはどんな仕事をしたいと望んでいるのか」

bhavān は，bhavat「あなた」(第 2 人称の敬称代名詞) の男性・単数・主格形。意味は「あなた」だが，名詞に準じ，第 3 人称の動詞をとる。kiṃ は，疑問代名詞 kim の中性・単数・対格形。kāryaṃ は，kārya「仕事」「結果」「目的」(中性) の単数・対格形。cikīrṣati は，kṛ-「する」の意欲法・現在・能動態・3 人称・単数形。

(2) pārthivatvaṃ cikīrṣāmi dharmarājasya.

「私はダルマ王が王になることを求める」

pārthivatvaṃ は，pārthivatva「王であること」(中性) の単数・対格形。cikīrṣāmi は，kṛ-「する」の意欲法・現在・能動態・1 人称・単数形。「～を作ろうと欲する」から転じて，「～を求める」の意味になる。dharmarājasya は，dharmarāj「ダルマ王＝ユディシュティラ」(男性) の単数・属格形。

(3) cikīrṣed eva kalyāṇaṃ śraddadhānaḥ.

「人は信仰しつつまさに幸福を追求すべきである」

cikīrṣed は，kṛ-「する」の意欲法・願望・能動態・3 人称・単数形。eva は強め。kalyāṇaṃ は，kalyāṇa「幸福」「善」(中性) の単数・対格形。śraddadhānaḥは現在分詞 (srad-dhā-) で，「信仰しつつ」の意味の，男性・単数・主格形。

(4) tataḥ provāca kaunteyo mumūrṣan.

「それから，まさに死なんとしているクンティーの息子は告げた」

tataḥ は，「それから」の意味の不変化詞。provāca は，pra-vac-「言う」の完了・能動態・3 人称・単数形。kaunteyo は，kaunteya「クンティーの息子」(男性) の単数・主格形。mumūrṣan は，mṛ-「死ぬ」の意欲法の現在分詞 (mumūrṣat) の男性・単数・主格形。

❷ 強意活用 (Intensive conjugation)

動作が強く，または反復して行なわれることをあらわす用法である。

① 重複によって作られた語根に，-ya- をそえて語幹を作る。その活用は，第 1 類の動詞の反射態に準ずる。

dīp-「輝く」→ dedīpyate「強く輝く」

jval-「燃える」→ jājvalyate「激しく燃える」

ru-「呼ぶ」→ rorūyate「激しく呼ぶ」

② 重複によって作られた語幹に，直接に人称語尾をそえて作ることもある。その活用は，第 3 類の動詞の能動態に準ずる。

vid-「知る」→ vevetti / vevidīti

bhū「なる」→ bobhoti / bobhavīti

[例文]

(1) dadarśa tatra vaidarbhīṃ dedīpyamānāṃ vapuṣā.

「彼はそこで，美しい身体により輝いているヴィダルバの姫を見た」

dadarśa は，dṛś-「見る」の完了・能動態・3 人称・単数形。tatra は，「そこで」の意味。vaidarbhīṃ は，vaidarbhī「ヴィダルバの姫」(女性) の単数・対格形。dedīpyamānāṃ は，dīp-「輝く」の強意活用 (dedīpya-) の現在分詞・女性・単数・対格形。vapuṣā は，vapus「身体」「美」(中性) の単数・具格形。

(2) sarvam evedam arcibhiḥ jājvalyate nabhaḥ.

「このすべての空は，光線によって強く輝いている」

sarvam は，sarva「すべての」(形容詞) の中性・単数・主格形。evedam = eva (強意) + idam。idam は，指示代名詞・中性・単数・主格形。arcibhiḥ は，arci「光線」(女性) の複数・具格形。jājvalyate は，jval-「輝く」の強意活用・現在・3 人称・単数形。nabhaḥ は，nabhas「空」(中性) の単数・主格形。

(3) sa abhihato rorūyamāṇo mātuḥ samīpam upāgacchat.

「彼はぶたれて，激しく泣いて，母のもとに来た」

abhihato は，abhīhata (han- の過去受動分詞)「打たれた」の男性・単数・主格形。rorūyamāṇo は，ru-「呼ぶ」の強意活用の現在分詞・男性・単数・主格形。mātuḥ は，mātṛ「母」(女性) の単数・属格形。samīpam は，「近くに」「そばに」の意味。upāgacchat は，upa-gam-「近づく」の過去・能動態・3 人称・単数形。

❸ 名詞起源の動詞 (Denominative)

名詞・形容詞の語幹に，主として -aya- をそえて動詞の語幹を作る。子音の後では，-ya- が使われる。その活用は，第 1 種活用に従う。

mantra「助言」「協議」→ mantrayati「相談する」

mārga「道」→ mārgayati「探す」

kathā「物語」→ kathayati「物語る」
amitra「敵」→ amitrayati「敵対する」
artha「目的」「利益」→ arthayate「求める」「望む」
putra「息子」→ putrīyati「息子をほしがる」
namas「敬礼」→ namasyati「敬礼をする」

[例文]

(1) sa mantrayām āsa bhrātṛbhiḥ saha.
「彼は兄弟たちとともに協議した」
sa は，指示代名詞 tad の男性・単数・主格形。mantrayām āsa は，mantrayati の複合完了・能動態・3 人称・単数形。bhrātṛbhiḥ は，bhrātṛ「兄弟」(男性) の複数・具格形。saha は，「〜 (具格) とともに」の意味。

(2) phalam etasya tapasaḥ kathayadhvam.
「この苦行の果報について，あなた方は語りなさい」
phalam は，phala「果実」「果報」(中性) の単数・対格形。etasya は，指示代名詞 etad の単数・属格形。kathayadhvam は，kathayati「語る」の命令法・反射態・2 人称・複数形。

(3) tvām arthayante govinda divi śakram ivāmarāḥ.
「ゴービンダ (クリシュナ) よ，彼らはあなたを求めている，天において神々がシャクラ (インドラ) を (求める) ように」
tvām は，第 2 人称代名詞 tvam の単数・対格形。arthayante は，arthayate「求める」の現在・3 人称・複数形。govinda は，govinda (男性・人名) の単数・呼格形。divi は，div「天」(女性) の単数・処格形。ivāmarāḥ は，iva「〜のような」+ amarāḥ で，amarāḥ は amara「神」(男性) の複数・主格形。

準動詞

– 現在分詞，完了分詞，過去分詞 –

❖第 26 章❖

以下にのべる現在分詞，完了分詞，過去分詞をまとめて**準動詞**（Verbals）とよぶ。

❶ 能動態の現在（未来）分詞（Present（Future）participle）

① 現在と未来の語幹に，接尾辞の -ant と -at をそえて，それぞれ強語幹と弱語幹を作る。第 2 類の動詞では，現在の弱語幹に上の接尾辞をそえる。

	〈強語幹〉	〈弱語幹〉
tud-「打つ」	tudant-	tudat-
jīva-「生きる」	jīvant-	jīvat-
tuṣ-「満足する」	tuṣyant-	tuṣyat-
dviṣ-「憎む」（第 2 類）	dviṣant-	dviṣat-
han-「殺す」（第 2 類）	ghnant-	ghnat-

② 重複によって作られた語幹は，強語幹をもたない。

hu-（第 3 類）「（火中に）供物を捧げる」（juhoti）→ juhvat

③ 現在分詞は，形容詞に準じた変化をする。

④　女性語幹は，第 1，4，10 類の動詞では接尾辞 -antī を，第 2，3，5，7，8，9 類の動詞では接尾辞 -atī をもつ。第 6 類の動詞と，第 2 類の動詞の ā で終わる語根（例：yā-「行く」など）には，-antī/-atī がつく。その他の場合には，-atī がつく。

[例文]

(1) aśvāṃs tudantau tau javenābhyadhāvatām.

「ふたりは馬たちを打って，速やかに走った」

aśvāṃs は，aśvān（t の前で，n は ṃs となる）で，aśva「馬」（男性）の複数・対格形。tudantau は，tud-「打つ」の現在分詞の男性・両数・主格形。tau は，指示代名詞 tad の男性・両数・主格形。javena は，「速やかに」の意味の副詞。abhyadhāvatām は，abhi-dhāv-「走る」の過去・能動態・3 人称・両数形。

(2) yasmiñ jīvati jīvanti bahavaḥ so ’tra jīvatu.

「その人が生きている時，多くの人が生きるような人，そういう人がこの世で生きるべきである」

yasmin（j の前で，n は ñ になる）は，関係代名詞 yad の男性・単数・処格形。jīvati は，jīv- の現在分詞（jīvat）の男性・単数・処格形。直説法現在と混同しないよう注意。jīvanti は，jīv- の直説法現在・能動態・3 人称・複数形。bahavaḥ は，bahu「多くの」の意味の形容詞の男性・複数・主格形。ここでは，「多くの（人々）」の意味になる。so は，指示代名詞 tad の男性・3 人称・単数・主格形。atra は，「ここで」「この世で」の意味。jīvatu は，jīv-「生きる」の命令法・能動態・3 人称・単数形。

(3) adviṣantaṃ kathaṃ dviṣyāt.

「憎んでいない者をどうして憎むべきか」

adviṣantaṃ は，dviṣ-「憎む」の現在分詞・単数・対格形の dviṣantam (m →ṃ) に，否定の a- をつけたもの。kathaṃ は，「どうして」の意味の不変化詞。dviṣyāt は，dviṣ- の願望法・能動態・3 人称・単数形。

(4) te ghnantaḥ śatrugaṇān nidhanaṃ gatāḥ.

「彼らは敵の群を殺しつつ死におもむいた」

te は，指示代名詞 tad の男性・複数・主格形。ghnantaḥ は，han-「殺す，打つ」の現在分詞の複数・主格形。śatrugaṇān は，śatru「敵」＋ gaṇa「群」の男性・複数・対格形。nidhanaṃ は，nidhana「滅」「死」(男性・中性) の単数・対格形。gatāḥ は，gata「行った」の男性・複数・主格形。gata は，gam- の過去受動分詞だが，受動の意味はない。

❷ 反射態の現在 (未来) 分詞

① 第 1 種活用の動詞では，語幹に接尾辞 -māna (-māṇa) をそえて作る。

ruh- (第 1 類)「生える」「生長する」→ rohamāṇa

bhṛ- (第 1 類)「担う」→ bharamāṇa

yudh- (第 4 類)「戦う」→ yudhyamāna

② 第 2 種活用の動詞では，弱語幹に接尾辞 -āna (-āṇa) をそえて作る。

ās- (第 2 類)「座る」→āsīna (不規則)

brū- (第 2 類)「言う」→ bruvāṇa

hu- (第 3 類)「(火中に) 供物を捧げる」→ juhvāna

kṛ- (第 5 類)「作る」→ kurvāṇa

[例文]

(1) nāhaṃ yotsye yudhyamāne tvayi.

「あなたが戦っているうちは，私は戦わないだろう」

nāhaṃ は，na（否定時）+ ahaṃ。aham は，第 1 人称代名詞の単数・主格形。yotsye は，yudh-「戦う」の未来形・反射態・1 人称・単数形。yudhyamāne は，yudh- の現在分詞 yudhyamāna の男性・単数・処格形。tvayi は，第 2 人称代名詞の単数・処格形。yudhyamāne tvayi は絶対処格形で，「あなたが戦うとき」の意味になる。

（2）bruvāṇam evaṃ garuḍaṃ brāhmaṇaḥ samabhāṣata.

「このように告げるガルダに，バラモンは語った」

bruvāṇam は，brū-「言う」の現在分詞・男性・単数・対格形。evaṃ は，「このように」の意味。garuḍaṃ は，garuḍa「ガルダ」（巨鳥の名）（男性）の単数・対格形。brāhmaṇaḥ は，brāhmaṇa「バラモン」（男性）の単数・主格形。samabhāṣata は，saṃ-bhāṣ-「語る」の過去・反射態・3 人称・単数形。

（3）tatrābhiṣekaṃ kurvāṇo gatiṃ paramāṃ vrajet.

「（人は）そこで沐浴をしつつ，最高の帰趨におもむくべきである」

tatra は，「そこで」の意味。abhiṣekaṃ は，abhiṣeka「灌頂」「沐浴」（男性）の単数・対格形。kurvāṇo は，kṛ-「する」の現在分詞 kurvāṇa の男性・3 人称・単数形。gatiṃ は，gati「帰趨」「行方」（女性）の単数・対格形。paramāṃ は，parama「最高の」（形容詞）の女性・単数・対格形。vrajet は，vraj-「行く」の願望・能動態・3 人称・単数形。

（4）sarve devagaṇās tadā viṣṇum āsīnam abruvan.

「その時，すべての神の群は，座っているヴィシュヌに言った」

sarve は，sarva「すべての」の男性・複数・主格形。devagaṇās は，deva「神」（男性）+ gaṇa「群」（男性）の複数・主格形。tadā は，「その時」の意味。viṣṇum は，viṣṇu「ヴィシュヌ」（神名）の単数・対格形。āsīnam は，ās-「座る」の現在分詞āsīna の男性・単数・対格形。abruvan は，

brū-「言う」の過去・能動態・3 人称・複数形。

❸ 能動態の完了分詞（Perfect participle）

① 完了の弱語幹に，接尾辞 -vas（-vāṃs/-vat/-uṣ）をそえて作る。その変化については，名詞の格変化（第 9 章の❹）を参照してほしい。

jan-「生まれる」→ jajñivas

kṛ-「作る」→ cakṛvas

vid-「知る」→ vidvas

i-「行く」→ īyivas

vac-「言う」→ūcivas

② 反射態の完了分詞は，接尾辞 -āṇa（女性 -āṇā）をそえて作る。

pṝ「満たす」→ pupurāṇa（能動態 pupūrvas）

bhid「裂く」→ bibhidāṇa（能動態 bibhidvas）

[例文]

(1) duḥṣantād bharato jajñe vidvān nṛpaḥ.

「ドゥフシャンタから，賢明な王バラタが生まれた」

duḥṣantād は，duḥṣanta（男性，人名）の単数・奪格形。bharato（有声子音の前で，-as は -o となる）は，bharata（男性・人名）の単数・主格形。jajñe は，jan-「生まれる」の完了・反射態・3 人称・単数形。vidvān は，vid-「知る」の能動態の完了分詞 vidvas「知っている」「賢明な」の男性・単数・主格形。nṛpaḥ は，nṛpa「王」（男性）の単数・主格形。

(2) sa tāṃ lakṣayitvā kāmasya vaśam eyivān.

「彼は彼女を見て，愛の支配下におもむいた」

sa は，指示代名詞 tad の男性・単数・主格形。tāṃ は，tad の女性・単数・対格形。lakṣayitvā は，lakṣ-（第 10 類）「見る」の絶対詞で，「見て」

の意味。kāmasya は，kāma「愛」「欲望」(男性) の単数・属格形。vaśam は，vaśa「力」「支配」「影響」(男性・中性) の単数・対格形。eyivān は，ā-i-「来る」「到る」の能動態の完了分詞 (eyivas) の男性・単数・主格形。

(3) na sa tāṃ kiṃcid ūcivān.

「彼は彼女に何も言わなかった」

na は否定辞。tāṃ は，tad の女性・単数・対格形。kiṃcid は，不定代名詞・中性・単数の主格・対格形だが，否定辞とともに用いて「何も〜ない」の意味になる。ūcivān は，vac-「言う」の能動態・完了分詞 ūcivas の男性・単数・主格形。

❹ **過去受動分詞** (Past passive participle)

① 語根に，接尾辞の -ta または -na をそえて作る。

kṛ-「作る」→ kṛta

chid-「切る」→ chinna

jṝ「老いる」→ jīrṇa

bhañj「こわす」→ bhagna-

② 接尾辞 -ta の前に，-i を入れることもある。

pat-「落ちる」→ patita

③ 以下は，特別な例外である。

pā-「飲む」→ pīta

dhā-「置く」→ hita

gam-「行く」→ gata「行った」(受動の意味はない)

jan-「生まれる」→ jāta

daṃś-「咬む」→ daṣṭa

dā-「与える」→ datta

vac-「言う」→ ukta

tṝ-「渡る」→ tīrṇa

pṝ-「満たす」→ pūrṇa

hā-「捨てる」→ hīna

hā「出て行く」→ hāna

その他の例については，辞書を参照してほしい。過去受動分詞は，そのほとんどが辞書の見出し語になっている。

[例文]

(1) sa vyāghreṇa khāditaḥ.

「彼は虎に食べられた」

sa は，tad の男性・3 人称・単数・主格形。vyāghreṇa は，vyāghra「虎」(男性) の単数・具格形。khāditaḥは，khād-「食う」の過去受動分詞 khādita の男性・単数・主格形。

(2) mṛgeṇoktam, kas tvam.

「鹿によって言われた。あなたは誰か」

mṛgeṇoktam = mṛgeṇa + uktam。mṛgeṇa は，mṛga「鹿」(男性) の単数・具格形。uktam は，vac-「言う」の過去受動分詞 ukta の中性・単数・主格形。「鹿によって (つぎの言葉が) 言われた」→「鹿は言った」の意味になる。kas は，疑問代名詞 kim の男性・単数・主格形。tvam は，第 2 人称代名詞の単数・主格形。

(3) atirūpād gatā sītā.

「あまりの美しさ故にシーターは逝った」

atirūpād は，atirūpa「過度の容姿の美しさ」(中性) の単数・奪格形。gatā は，gam- の過去受動分詞 gata の女性・単数・主格形。受動の意味はなく，ここでは，「身を滅ぼした」の意味。sītā は女性の人名で，単数・主格形。

(4) sa mūṣiko mārjāreṇa vyāpāditaḥ.

「そのネズミは猫に殺された」

sa は，tad の男性・単数・主格形。mūṣiko は，mūṣika「ネズミ」(男性) の単数・主格形。mārjāreṇa は，mārjāra「猫」(男性) の単数・具格形。vyāpāditaḥ は，vy-ā-pad-「滅びる」の使役 (vyāpādayati「殺す」) の過去受動分詞・男性・単数・主格形。

(5) dūto ’haṃ bhagavatā candreṇa preṣitaḥ.

「私は尊い月によって遣わされた使者である」

dūto は，dūta「使者」(男性) の単数・主格形。’ham は aham。-o の後ろで a- は省略されて，省略符号 (’) をつける。aham は，第 1 人称代名詞の男性・単数・主格形。bhagavatā は，bhagavat「尊い」(形容詞) の男性・単数・具格形。candreṇa は，candra「月」(男性) の単数・具格形。preṣitaḥ は，pra-iṣ-「派遣する」の過去受動分詞・男性・単数・主格形。

(6) hīyate matiḥ hīnaiḥ saha samāgamāt.

「劣った人々とつき合うことにより，知性は劣ったものとなる」

hīyate は，hā-「捨てる」の受動形。「捨てられる」「劣ったものになる」の意味。matiḥ は，mati「知性」(女性) の単数・主格形。hīnaiḥ は，hā-「捨てる」の過去受動分詞 hīna「劣った (人々)」の男性・複数・具格形。saha は，「〜 (具格) とともに」の意味。samāgamāt は，samāgama「交際」(男性) の単数・奪格形。

❺ 過去能動分詞 (Past active participle)

-ta または -na で終わる過去受動分詞に，それぞれ接尾辞 -vat または -vant / -vat をそえて作る。

kṛtavat (← kṛta ← kṛ-)「した，作った」
uktavat (← ukta ← vac-)「言った」

その変化については，第 8 章の❶を参照してほしい。たとえば，(男性) 単数 ukta-vān (主格)，-vantam (対格)，-vatā (具格)。

[例文]

(1) sa mahābhāratam ākhyānam kṛtavān.
「彼は『マハーバーラタ』という物語を作った」
sa は，指示代名詞 tad の男性・単数・主格形。mahābhāratam は，mahābhārata (中性，男性) の単数・対格形。ākhyānaṃ は，ākhyāna「物語」(中性) の単数・対格形。kṛtavān は，kṛ-「作る」の過去能動分詞・男性・単数・主格形。sa「彼」が主語だから，男性・単数・主格形になる。

(2) evam uktaḥ sa taṃ tathety uktavān.
「このように言われた彼は，相手に『承知した』と言った」
evam は，「このように」の意味。uktaḥ は，vac-「言う」の過去受動分詞・男性・単数・主格形。taṃ は，tad の男性・単数・対格形。tatheti = tathā + iti は，「『承知した』と」の意味。uktavān は，vac- の過去能動分詞・男性・単数・主格形。

☞ **雑学のよろこび** ☜

7　羽衣伝説

われわれの知る羽衣伝説といえば，三保の松原を舞台にした物語である。そこでは白竜という漁夫が，美しい楽の音とともに舞い下りた天女の衣が松の枝にかかっているのをみて，宝物にしようと手にいれる。しかし天女が嘆くのをみて哀れみをおぼえ，衣を返すかわりに天女の舞を所望し，これを楽しむといった筋立てで，それは謡曲の『羽衣』にみられる通りだが，さらに江戸時代になって常磐津の『松の羽衣』など，多くの優れた作品を生んでいる。

しかしこの伝説には，これとはちがった伝えもある。もっとも古い伝承と思われる「丹後国の風土記」(逸文）によると，丹波郡の比治の里の沼に天女が下りてきて水浴びをしている。そこへ老夫婦がやってきて，ひとりの天女の衣をとって隠してしまい，返さない。こうして衣を失ったひとりの天女だけが，やむなく地上にとどまることになり，この夫婦とともに住むこと十年におよぶ。天女がつくった酒は病を治すというので，この家は金持ちになるが，逆に天女のほうは家を追い出されてしまって，遠く離れた村に住まったという。これは人間の不信な行ないを物語るものだが，もう１つの「近江国の風土記」(逸文）によると，伊香の郡に天から下りた天女たちは白鳥になっている。これを西の山からみた伊香刀美という男が，この神人に懸想して，白い犬を使ってもっとも若い天女の羽衣を盗み取らせる。そのため，このひとりだけが地上の人となって伊香刀美と夫婦になり，男女２人ずつの子をもうける。しかしこの母は羽衣を探し出して昇天，夫はひとりで吟詠をするという悲劇に終わっている。後の伝えによると，ひとり残された男もやがて天に昇り，七夕の織女，牽牛の星になったという。

こうしてみると，わが国の伝承だけをとってもちがいが目につくが，その源がどこにあるのかは明らかでない。これと同じような天女に対する恋の伝説がインドにも早くから伝えられている。それはプルーラヴァス Purūravas 王と，水の精女アプサラス Apsaras のひとりであるウルヴァシー Urvaśī との恋の物語で，最古の詩集『リグ・ヴェーダ』*Ṛg-veda* の一篇（10, 95）にはじまり，これを使ってブラーフマナの一章にも（『シャタパタ・ブラーフマナ』*Śatapatha Brāhmaṇa* 11, 5, 1, 1–17）祭式にからんで語られている。それによると，王の熱烈な思いが成就して，地上で2人は楽しい日々を送っている。ところが，天界の楽人にしてアプサラスを妻とするガンダルヴァ Gandharva たちは，ウルヴァシーを奪い返そうとして計略をめぐらせ，ウルヴァシーのペットである子羊たちを寝台のそばから略奪していく。そのために，彼女は半狂乱の状態になる。彼女を救おうとして王は裸体で飛び起きて子羊を追ったが，そのときガンダルヴァの放った稲妻の光の明るさで，彼女は夫の裸をみてしまう。これは結婚のときにきつく戒められた約束への違反だったので，天女ウルヴァシーはたちまちその姿を消してしまった。

妻を捜しあぐねた王は，ある蓮池のほとりで白鳥の姿をして天女たちのなかにいるウルヴァシーをみつけ，言葉を交わそうと話しかけるが，妻は約束を破った夫をうけいれようとしない。そこで王は，それなら私は死んで，狼の餌食になる，と訴える。困ったウルヴァシーは，女には誠の心はないのだといって，家に帰るようにすすめるが，ついに夫にあきらめさせることかなわず，それでは1年後にまたここにきて2人で一夜をともにしましょう，そのときにはこのお腹の子も生まれているでしょうとつげる。やがて1年後のその夜がきて，2人は黄金の宮殿で再会を果たすことができた。さらにはガンダルヴァが求める聖火を作り，自らもこの天人の仲間入りを果たすことができたという。

羽衣伝説と同じように，このインドの古い伝説にもさまざまな変種が伝えられている。人間と天女が夫婦になるという筋立てには，素直に従えないという気持ちからか，ミトラとヴァルナの両神がウルヴァシーの美しさに心を奪われ，その呪いによって人間の妻になったという筋立てのものもある（『ヴィシュヌ・プラーナ』*Viṣṇu-purāṇa* 4,6,19f.）。

また一説には，逆にプルーラヴァス王のほうがインドラ Indra 天と親しく，そこに伺候していて，ウルヴァシーが悪魔にさらわれそうになったのを救ってインドラ天に返したのだが，こんどは彼女のほうが王に恋するようになり，ある日婿選びの芝居をしていて，彼女は王をみて心を奪われ，台詞を忘れてしまう。そこで，これを教えたバラタ Bharata 仙は怒って呪いをかけ，2人は55年間つる草や妖怪に変身させられてしまったが，やがてその呪いがとけて2人は夫婦になったという筋立てである（『マツヤ・プラーナ』*Matsya-purāṇa* 24, 1–35）。

これとほぼ同じ筋立てながら，天女との恋の物語を展開して，それを有名な文学作品に仕立てあげたものに，詩聖カーリダーサによる『ヴィクラモールヴァシー』*Vikramorvaśī*（武勇によって得られたウルヴァシー）がある。これは5幕からなる劇で，最後はウルヴァシーが出産後すぐに預けてあった息子アーユス āyus「寿命」を，やや成長してからプルーラヴァス王に会わせる。そこで，王は息子に王位を継がせようとする。そのときウルヴァシーははじめて，息子を王にあわせたならば，自分はインドラ天のもとに帰るというこの神との約束を明かし，天界にもどろうとする。しかしインドラ天が，友であるこの王にこれからもその武勇の力を貸してもらいたいといって，その代わりにウルヴァシーはそのまま王のもとにとどまることを許されるという結末になっている。

ソーマデーヴァ Somadeva 編の説話集『カターサリット・サーガラ』*Kathāsaritsāgara*（説話の海，17, 4–30）の語るところでも，やはりガンダルヴァを侮辱したために王は呪いをうけ，ウルヴァシーを拉致されてしまったので，ヴィシュヌ神を讃え，その力で呪いを免れて2人は結ばれている。『マハーバーラタ』*Mahābhārata*（1, 70, 17f.）によると，この夫婦にはアーユスをはじめ6人の子があり，さらに多くの孫があり，そのなかからはナフシャのような大王もでている。

このような天女と人との交わりにあっては，介在する神々もふくめて，みな人間と同じようにふるまっている。『マツヤ・プラーナ』でも，プルーラヴァス王は法と利と愛欲（dharma, artha, kāma）という人生の3原則を心から守ろうとしている。ところがその守護神たちは，王がその神たちを分けへだてなく敬っているかどうか，探りを入れてみる。もちろん王は，この3神を黄金の座につけて丁重に迎えるのだが，どうもその心は「法」に対してより厚いようなので，怒った「利」と「愛欲」の神は王に呪いをかけ，王がウルヴァシーと別れて狂乱に陥るようにする。これを聞いた法の神は大いにあわて，王の長生を祝い，家系の安泰を告げたという。このような難儀を乗り越えて，王と天女は恋を成就し，ついには一子アーユスをえて，ハッピー・エンドを迎えることになる。この結末はなんとなくインド的で，そのためにこの物語はいつまでも人々に愛好されてきたのだろう。

動詞的形容詞，不定詞，絶対詞

第 27 章

❶ 動詞的形容詞 (Gerundive)

未来受動分詞，義務分詞ともいう。「〜されるべき」の意味をもつ。

① 語根に，接尾辞 -(i)tavya をそえて作る。語根の母音は，標準 (guṇa) 階梯になる。

kṛ-「する」「作る」→ kartavya

bhū-「ある」→ bhavitavya

なお，kṛ- には他に，karaṇīya (❷を参照)，kārya, kṛtya (❸を参照) という形もある。

[例文]

(1) kiṃ pārthivena kartavyam.

「王は何をなすべきか」(直訳「王によって何がなさるべきか」)

kiṃ は, 疑問代名詞 kim の中性・単数・主格形。pārthivena は, pārthiva「王」(男性) の単数・具格形。kartavyam は，kṛ-「する」の動詞的形容詞・中性・単数・主格形。

(2) bhavatā śuśurūṣamāṇena bhavitavyam.

「あなたは仕えていなければならない」

bhavatā は，bhavat「あなた」(敬称) の単数・具格形。śuśurūṣamāṇena は，śru-「聞く」の意欲動詞śuśrūṣati「聞きたいと欲する」「仕える」の現在分詞の男性・単数・具格形。bhavitavyam は，bhū-「ある」「なる」の動詞的形容詞・中性・単数・主格形。A (具格) ＋ B (具格) ＋ bhavitavyam は非人称構文で，「A は B でなければならない」と訳す。

② 語根に，接尾辞 -anīya をそえて作る。語根の母音は，標準 (guṇa) 階梯になる。

kṛ-「する」「作る」→ karaṇīya

śru-「聞く」→ śravaṇīya

[例文]

(1) avaśyaṃ karaṇīyaṃ guroḥ śāsanam.

「目上の命令は必ずなされるべきだ」

avaśyaṃ は，「必ず」の意味の副詞。karaṇīyaṃ は，kṛ-「する」の動詞的形容詞・中性・単数・主格形。guroḥ は，guru「師」「目上」(男性) の単数・属格形。śāsanam は，śāsana「命令」(中性) の単数・主格形。

(2) tvayā śravaṇīyam idaṃ nṛpa.

「あなたによってこれは聞かれるべきです，王よ」

tvayā は，第 2 人称代名詞の男性・単数・具格形。śravaṇīyam は，śru-「聞く」の動詞的形容詞・中性・単数・主格形。idaṃ は，指示代名詞 idam の中性・単数・主格形。nṛpa は，nṛpa「王」(男性) の単数・呼格形。

③ 語根に，接尾辞 -ya をそえて作る。語根の母音は変化しないものもあるが，ふつう標準 (guṇa) か延長 (vṛddhi) の階梯をとる。ただし，

ā は e になる。

dā-「与える」→ deya

bhū-「ある」「なる」→ bhavya または bhāvya

kṛ-「する」→ kārya

vac-「言う」→ vācya

なお，接尾辞 -tya がつくこともある。

kṛ-「する」→ kṛtya

vṛ-「選ぶ」→ vṛtya

[例文]

vipriyaṃ me na kartavyaṃ na ca vācyaṃ kadācana.

「私に不快なことを決してしてはいけないし，また言ってはいけない」

vipriyaṃ は，vipriya「不快なこと」(中性) の単数・主格形。me は，第 1 人称代名詞・単数・為格形または属格形 (付帯形)。kartavyaṃ は，kṛ-「する」の動詞的形容詞・中性・単数・主格形。vācyaṃ は，vac-「言う」の動詞的形容詞・中性・単数・主格形。kadācana は，na とともに用いて，「決して〜ない」の意味。

❷　不定詞 (Infinitive)

語根に，接尾辞 -(i)-tum をそえて作る。語根の母音は，❶①の -tavya の場合と同様に，標準 (guṇa) 階梯になる。

kṛ-「する」「作る」→ kartum

dṛṣ-「見る」→ draṣṭum

grah-「つかむ」→ grahītum

nī-「導く」→ netum

[例文]

(1) na śakto 'haṃ taṃ śāpam anyathā kartum.

「私はその呪いを別様にすることはできない」

śakto は，śakta「できる」の男性・単数・主格形。ahaṃ (-o の後で，a- は省略される) は，第 1 人称代名詞の単数・主格形。taṃ は，指示代名詞 tad の男性・単数・対格形。śāpam は，śāpa「呪い」(男性) の単数・対格形。anyathā「違ったふうに」(副詞) kṛ-「する」で，「別様にする」の意味。kartum は，kṛ-「する」の不定詞。不定詞と「できる」を意味する語とで，「～することができる」の意味になる。

(2) maharṣiṃ draṣṭuṃ gamiṣyāmi.

「私は偉大な聖仙を見るために (に会いに) 行くでしょう」

maharṣiṃ は，maharṣi「偉大な聖仙」「大仙」(男性) の単数・対格形。draṣṭuṃ は，dṛś-「見る」の不定詞。gamiṣyāmi は，gam-「行く」の未来・能動態・1 人称・単数形。

(3) śrīmān śakras tvāṃ draṣṭum icchati.

「栄光あるシャクラ (インドラ) があなたに会おうと望んでいる」

śrīmān は，śrīmat「栄光ある」(形容詞) の男性・単数・主格形。śakras は，śakra (男性・神名) の男性・主格形。tvāṃ は，第 2 人称代名詞・単数・対格形。draṣṭum は，dṛṣ-「見る」の不定詞。icchati は，iṣ-「望む」の現在・能動態・3 人称・単数形。

(4) na eṣa śakyas tvayā mṛgo grahītum.

「あなたはこの鹿を捕らえることができない」

eṣa は，指示代名詞 etad の男性・単数・主格形。śakyas は，śak-「できる」の動詞的形容詞 (未来受動分詞) の男性・単数・主格形。不定詞とともに用いて，「〜されうる」の意味になる。tvayā は，第 2 人称代名詞の男性・単数・具格形。mṛgo は，mṛga「鹿」(男性) の単数・主格形。grahītum は，grah-「つかむ」の不定詞。行為者は tvayā。

❸　絶対詞 (Absolutive)

①　動詞の語根 (第 26 章の❹を参照) に，接尾辞の -(i)-tvā, -ya (-tya) または -am をそえて作る。「〜してから」「〜して」の意味になる。

②　上記のうち，接尾辞 -(i)-tvā は，前綴をもたない動詞の語根にそえる。

kṛ-「する」「作る」→ kṛtvā (過去受動分詞 kṛta-)
bhū-「ある」「なる」→ bhūtvā (過去受動分詞 bhūta-)
vac-「言う」→ uktvā (過去受動分詞 ukta-)
dṛś-「見る」→ dṛṣṭvā (過去受動分詞 dṛṣṭa-)
man-「考える」→ matvā/manitvā (過去受動分詞 mata-)
dhā-「置く」→ hitvā (過去受動分詞 hita-)

なお，接尾辞を語根ではなく語幹にそえる例もある。
cint-「考える」(現在形 cintayati) → cintayitvā
kṛ-「する」「作る」(使役形 kārayati) → kārayitvā

[例文]

(1) matpriyaṃ kṛtvā kanyaiva tvaṃ bhaviṣyasi.
「私の好ましいこと (性交) をした後で，汝は処女のままであるだろう」

matpriyaṃ は，mat「私の」+ priya「好ましいこと」(中性) の単数・対格形。kṛtvā は，kṛ-「する」の絶対詞。kanyaiva = kanyā「処女」(女性・単数・主格形) + eva。eva は，限定または強めをあらわす。tvaṃ は，第 2 人称代名詞の単数・主格形。bhaviṣyasi は，bhū-「ある」の未来・能動態・2 人称・単数形。

(2) mṛgo bhūtvā mṛgaiḥ sārdhaṃ carāmi vane.

「私は鹿となって，鹿たちとともに森を歩きまわる」

mṛgo は，mṛga「鹿」(男性) の単数・主格形。bhūtvā は，bhū- の絶対詞で，「～となって」の意味。mṛgaiḥ は，mṛga の複数・具格形。carāmi は，car-「歩きまわる」の現在・能動態・1 人称・単数形。vane は，vana「森」(中性) の単数・処格形。

(3) sa taṃ dṛṣṭvovāca, bhoḥ prīto 'smīti.

「相手は彼を見て言った，ああ，私は満足したと」

sa は，指示代名詞 tad の男性・単数・主格形。taṃ は，tad の男性・単数・対格形。dṛṣṭvovāca = dṛṣṭvā + uvāca。dṛṣṭvā は，dṛś-「見る」の絶対詞。uvāca は，vac-「言う」の完了・能動態・3 人称・単数形。bhoḥ は，「ああ」「おお」の意味の感嘆詞。prīto は，prīta「喜んだ」「満足した」の男性・単数・主格形。'smīti = asmi + iti。asmi は，as-「ある」の現在・能動態・1 人称・単数形。iti は，「～と」の意味。

(4) tena tad dṛṣṭvā pāśās tatra niyojitāḥ.

「彼はそれを見て，そこに罠をしかけた」

tena は，指示代名詞 tad の男性・単数・具格形。tad は，中性・単数・対格形。dṛṣṭvā は，dṛś-「見る」の絶対詞。pāśās は，pāśa「罠」(男性) の複数・主格形。tatra は，「そこに」の意味。niyojitāḥ は，ni-yuj- の使役 (「用いる」の意味) の過去受動分詞 niyojita の男性・複数・主格形。この文では，tena という具格が動作主になっている。直訳は，「彼によって…罠がしかけられた」。絶対詞 dṛṣṭvā は，その具格によって示された動作主の動作であることに注意。具格を主格にして訳すと，訳しやすい。

③　接尾辞 -ya は，前綴をもつ動詞の語根につける。

vi-muc-「解く」「捨てる」→ vimucya

ava-tṝ-「降下する」→ avatīrya

ā-pṝ-「満たす」→ āpūrya

ā-dā-「取る」「もつ」「ともなう」→ ādāya

pra-vac-「告げる」→ procya（pra-ucya）

④　短母音で終わる動詞の語根には，接尾辞 -tya をつける。

alaṃ-kṛ-「装飾する」→ alaṃkṛtya

pre-（pra-i-）「死ぬ」→ pretya

ā-gam-「来る」の場合は，āgamya または āgatya となる。

⑤　動詞の語根に接尾辞 -am をつける場合（たとえば，kṛ → kāram）もあるが，そうした用法は古典サンスクリットではほとんどない。

[例文]

（1）spṛhāpāśān vimucya ahaṃ cariṣyāmi mahīm imām.

「願望の輪縄を解いて（捨てて），私はこの大地をさすらうでしょう」

spṛhāpāśān は，spṛhā「願望」（女性）+ pāśa「輪縄」（男性）の複数・対格形。vimucya は，vi-muc-「解く」の絶対詞。ahaṃ は，第 1 人称代名詞の単数・主格形。cariṣyāmi は，car-「動きまわる」の未来・能動態・1 人称・単数形。mahīm は，mahī「大地」（女性）の単数・対格形。imām は，指示代名詞 idam の女性・単数・対格形。

（2）tato 'ntarikṣād bhagavān avatīrya tam abravīd idam.

「それから尊い神は空中から降下して，彼に次のように告げた」

tato（tatas）は，「それから」の意味。antarikṣād（a が，母音 o の後で省

略されている）は，antarikṣa「空中」（中性）の単数・奪格形。bhagavān は，bhagavat「尊者」（男性）の単数・主格形。avatīrya は，ava-tṝ-「降りる」の絶対詞。tam は，指示代名詞 tad の男性・単数・対格形。abravīd は，brū-「言う」の過去・能動態・3 人称・単数形。idam は，指示代名詞 idam の中性・単数・対格形。

（3）tejobhir āpūrya jagatsamagraṃ bhāsas tava pratapanti.

「あなたの光は，その輝きで全世界を満たして熱する」

tejobhir は，tejas「輝き」「威力」（中性）の複数・具格形。āpūrya は，ā-pṝ-「満たす」の絶対詞。jagatsamagraṃ は，jagat「世界」（中性）＋ samagra「すべての」の単数・対格形。bhāsas は，bhās「輝き」「光線」（女性）の複数・主格形。pratapanti は，pra-tap-「熱する」の現在・能動態・3 人称・複数形。

（4）bhīmaseno jagāma bhrātṝn ādāya mātaraṃ ca.

「ビーマセーナは兄弟たちと母とをひきとって進んで行った」

bhīmaseno は，bhīmasena（男性・人名）の単数・主格形。jagāma は，gam-「行く」の完了・能動態・3 人称・単数形。bhrātṝn は，bhrātṛ「兄弟」（男性）の複数・対格形。ādāya は，ā-dā-「とる」の絶対詞。mātaraṃ は，mātṛ「母」（女性）の単数・対格形。

（5）dharmātmā sukhaṃ pretya ceha ca nandati.

「徳性ある者は，この世でも，死んだ後も，幸福を享受する」

dharmātmā は，dharmātman「徳性ある（者）」（形容詞）の男性・単数・主格形。sukhaṃ は，sukha「幸福」（中性）の単数・対格形。pretya は，pra-i-「死ぬ」の絶対詞。ceha = ca + iha。iha は，「ここで」「この世で」の意味。ca ... ca は，「〜も〜も」の意味。nandati は，nand-「喜ぶ」の現在・能動態・3 人称・単数形。

複合語

❖第 28 章❖

❶ 動詞の複合語（Verbal compound）

動詞は，1 個または複数の**動詞前綴**（Preverb）と複合する。複合によって動詞の意味が変化する場合が多いが，前綴の意味が明瞭でなくなる場合もある。動詞 gam-「行く」に，種々の前綴がついてできた複合語の例をあげよう。

ati-「〜を過ぎて」「〜を越えて」→ ati-gam-「過ぎて行く」

adhi-「〜の上に」「〜に関して」→ adhi-gam-「得る」「会う」「見出す」「近づく」など。

anu-「〜に沿って」「〜に従って」→ anu-gam-「従って行く」「服従する」

antar-「〜の間に」→ antar-gam-「間を行く」「消える」

abhi-「〜の方に」「〜に向かって」→ abhi-gam-「近づく」「性交する」

ava-「〜の方へ」「下に」→ ava-gam-「降りる」「理解する」

ā-「こちらへ」→ ā-gam-「来る」

ud-「上に」「外へ」→ ud-gam-「登る」「現れる」

upa-「近くに」「〜の方へ」→ upa-gam-「近づく」

ni-「下に」「中に」→ ni-gam-「達する」「入る」「得る」「知る」

nis-「外に」「～離れて」→ nis-gam-「出る」「出発する」

pari-「～の周りに」「完全に」→ pari-gam「歩きまわる」「取り囲む」

pra-「～の前に」「前方へ」→ pra-gam-「前進する」「達する」

prati-「～に対して」「もどって」→ prati-gam-「～に向かって行く」「引き返す」

vi-「分離して」→ vi-gam-「過ぎ去る」「立ち去る」「消失する」「死ぬ」

sam-「一緒に」→ sam-gam-「集まる」「結合する」

❷ 名詞の複合語 (Nominal compound)

名詞の複合語または合成語 (Compound) は，2 個以上の語幹の結合によって作られる。ここではこれを単純化して，A + B の形式で示す。名詞の複合語には，6 つの種類がある。

① 並列複合語 (Dvandva「一対」)

「A と B」「A または B」の意味をあらわす。

ここでは，A と B は対等の位置に立ち，最後の名詞は両数形 (2 語以上からなる複合語では複数形) になる。しかし，複合語の全体を集合的にとらえる場合には，中性・単数形になる。

hari-harau「ハリ (ヴィシュヌ) とハラ (シヴァ)」(両数形)

sukha-duḥkhe または sukha-duḥkham「楽と苦」(両数形／中性・単数形)

siṃha-gajāḥ「(多くの) 獅子と象」(複数形)

ahar-niśam「昼 (ahan) と夜 (niśā)」(中性・単数形)

② 限定複合語 (Tatpuruṣa「この (人の) 従者」)

「A + B」(A → B が，格の関係にある) の意味をあらわす。

ここでは，A が B を限定し，しかも A と B との間には格の関係がある。A が実際に格の形をもつ場合もある。

rāja-putra「王の (属格) 息子＝王子」

grāma-gata「村へ（対格）行った」（全体として，形容詞になる）
svarga-patita「天から（奪格）堕ちた」（全体として，形容詞になる）
ātmane-pada「自身のための語（反射態）」
parasmai-pada「他人のための語（能動態）」

③　**同格限定複合語**（Karmadhāraya「（対象を区別する）働きを担うもの」）

広義の限定複合語（A + B）に含まれる。ただし，B は A に限定されるが，ここでは A と B の間に格の関係はない。A は，形容詞か副詞であることが多い。

paramānanda（= parama「最高の」＋ānanda「歓喜」）「最高の歓喜」
ati-dīrgha（= ati「非常に」＋ dīrgha「長い」）「非常に長い」
nīlotpala（= nīla「青い」＋ utpala「蓮」）「青い蓮」

なお，A が名詞のこともある。とくに，比喩的表現に多く見られる。

megha-śyāma（= megha「雲」＋śyāma「黒い」）「雲のように黒い」
vajra-karkaśa（= vajra「ダイヤモンド」＋ karkaśa「堅い」）「ダイヤモンドのように堅い」
kanyā-ratna（= kanyā「少女」＋ ratna「宝石」）「少女という宝石」→「宝石のような少女」
puruṣa-siṃha（puruṣa「人」＋ siṃha「獅子」）「人という獅子」→「獅子のような人」

④　**数詞限定複合語**（Dvigu「2 頭の牛（の値で手に入れた）」）

広義の限定複合語（A + B）に含まれる。A が数詞であり，全体の語形が中性または ī で終わる女性名詞である場合がこれに当たる。

tri-ratna「三宝」
tri-loka/tri-lokī「三世界」

⑤　**所有複合語**（Bahuvrīhi「多くの米をもつ」）

(1) 所有の意味をもつ複合語 (A + B) で，形容詞として他の名詞を修飾し，あるいは名詞化されて用いられる。

bahu-vrīhi「多くのコメをもっている (人)」

dīrgha-bāhu「長い腕をもっている (人)」

tyakta-nagara「その町をすてた」

(2) 所有複合語 (A + B) は形容詞として用いられるから，B の位置に名詞がくるとき，その名詞は本来の性を失い，それが修飾する名詞の性に従う。

alpa-vidya「わずかな知識 (vidyā 女性) をもっている (男)」

sa-bhārya「妻 (bhāryā 女性) をともなう (男)」

たとえば，sa rājā sabhāryo gataḥ.「その王は妻をともなって行った」という文で，複合語 sabhārya の後半部分 (B) は女性名詞 bhāryā「妻」であるが，sabhārya となって rājā「王」(男性) にかかるから，全体として sabhāryo (有声音の前で，as は o となる) という男性・単数・主格の変化をする。

(3) 所有複合語には，接尾辞 -ka がつくことがある。

sāgnika「アグニをともなう」

nirarthaka「無益の」

(4) 所有複合語 (A + B) において，B の位置に「手」を意味する名詞が用いられることがある。

pātra-hasta「器を手にもつ」

daṇḍa-pāṇi「杖を手にもつ」

(5) 所有複合語 (A + B) において，A の位置に不定詞の語幹が，B の位置に manas「心」または kāma「願望」が用いられることがある。

vaktu-manas「言おうという心をもつ」→「言おうと思っている」

⑥　**副詞的複合語**（Avyayībhāva「不変の状態」）

複合語（A + B）において，A が不変化詞であり，B は名詞で中性・単数・対格形をとり，全体として副詞的に用いられる場合をいう。

sa-kopam「怒って」（kopa「怒り」は男性名詞だが，全体として中性・単数・対格となり，副詞的な意味になる）

yathā-kāmam「望みのままに」

sa-tvaram「急いで」（tvarā「急速」は女性名詞）

以上 6 種の複合語のうちでは，とくに所有複合語が重要である。これを正しく理解できないと，中級以上に進むことができない。最終第 31 章の撰文集でこの種の複合語が見出されたら，注意して習得していただきたい。

連声法（1）

– 外連声 –

第 29 章

文中または語中で音が連結する際に生じる音変化を**連声**（Sandhi）という。これには，**外連声**（External sandhi）と内連声（Internal sandhi）がある。

外連声とは，文中で連続する語どうし，または複合語の構成要素の間で起こる音変化をいう。

❶ 母音の変化

（1）〈a, ā + a, ā →ā〉 na + asti → nāsti「彼（それ）は存在しない」
〈i, ī + i, ī→ī〉 devī + iva → devīva「女神のように」
〈u, ū + u, ū →ū〉 sādhu + uktam → sādhūktam「正しく言われた」

（2）〈a, ā + i, ī→ e〉 loka + īśvara → lokeśvara「世界の主」
〈a, ā + u, ū → o〉 kanyā + uvāca → kanyovāca「少女は言った」
〈a, ā + ṛ, ṝ→ ar〉 yathā + ṛtu → yathartu「季節に応じて」
〈a, ā + e → ai〉 tathā + eva → tathaiva「まさにそのように」
〈a, ā + o → au〉 mahā + ogha → mahaugha「大洪水」

〈a, ā + ai → ai〉 sa + airāvata → sairāvata「アイラーヴァタ(象の名)をともなった」

〈a, ā + au → au〉 tasya + audāryam → tasyaudāryam「彼の気高さ」

(3) i (ī), u (ū), ṛ (ṝ) は，それと異なる母音の前で，y, v, r となる。

yadi + aśvaḥ→ yady aśvaḥ「もし馬が」

astu + etat → astv etat「そうであれ」

pitṛ + āśrama → pitrāśrama「父の隠棲所」

(4) e と o は，a 以外の母音の前で a となる。a の前では変化せず，そのａは省略される。

vane + āste → vana āste「彼は森に座っている」

prabho + ehi → prabha ehi「主よ，来たれ」

te +atra → te 'tra「彼らはここで」

vane + asti → vane 'sti「[彼は]森にいる」

(5) ai ＋母音 → ā + 母音 (または āy + 母音)

au + 母音 → āv + 母音 (または ā + 母音)

tasmai + ṝṣabham → tasmā ṝṣabham「彼に雄牛を」

tau + ubhau → tāv ubhau「彼ら二人」

(6) 両数をあらわす語尾 ī, ū, e と，複数の人称代名詞 amī と，感嘆詞 ā, hā, aho は，母音の前でも変化しない。

cakṣuṣī ime「これらの両眼」

❷ 子音の変化

(1) 語末の子音は，後にくる音に同化する。

無声子音＋有声音 → 有声子音＋有声音

有声子音＋無声音 → 無声子音＋無声音

子音＋鼻音 → 鼻音＋鼻音

apatat + bhuvi → apatad bhuvi「彼は大地に倒れた」

āpad + kāla →āpat-kālpa「窮迫時」

vāk + me → vāṅ me「私の言葉」

（2）語末の歯音 t（th, d, dh）は，次に c（ch, j, jh, ś）と ṭ（ṭh, ḍ, ḍh），および l がくると，それと同化する。

-t（th, d, dh）+	c（ch, j, jh, ś）	→	-cc-, -cch-	
	ṭ（ṭh, ḍ, ḍh）		-jj-, -jjh-	
	l		-ṭṭ-, -ṭṭh-	
			-ḍḍ-, -ḍḍh-	
			-ll-	

mahat + cakram → mahac cakram「大きな輪」

tat + janma → tajjanma「その生」

tat + śrutvā → tac chrutvā「それを聞いて」

vidyut + lekhā → vidyullekhā「電光の線」「稲妻」

（3）語末の鼻音の変化をいくつかあげる。

ⓐ

-n +	j, jh	→	-ñ-j, jh
	ḍ, ḍh	→	-ṇ-ḍ,ḍh
	ś	→	-ñ-ś
			-ñ-ch
	l	→	-ṃl l-

tān + jantūn → tāñ jantūn「それらの人々を」

tān + ḍimbhān → tāṇ ḍimbhān「それらの子供たちを」

tān + śārdūlān → tāñ śārdūlān（または tāñ chārdūlān）「それらの虎を」

asmin + loke → asmiṃl loke「この世で」

ⓑ

-n +	c, ch	→	-ṃś + c, ch
	ṭ, ṭh	→	-ṃṣ + ṭ, ṭh
	t, th	→	-ṃs + t, th

aśvān + ca → aśvāṃś ca「そして馬たちを」

tān + ṭaṅkān → tāṃṣ ṭaṅkān「それらの斧を」

agaman + tataḥ→ agamaṃs tataḥ「それから彼らは行った」

ⓒ 語末の m は，子音の前ではṃ（anusvāra）になる。

yuktam + kṛtam → yuktaṃ kṛtam「適当になされた」

aham + bravīmi → ahaṃ bravīmi「私は言う」

ⓓ 短母音の後にある語末の鼻音は，m を除き，次に母音がくると重複される。

asmin + āśrame → asminn āśrame「この隠棲所には」

(4) 語末の ḥ は，次のように変化する。

-ḥ + (k-, kh, p-, ph-) は，変化しない。

-ḥ + (c-, ch-) は，-ś + (c-, ch-) になる。

pūrṇaḥ candraḥ ＞ pūrṇaś candraḥ「満月」

-ḥ + (ṭ-, ṭh-) は，-ṣ + (ṭ-, ṭh-) になる。

kuṭhāraiḥ ṭaṅkaiḥca > kuṭhārais ṭaṅkaiśca「斧とのみで」

-ḥ + (t-, th-) は，-s + (t-, th-) になる。
aśvaḥ tatra > aśvas tatra「そこで馬は」

-ḥ + (ś-, ṣ-, s-) は，変化しない，あるいは，-ḥ が -ś, -ṣ, -s になる。
prathamaḥ sargaḥ > prathamas sargaḥ「第 1 章」

(5) a, ā 以外の母音の後の -s (-ḥ) は，次に有声音がくると -r になる。

[a, ā 以外の母音] + { -ḥ / -s } + 有声音 → -r + 有声音

mṛgaiḥ + bahubhiḥ → mṛgair bahubhiḥ「多くの鹿たちによって」
aviḥ + mama → avir mama「私の羊」

(6) -r は，次に r がくると消失し，その前の短母音を延長する。長母音は，変化しない。

–母音 -r (ḥ, s) + r- → –長母音 + r-

gopībhis + rarāma → gopībhī rarāma「彼は牛飼い女たちと楽しんだ」
punar + rājā → punā rājā「ふたたび王は」

(7) -as (-aḥ) は，有声子音の前で -o となる。a- の前でも -o となるが，その時，a- は消失する。a- 以外の母音の前では，-as は -a となる。

-as (-aḥ) + 有声子音	→	-o + 有声子音-
-as (-aḥ) + a	→	-o + ’-
-as (-aḥ) + 母音 (除 a)	→	-a + 母音-

aśvaḥ + gataḥ→ aśvo gataḥ「馬は行った」
gataḥ + araṇye → gato ’raṇye「森へ行った」
candraḥ + iva → candra iva「月のように」

指示代名詞の saḥ「それ」, eṣaḥ「これ」(第 11 章を参照) は, a の前では so, eṣo で, その他のすべての音の前では sa, eṣa, 文末のみ saḥ, eṣaḥ となる。

(8) -ās (-āḥ) は, 有声音の前で -ā となる (-ās + 有声音 → -ā + 有声音)。
dūtāḥ + gacchanti → dūtā gacchanti「使者たちは行く」
devāḥ + ūcuḥ→ devā ūcuḥ「神々は言った」

(9) 語末の k, ṭ, t, p の次に h がくると, k などは有声化し, 次に有声帯気音がくる。

$$\left.\begin{array}{l}\text{-k}\\ \text{-ṭ}\\ \text{-t}\\ \text{-p}\end{array}\right\} + \text{h} \rightarrow \left\{\begin{array}{l}\text{-g gh-}\\ \text{-ḍ dh-}\\ \text{-d dh-}\\ \text{-b bh-}\end{array}\right.$$

srak (← sraj) + hi → srag ghi「実に花輪は」
etat + hi → etad dhi「実にこれは」

❸ 絶対語尾の子音 (Consonants in pausa)

連声は, 文中での語と語との間か, 語のなかでの構成要素間の音のつながりを問題にすることはすでにのべたが, それ以外にも, 語が文末に立つときが考えられる。つまり，休止の前で，他の語との関係がなく，その語だけを切り離してみたときの形である。その場合に，語末に立ちうる音，とくに子音には制約がある。

(1) 母音と二重母音は語末に立つことが許されるが，ṛ, ṝ, ḷ はその実例に乏しい。

(2) 子音は，語末には 1 つしか立つことが許されない。そのため語の構成上，2 つ以上の子音が語末にくるときには，最初のものだけを残して，他は除かれる。ただし，rk, rṭ, rt, rp は例外である。

いろいろな形をみると，この制約が働いていることがわかる。たとえば，prāñc「前面の，東の」の単数・主格・男性形は prāṅ（複数・主格形 prāñcaḥ）で，これに想定される形（* をつけて表す）の変化は，*prāñc-s ＞ *prāṅk-s ＞ prāṅ となる。
ūrj「力」（女性）の単数・主格形は ūrk（複数・主格形 ūrjaḥ）で，これに想定される形の変化は，*ūrj-s ＞ ūrk となる。j ＞ k の変化については後述する。

(3) 語末に立つことが許される子音はつぎのとおりである。
k, ṭ, t, p, ṅ, ṇ, n, m, l, ḥ.　ただし，ṇ と l はまれである。

(4) この制約によって，それ以外の子音が語末にくるときには，それらの子音はつぎのように変えられる。
(a) kh, g, gh ＞ k;　ṭh, ḍ, ḍh ＞ ṭ;　th, d, dh ＞ t;　ph, b, bh ＞ p
(b) c, ch, jh ＞ k;　j ＞ k / ṭ
(c) ś ＞ k / ṭ
(d) ṣ ＞ ṭ / k

(e) h > ṭ / k

(f) r, s > ḥ

以下の例では，制約をうけた単数・主格形に注意してほしい。その後に，複数・主格形を併記する。

adant-「食べる」現在分詞，語根 ad-，男性 *adant-s > adan 単数・主格形 / adantaḥ 複数・主格形。

kakubh「峰」（女性）*kakubh-s > kakup / kakubhaḥ

suhṛd「（よき心の）友」（男性）*suhṛd-s > suhṛt / suhṛdaḥ

ruj「病気」（女性）* ruj-s > ruk / rujaḥ

parivrāj「遊行する苦行者」（男性）*parivrāj-s > parivrāṭ / parivrājaḥ

diś「方向」（女性）*diś-s > dik/ diśaḥ

dviṣ「敵」（男性）*dviṣ-s > dviṭ / dviṣaḥ

madhu-lih「蜜蜂」（男性）*madhu-lih-s > madhu-liṭ / madhu-lihaḥ

dvār「扉」（女性）*dvār-s > dvāḥ / dvāraḥ

連声法 (2)

– 内連声 –

第 30 章

名詞と動詞では，語根 (Root) に接尾辞 (Suffix) が加わったものが語幹 (Stem) であり，その語幹にさらに語尾 (Ending) が加わった形が文中でじっさいに用いられる。

$\underbrace{\text{語根＋接尾辞}}_{\text{語幹}}$＋語尾

語の語根と接尾辞などの間に起こる音の変化を**内連声** (Internal sandhi) という。その規則のほとんどは外連声に準じるので，以下では内連声に特有な音変化の重要な例のみをあげよう。

❶ 母音の変化

(1)

i, ī	+ 母音	→	iy	-母音
u, ū	+ 母音	→	uv	-母音

dhī + am → dhiyam (dhī「知性」の単数・対格形)

bhū + i → bhuvi (bhū「大地」の単数・処格形)

(2)

$$\left.\begin{array}{l} \text{e}\\ \text{ai}\\ \text{o}\\ \text{au}\end{array}\right\} + \left\{\begin{array}{c}\text{母音}\\ \text{y}\end{array}\right. \rightarrow \left.\begin{array}{l} \text{ay}\\ \bar{\text{a}}\text{y}\\ \text{av}\\ \bar{\text{a}}\text{v}\end{array}\right\} \text{-} \left\{\begin{array}{c}\text{母音}\\ \text{y}\end{array}\right.$$

go + e → gave (go「牛」の単数・為格形)

nau + as → nāvas (nau「船」の複数の主格形，呼格形，対格形)

go + ya → gavya「牛に属する」

e + āni → ayāni (i- の命令・1 人称・単数形)「私は行くべきである」

(3) 語根に属する r または v の直前にある i または u は，その語根の直後に子音がくる場合には延長される (ī, ū となる) ことが多い。

$$\left.\begin{array}{ll} \text{i} & \text{r}\\ \text{u} & \text{v}\end{array}\right\} + \text{子音} \rightarrow \left.\begin{array}{ll} \bar{\text{i}} & \text{r}\\ \bar{\text{u}} & \text{v}\end{array}\right\} + \text{子音}$$

gir + bhiḥ→ gīrbhiḥ (gir「言葉」の女性・複数・具格形)「言葉によって」

❷ 子音の変化

(1) 有声帯気音の次に t, th があるときは，特別な変化をする。

$$\text{有声帯気音} + \left\{\begin{array}{c}\text{t-}\\ \text{th-}\end{array}\right\} \rightarrow \text{有声無気音} + \left\{\begin{array}{c}\text{dh-}\\ \text{dh-}\end{array}\right\}$$

labh- + ta → labdha (labh-の過去受動分詞形)「得られた」

bandh + tum → banddhum (bandh-「しばる」の不定法)

(2) duh-「乳をしぼる」，snih-「愛着する」などの過去受動分詞は dugdha, snigdha などとなる。また，duh-dhve (現在・反射態・2 人称・

複数形) では，dhugdhve のように語頭が dh- となる。

(3) 歯音 (t, th, d, dh) は，反舌音 (ṭ, ṭh, ḍ, ḍh, ṣ) の直後で一般に反舌音となる。

iṣ- + ta → iṣṭa「望まれた」

dveṣ- + ti → dveṣṭi「彼は憎む」

(4) ś の次に t があるとき，ś は ṣ となり，t は ṭ となる。

たとえば，dṛś-「見る」の過去受動分詞は dṛṣṭa となる。

(5) n は，c, j の後で ñ となる。

c, j + n → c, j- ñ

rājn + ā → rājñā (rājan の単数・具格形)「王によって」

(6) n と m は，ś, ṣ, s の直前で ṃ となる。

n, m + ś, ṣ, s → ṃ- ś, ṣ, s

たとえば, man-「考える」の未来・反射態・3 人称・単数形は, maṃsyate となる。

(7) n は，次のような環境にあるとき，ṇ となる。

$$\left.\begin{array}{l} \text{-ṛ, -ṝ} \\ \text{-r} \\ \text{-ṣ} \end{array}\right\} \text{- (母音など) -n-} \left\{\begin{array}{l} \text{母音} \\ \text{n-} \\ \text{m-} \\ \text{y-} \\ \text{v-} \end{array}\right\} \rightarrow \text{-ṇ-}$$

この n の直前には，母音のほか，k, kh, g, gh, ṅ; p, ph, b, bh, m; ṃ, y,

v, h が介在してもよい。

たとえば，karman「行為」の中性・単数・具格形は karmaṇā となる。prāya「主要部」の男性・単数・具格形は，prāyeṇa「概して，一般に」となる。

(8) s は，次のような環境にあるとき，ṣとなる。

$$\left.\begin{array}{l}\text{母音 (-a, -ā 以外)}\\ \text{-k}\\ \text{-r}\\ \text{-(l)}\end{array}\right\}\text{-}*\text{- s-}\left\{\begin{array}{l}\text{ṛ- 以外の母音}\\ \text{t-, th-, n-, m-, y-, v-}\end{array}\right\}\rightarrow \text{-ṣ-}$$

s の前の＊の位置に ṃ, ḥが介在してもよいが，この s が語末にある場合や，s が r に変化する場合には，s は ṣ にならない。

たとえば，dhenu「牝牛」の女性・複数・処格形は dhenuṣu であり，bhū-「なる」の未来・3 人称・単数形は bhaviṣyati であるが，jyotis「星」の中性・複数・具格形は，jyotiṣbhiḥではなく，jyotirbhiḥ (s が r に変化，第 29 章の❷ (5) を参照) になる。

☞ **雑学のよろこび** ☜

8　金剛石

金剛石，古くはギヤマン，つまりダイヤモンド diamond（フランス語 diamant，ドイツ語 Diamant）は，今日では南アフリカがその主たる供給地のようだが，古代世界ではインドがその役割を果たしていた。ちなみに，この diamond という語形の源は本来はギリシア語の a-damas（属格 adamant-os）で，「抗しきれない」ほど硬質であるという意味の形容詞だった。「金剛石」は，その名詞化された形である。ローマ人はこれをそのまま借用したわけだが，なぜかその後，フランス語への流れのなかで adam- が diam- に変わっている。

これをあらわすサンスクリットの vajra- は，vajra-pāṇi-/-bāhu-「vajra を手にする」，vajra-dhara-「vajra をもつ」などのインドラ神を形容する言い回しによって知られる武器で，トゥヴァシュトリ Tvaṣṭṛ 工巧神がつくった「金剛杵」である。インドラはこれを投げて，水をせきとめる悪竜ヴリトラを殺し，「ヴリトラ殺し」vṛtra-han- の異名で讃えられるに至った。現存するこの神の像をみると，右手にそれらしきものが握られている。実際の vajra と思われる遺品は，一部に赤茶色の銅をつかった諸刃の飛び道具で，先端は鋭く研がれていて，銛（もり）のように両手で投げつけたものらしく，逆鉤形をしている。このインドラの武器が，比類ない硬さと輝きをもつ「金剛石」に転用されたわけである。

この宝石については，カウティリヤ Kauṭilya が『実利論』*Arthaśāstra* において，諸々の長官の活動をのべた第 2 巻の 11 章「宝庫に収納する宝物の検査」kośa-praveśya-ratna-parīkṣā のなかで，真珠やルビーに続く 37 節以下で言及している。まず，これを産出する6つの山や場所をあげ，鉱山と川などがその出所だとのべた後で，猫の目の色や牛尿牛脂の色など，6種類の色別をあげている。それからさらにその特質として，大きくて重く，衝撃に耐え，角が均一で，器物に線条を描くことができ，紡錘のように回転し，燦然と輝くという点が賞賛されているが，角や縁がなかったり，いびつなものは評価されないと断っている。古代世界に知られたこのインドのダイヤモンドの主な鉱脈は，中央のマディヤプラデーシュとヴィンディヤ山，それから南部のアンドラプラデーシュと西南のカルナタカ地方にあったようだが，その収集についてはマルコ・ポーロが面白い話を伝えている。

日本からジャワ島，マレー半島，そしてセイロン島を経て，対岸のインド亜大陸の東南部を北上していくと，ムトフィリ国に到着する。これはベンガル湾に注ぐゴーダーヴァリー川とクリシュナー川の間の地域らしく，冬の雨季には豪雨が降り，川は急流となる。そして，この雨がやんでから住民が川底を探すと，そこに金剛石が見つかるという。また，山中にあって近づくことができない深い谷に脂身の少ない肉を投げ込むと，白鷺が舞い降りてその肉をくわえて岩の上に運び，そこでついばみはじめる。これを見張っている人たちは，鷲がくるのを大声で追い払い，白鷺が食べ残した肉をみると，谷底でこれに付着したダイヤモンドがみつかるという。こうして，谷底にある宝石を手にいれるわけだが，またこれとは別の方法として，白鷺の巣に忍び寄って，糞のなかから呑み込まれた宝石をみつけだすか，あるいは鷲をつかまえてその胃のなかからこれを取り出すこともできる。

対象がダイヤモンドだけに，この悠長な採取方法はいかにもインドならではという感想を抱かせるが，この地域にはそれだけ豊富に，また大きな宝石があったからで，ヨーロッパに持ち込まれるものはほとんど屑のようなものだとマルコ・ポーロは語っている。豊富な産出量を誇るだけに，これは当然輸出の重要な品目のひとつに数えられていた。南インドの各地から発見されているローマ皇帝の金貨が示すように，胡椒をはじめとする香辛料や宝石の交易は早くから活発に行なわれていた。『エリュトラー海案内記』*Periplus tēs erythrās thalassēs*（56 章）をみても，南西インドの港から真珠，象牙，絹織物，亀などとともにこの宝石も出荷されている。その証拠に，紀元 79 年の夏にあのポンペイの町が一挙に埋もれてしまったヴェスヴィオス山の大噴火にまきこまれて死去した大プリニウス Plinius も，その『博物誌』*Naturalis Historia* の一節で（37, 15, 55–56），インド産のこの宝石に言及している。それによると，この adamas という石は人間の持ちもののなかではもっとも高価なもので，長い間，王とごくわずかな人々にしか知られていなかった。そして，かつては黄金のなかでしかできないと考えられ，エチオピアの鉱山で産出するものとされていたが，その大きさたるやキュウリの種ほどもなく，色もちがっていた。しかし，今でははじめて 6 つの種類が認められ，インド産であって，黄金のなかでできるものではなく水晶の類であり，色も透明である。6 角の滑らかな面をもち，円錐形をした両端は先細になっている。しかも 2 つの竜巻がもっとも幅広い部分で結ばれているように見えるのは驚きである。大きさはハシバミの実ほどにもなる。インドのものよりは小さいながら，アラビア産のものもある，とのべている。

サンスクリット撰文集

第31章

学習の最後に，サンスクリットで書かれた物語を読むことにしよう。例文は，すべて叙事詩『マハーバーラタ』からの引用である。底本にはプーナで出版された批判版を用いたが，特殊な語形の個所はよりシンプルな異本の読みを採用した場合もある。サンスクリット文の解読の練習のために，各文を直下に示した単語説明を参照しながら日本語に訳してみていただきたい。名詞は，原則として原形のみを示してあるので，格変化表や連声の規則などを参照しながら文法的な事項を習得していただきたい。とくに注意を要する場合にのみ，文法的な解説を加えた。動詞は，その語根を示して，文中の形が何であるかを文法的に説明した。

I. 頭を下にしてぶらさがっている先祖たち（*Mahābhārata*, 1.13.9–22）

（1）āstīkasya pitā hy āsīt prajāpatisamaḥ prabhuḥ/
brahmacārī yatāhāras tapasy ugre rataḥ sadā// 9

āstīka（男性）人名/ pitṛ（男性）父/ hi（接続詞）なぜなら，実に/ āsīt as-（第2類）「ある」の過去・3人称・単数形/ prajāpati（男性）造物主/ sama（形容詞）等しい/ prabhu（形容詞）強力な，（男性）主/ brahmacārin（男性）梵行者，禁欲を守る人/ yatāhāra（形容詞）「制御された（yata）食事（āhāra）をもつ（人）」の意味の所有複合語/ tapas（中性）苦行/ ugra（形容詞）激しい/ rata（ram- は過去受動分詞）喜んだ，専念した/ sadā（副詞）つねに

アースティーカの父は造物主のような立派な人であった。彼は禁欲を守り，断食し，つねに激しい苦行にいそしんでいた。

（2）jaratkārur iti khyāta ūrdhvaretā mahān ṛṣiḥ/
yāyāvarāṇāṃ dharmajñaḥ pravaraḥ saṃśitavrataḥ// 10

jaratkāru（男性）人名/ iti（接続詞）～と/ khyāta khyā-「告げる」の過去受動分詞形。「知られた」の意味/ ūrdhvaretas（形容詞）上に精液を溜めた，精を漏らすことがない/ mahat（形容詞）大きい，偉大な/ ṛṣi（男性）聖仙/ yāyāvara（男性）家系の名/ dharmajña（形容詞）「法を知る」/ pravara（形容詞）主要な，最上の/ saṃśitavrata（形容詞）「固守された（saṃśita）誓戒（vrata）をもつ」の意味の所有複合語

その名をジャラトカールといい，ヤーヤーヴァラ家の上首の大仙であった。彼は精を漏らすことなく，法を知り，誓戒を固持していた。

（3）aṭamānaḥ kadācit sa svān dadarśa pitāmahān/
lambamānān mahāgarte pādair ūrdhvair adhomukhān// 11

aṭamāna aṭ-（第 1 類）「歩きまわる」の現在分詞形/ kadācit（副詞）ある時/ sa 指示代名詞 tad「それ，彼」の男性・単数・主格形/ sva（形容詞）自己の/ dadarśa dṛś-（第 1 類）「見る」の完了・能動態・3 人称・単数形/ pitāmaha（男性）祖父，先祖/ lambamāna lamb-「ぶらさがる」の現在分詞形/ garta（男性）洞穴/ pāda（男性）足/ ūrdhva（形容詞）上の/ adhas（副詞）下に /mukha（中性）顔/ adhomukha（形容詞）顔を下にした

彼は遍歴しているうちに，あるとき，自分の先祖たちを見た。彼らは大きな洞穴の中で，足を上に，顔を下にしてぶらさがっていた。

(4) tān abravīt sa dṛṣṭvaiva jaratkāruḥ pitāmahān/
ke bhavanto 'valambante garte 'smin vā adhomukhāḥ// 12

tān 指示代名詞 tad の男性・複数・主格形/ abravīt brū-（第 2 類）「言う」の過去形/ dṛṣṭvā dṛś-「見る」の絶対詞/ eva（副詞）まさに，実に/ ke 疑問詞 kim「何，誰」の男性・複数・主格形/ bhavat（代名詞）「あなた」という尊敬の意味をこめた語であるが，名詞に準じる。第 3 人称の動詞をともなって用いられる。bhavantaḥ は，bhavat の男性・複数・主格形/ ava-lamb- ぶらさがる/ asmin 指示代名詞 idam「この」の男性・単数・処格形/ vai（副詞）実は，実に

ジャラトカールは先祖たちを見てすぐにたずねた。
「この洞穴で，顔を下にしてぶらさがっているあなた方はいったい誰ですか。

(5) vīraṇastambake lagnāḥ sarvataḥ paribhakṣite/
mūṣakena nigūḍhena garte 'smin nityavāsinā// 13

vīraṇa（中性）草の種類/ stambaka（男性）（草の）束/ lagna lag-「くっつく」の過去受動分詞形/ sarvatas（副詞）いたるところ/ paribhakṣita（過去受動分詞）食われた/ mūṣaka（男性）鼠/ nigūḍha（形容詞）隠れた/ nitya（形容詞）常なる/ vāsin（形容詞）住所をもつ，〜に住む

あなた方はこの洞穴に隠れて住みついている鼠によっていたるところ食い尽くされたヴィーラナ草の束に結びついていますが。」

(6) pitara ūcuḥ/

yāyāvarā nāma vayam ṛṣayaḥ saṃśitavratāḥ/
saṃtānaprakṣayād brahmann adho gacchāma medinīm// 14

pitṛ（男性）父，祖霊/ ūcuḥ vac-「言う」の完了・能動態・3 人称・複数形/ saṃtāna（男性）後継者/ prakṣaya（男性）滅亡/ brahman（男性）「バラモン」単数・呼格形，-n の重複は第 29 章の❷（3）ⓓを参照/ adhas（副詞）下に/ gacchāmas gam-（第 1 類）「行く」の能動態・1 人称・複数形/ medinī（女性）大地

祖霊たちは言った。
「われわれはヤーヤーヴァラという一族で，誓戒を固持する聖仙である。バラモンよ，後継者が絶えるので，地上に降りたのだ。

（7）asmākaṃ saṃtatis tu eko jaratkārur iti śrutaḥ/
mandabhāgyo 'lpabhāgyānāṃ tapa eva samāsthitaḥ// 15

asmākam aham「私」の複数・属格形/ saṃtati（女性）家系，子孫/ tu（接続詞）しかし/ eka（数詞）1 つの/ śruta śru-「聞く」の過去受動分詞/ mandabhāgya（形容詞）不幸な/ alpabhāgya（形容詞）「わずかな幸をもつ」（asmākam ... alpabhāgyānām）の意味の所有複合語/ tapas（中性）苦行/ samāsthita sam-ā-sthā-「立つ，専念する」の過去受動分詞

われわれにはジャラトカールというただ一人の子孫がいるが，不幸なことに，その哀れな男は苦行にのみ専念している。

（8）na sa putrāñ janayituṃ dārān mūḍhaś cikīrṣati/
tena lambāmahe garte saṃtānaprakṣayād iha// 16

na（否定辞）〜ない/ putra（男性）息子/ janayitum jan-「産む」の使役法・不定形/ dāra（男性）妻（男性形だが，「妻」の意味）/ mūḍha（形容詞）愚

かな/ cikīrṣati kṛ-「する」の意欲活用・3 人称・単数形。「～しようとする」「求める」の意味/ tena 指示代名詞 tad「それ」の男性または中性・単数・具格形。ここでは，「それゆえ」の意味/ iha (副詞) ここで

その愚か者は，息子を生むために妻を求めない。それゆえ，後継者が絶えてしまうので，われわれはこの洞穴でぶらさがっているのだ。

(9) anāthās tena nāthena yathā duṣkṛtinas tathā/
kas tvaṃ bandhur ivāsmākam anuśocasi sattama// 17

anātha (形容詞) 保護者をもたない/ nātha (男性) 主人，保護者/ yathā (接続詞) (tathā とともに用いて) ～のように/ duṣkṛtin (男性) 罪人/ kas 疑問詞 kim「何」「誰」の男性・単数・主格形/ tvam 第 2 人称代名詞・単数・主格形/ bandhu (男性) 親類，縁者/ iva (接続詞) ～のように/ asmākam 第 1 人称代名詞・複数・属格形/ anuśocasi anu-śuc- (第 1 類)「嘆く」「悲しむ」の能動態・2 人称・単数形/ sattama (形容詞) 最高の (人)

身寄りに見捨てられて，まるで罪人のように。立派なお方よ，縁者のようにわれわれのことを悲しんでくれるあなたは誰か。

(10) jñātum icchāmahe brahman ko bhavān iha dhiṣṭhitaḥ/
kim arthaṃ caiva naḥ śocyān anukampitum arhasi// 18

jñātum jñā-「知る」の不定詞/ icchāmahe iṣ- (第 6 類)「望む」の反射態・1 人称・複数形/ bhavān bhavat「あなた」の男性・単数・主格形/ dhiṣṭhita (形容詞) (= adhi-ṣṭhita) 安置された，いる/ kim artham いかなるわけで/ caiva = ca + eva/ naḥ 第 1 人称代名詞・複数・属格形 (付帯形) / śocya (動詞的形容詞) 悲しまれるべき/ anukampitum anu-kamp-「同情する」の不定詞/ arhasi arh- (第 2 類)「価する，できる」の能動態・2 人称・単数形

バラモンよ，そこにいるあなたは誰か，知りたいと思う。どうして哀れなわれわれに同情してくれるのか。」

（11） jaratkārur uvāca/
mama pūrve bhavanto vai pitaraḥ sapitāmahāḥ/
brūta kiṃ karavāṇy adya jaratkārur ahaṃ svayam// 19

uvāca vac-「言う」の完了・能動態・3人称・単数形/ mama 第1人称代名詞の単数・属格形/ pūrva（形容詞）以前の（男性）先祖。pūrve は，pūrva の男性・複数・主格形（代名詞のように変化する）/ vai（不変化辞）実に/ sapitāmaha「祖父（pitāmaha）をともなう」の意味の所有複合語/ brūta brū-（第2類）「言う」の命令・能動態・2人称・複数形/ karavāṇi kṛ-（第8類）の命令・能動態・1人称・単数形/ adya（副詞）今日，今/ svayam（副詞）自ら

ジャラトカールは言った。
「あなた方は私の父であり，祖父であり，ご先祖です。今何をしたらよいか，おっしゃって下さい。私こそ他ならぬジャラトカールです。」

（12） pitara ūcuḥ/
yatasva yatnavāṃs tāta saṃtānāya kulasya naḥ/
ātmano ’rthe ’smadarthe ca dharma ity eva cābhibho// 20

ūcuḥ vac-「言う」の完了・能動態・3人称・複数形/ yatasva yat-（第1類）「努力する」の命令・反射態・2人称・単数形/ yatnavat（形容詞）努力をもつ/ tāta（男性）父。呼格で，「わが子よ」の意味/ kula（中性）家族，一族/ naḥ 第1人称代名詞・複数・属格形（付帯形）/ ātman（男性）自己/ artha（男性）目的，利益。-arthe で，「〜のため」の意味/ asmat 第1人称代名詞。複合語の前の部分で，ここでは「われわれの」の意味。複数・

属格形と同じ形/ dharma（男性）徳，義務，「法」/ iti このように，～と（考えて）/ abhibhu（男性）立派な男

祖霊たちは言った。
「わが子よ，われわれ一族の存続のために，懸命に努力してくれ。自分のために，またわれわれのために。それが法だ。立派な男よ。

（13）na hi dharmaphalais tāta na tapobhiḥ susaṃcitaiḥ/
　　tāṃ gatiṃ prāpnuvantīha putriṇo yāṃ vrajanti ha// 21

phala（中性）果実，果報/ susaṃcita（形容詞）よく積まれた/ tām 指示代名詞 tad の女性・単数・対格形。yām を受け，gatim にかかる/ gati（女性）帰趨，道/ prāpnuvanti pra-āp-（第 5 類）「達する」の現在・能動態・3 人称・複数形/ putrin（形容詞）息子をもつ（人）/ yām 関係代名詞 yad の女性・単数・対格形/ vrajanti vraj-（第 1 類）「行く」の能動態・3 人称・複数形/ ha（不変化辞）じつに

というのは，わが子よ，この世では，法の果報によっても，苦行を積んでも，息子をもつ人々が達するような帰趨（きすう）におもむくことはできないのだ。

（14）tad dāragrahaṇe yatnaṃ saṃtatyāṃ ca manaḥ kuru/
　　putrakāsmanniyogāt tvam etan naḥ paramaṃ hitam// 22

dāra-grahaṇa（中性）妻帯/ saṃtati（女性）後継，家系の存続/ manas（中性）意，思考。manaḥ kṛ-（kuru は命令・2 人称・単数形）で，「決意する」の意味/ putraka（男性）息子/ asmat われわれの/ niyoga（男性）指令/ etat 指示代名詞 etad の中性・単数・主格形/ parama（形容詞）最高の/ hita（中性）利益，幸せ

それ故，わが息子よ，われわれの命令により妻を娶(めと)ることに努力し，子孫を得ることに心を砕け。それがわれわれにとって最高の幸せである。

II. 乳海の攪拌と日食月食の起源（*Mahābhārata*, 1.16.32–40; 1.17.1–8）

（1）nārāyaṇavacaḥ śrutvā balinas te mahodadheḥ/
tat payaḥ sahitā bhūyaś cakrire bhṛśam ākulam// 32

nārāyaṇa（男性）神名（=Viṣṇu）/ vacas（中性）言葉/ śrutvā śru-「聞く」の絶対詞/ balin（形容詞）強力な/ te 指示代名詞 tad の男性・複数・主格形/ mahodadhi（男性）海/ payas（中性）水，乳/ sahita（形容詞）ともなった，一緒になった/ bhūyas（副詞）さらに，再び/ cakrire kṛ-「する，作る」の完了・反射態・3人称・複数形/ bhṛsam（副詞）強く，大いに/ ākula（形容詞）動揺した

ナーラーヤナ（ヴィシュヌ）の言葉を聞いて彼らは力づき，こぞって再び海の水（乳）を大いに攪拌(かくはん)した。

（2）tataḥ śatasahasrāṃśuḥ mathyamānāt tu sāgarāt/
prasannabhāḥ samutpannaḥ somaḥ śītāṃśur ujjvalaḥ// 33

tatas（副詞）それから/ śatasahasra（数詞）百千，10万/ aṃśu（男性）光線/ śatasahasrāṃśu（男性）10万の光線をもつ，太陽/ mathyamāna math-「攪拌する」の受動態の現在分詞/ tu（接続詞）しかし，一方/ sāgara（男性）海/ prasannabha（形容詞）「清涼（prasanna）な光（bhā）をもつ」の意味の所有複合語。-bhās は，その男性・単数・主格形（特殊形）/ samutpanna（sam-ut-pad-）（形容詞）生じた/ soma（男性）ソーマ，月/ śītāṃśu（男性）冷たい光をもつ（もの），月/ ujjvala（形容詞）輝かしい

すると攪拌された海から，百千の光線をもつ太陽が生じた。そして，清涼な光を放つ冷たい光の輝かしい月が生じた。

(3) śrīr anantaram utpannā ghṛtāt pāṇḍuravāsinī/
surā devī samutpannā turagaḥ pāṇḍuras tathā// 34

śrī（女性）女神名/ anantaram（副詞）直後に/ utpanna（形容詞）生じた/ ghṛta（中性）バター状の乳製品，ギー/ pāṇḍura（形容詞）白い/ vāsa（男性）衣服/ pāṇḍuravāsin（形容詞）白衣を着た/ surā（女性）酒，女神名/ devī（女性）女神/ turaga（男性）馬/ tathā（副詞）同様に，また

引き続いて，白衣を着たシュリー（吉祥天）が，凝乳（グリタ）から生じた。また，酒（スラー）の女神と白馬が生じた。

(4) kaustubhaś ca maṇir divya utpanno 'mṛtasaṃbhavaḥ/
marīcivikacaḥ śrīmān nārāyaṇa-urogataḥ// 35

kaustubha（男性）宝珠の名/ maṇi（男性）宝珠/ divya（形容詞）神々しい/ amṛta（中性）甘露，不死の飲料/ saṃbhava（男性）起源，複合語の後半部で，「〜から生まれた」の意味/ marīci（女性）光線/ vikaca（形容詞）輝かしい/ śrīmat（形容詞）美しい/ uras（中性）胸/ gata gam-「行く」の過去受動分詞。-gata で，「〜にある」の意味。

そして，甘露より生じた神々しい宝珠カウストゥバが現われた。それは燦然（さんぜん）と輝き，美しく，ナーラーヤナの胸にかけられた。

(5) śrīḥ surā caiva somaś ca turagaś ca manojavaḥ/
yato devās tato jagmur ādityapatham āśritāḥ// 36

manojava（形容詞）意（manas）のように速い/ yatas（接続詞，相関辞）何

となれば。ここでは，tatas に対応して，“yatas A tatas B” で，「A があるところ，そこに B がある」の意味/ deva（男性）神/ jagmur gam- の完了・能動態・3 人称・複数形/ āditya（男性）太陽/ patha（男性）道（複合語の後半部で用いられる）/ āśrita āśri-「依存する」の過去受動分詞

シュリー，酒，月，駿馬は，太陽の道にならい，神々の側に行った。

(6) dhanvantaris tato devo vapuṣmān udatiṣṭhata/
śvetaṃ kamaṇḍaluṃ bibhrad amṛtaṃ yatra tiṣṭhati// 37

dhanvantari（男性）神名/ tatas（副詞）それから/ vapuṣmat（形容詞）美しい/ udatiṣṭhata ud-sthā-（第 1 類）「立ち上がる」の過去・反射態・3 人称・単数形/ śveta（形容詞）白い/ kamaṇḍalu（男性）水瓶/ bibhrat bhṛ-「保つ」（現在 bibharti 3 類）の現在分詞/ yatra（接続詞）～の中に/ amṛtam（中性）「甘露」/ tiṣṭhati sthā-（第 1 類）「立つ，ある」の現在・能動態・3 人称・単数形

それから，美丈夫のダヌヴァンタリ神が，甘露の入った白壺を携えて現われた。

(7) etad atyadbhutaṃ dṛṣṭvā dānavānāṃ samutthitaḥ/
amṛtārthe mahān nādo mamedam iti jalpatām// 38

etad 指示代名詞 etad の中性・単数・対格形/ atyadbhuta（男性）非常な奇跡（adbhuta）/ dṛṣṭvā dṛś-「見る」の絶対詞/ dānava（男性）悪魔の種類/ samutthita（形容詞 sam-ud-sthā の過去受動分詞）生じた/ artha（男性）目的，利益。～arthe「～のために」/ mahat（形容詞）大きい/ nāda（男性）音，叫び/ mama 第 1 人称代名詞の単数・属格形/ idam 指示代名詞 idam の中性・単数・主格形/ jalpatām jalp-「しゃべる」の現在分詞の複数・属格形。dānavānām にかかる。

この大いなる奇跡を見て，悪魔たちの間に，甘露を求めて大騒ぎが起こった。「これは俺のものだ」とわめきながら。

(8) tato nārāyaṇo māyām āsthito mohinīṃ prabhuḥ/
strīrūpam adbhutaṃ kṛtvā dānavān abhisaṃśritaḥ// 39

māyā（女性）幻影，幻術/ āsthita ā-sthā-「用いる」の過去受動分詞/ mohin（形容詞）惑わせる/ prabhu（男性）主/ strī（女性）女性/ rūpa（中性）姿/ adbhuta（形容詞）驚異的な/ abhisaṃśrita abhi-saṃ-śri-「依存する」の過去受動分詞，「〜のもとに行った」の意味

そこでナーラーヤナ神は，惑わせる幻術を用い，すばらしい女の姿をとり，悪魔のもとに行った。

(9) tatas tad amṛtaṃ tasyai dadus te mūḍhacetasaḥ/
striyai dānavadaiteyāḥ sarve tadgatamānasāḥ// 40

tasyai tad の女性・単数・為格形/ dadur dā-「与える」の完了・能動態・3人称・複数形/ te tad の男性・複数・主格形/ mūḍhacetas「迷わされた心をもつ」の意味の所有複合語/ daiteya（男性）「Diti の子孫」，悪魔の種類（=daitya）/ sarva（形容詞）すべての。sarve は，その男性・複数・主格形/ manas（中性）意，心/ tadgatamānasa「彼女（tad）に存する心をもつ」という意味の所有合成語。

すると悪魔たちはみな彼女に魅了され，心を迷わされ，甘露を彼女に与えた。

(10) athāvaraṇamukhyāni nānāpraharaṇāni ca/
pragṛhyābhyadravan devān sahitā daityadānavāḥ// 1

atha (接続詞) そのとき，さて/ āvaraṇa (中性) おおい，防具，鎧/ mukhya (形容詞) 主要な, 最上の/ nānā (副詞) 種々に, (形容詞) 種々の/ praharaṇa (中性) 武器/ pragṛhya pra-grah-「つかむ」の絶対詞/ abhyadravan abhi-dru- (第 1 類)「走り寄る，攻撃する」の過去・能動態・3 人称・単数形/ sahita (形容詞) いっしょになった，結合した/ daitya (男性) 悪魔の種類

さて，悪魔たちは集合して，最上の防具と様々な武器をとり，神々に対して攻撃をしかけた。

(11) tatas tad amṛtaṃ devo viṣṇur ādāya vīryavān/
　　jahāra dānavendrebhyo nareṇa sahitaḥ prabhuḥ// 2

ādāya ā-dā-「とる」の絶対詞/ vīryavat (形容詞) 強力な/ jahāra hṛ-「奪う」の完了・能動態・3 人称・単数形/ indra (男性) 王/ nara (男性) ヴィシュヌの帰依者の代表/ prabhu (形容詞) 強力な, (男性) 主

それから強力なヴィシュヌ神は甘露をとって，ナラとともに，悪魔の指導者たちからそれを奪った。

(12) tato devagaṇāḥ sarve papus tad amṛtaṃ tadā/
　　viṣṇoḥ sakāśāt saṃprāpya saṃbhrame tumule sati// 3

gaṇa (男性) 群/ papur pā-「飲む」の完了・能動態・3 人称・複数形/ tadā (副詞) その時/ sakāśa (男性) 近く。-sakāśāt「〜のもとから」/ saṃprāpya saṃ-pra-āp-「達する，得る」の絶対詞/ saṃbhrama (男性) 混乱/ tumula (形容詞) 騒がしい，(男性，中性) 喧噪/ sati as-「ある」の現在分詞・男性・単数・処格形。処格＋処格で，「〜があるとき」の意味の絶対処格になる。

そこでいっさいの神群は，混乱と喧噪のさなか，ヴィシュヌからその

甘露を受け取って飲んだ。

（13） tataḥ pibatsu tatkālaṃ deveṣv amṛtam īpsitam/
rāhur vibudharūpeṇa dānavaḥ prāpibat tadā// 4

pibatsu pā-「飲む」の現在分詞の男性・複数・処格形。deveṣu とともに用いられて，絶対処格になる/ tatkālam（副詞）そのとき/ īpsita（形容詞）望まれた/ rāhu（男性）悪魔名/ vibudha（男性）神/ prāpibat pra-pā-（第1類）「飲む」の過去・能動態・3人称・単数形

神々が望んでいた甘露を飲んでいたとき，ラーフという悪魔は，神の姿をしてそれを飲んだ。

（14） tasya kaṇṭham anuprāpte dānavasyāmṛte tadā/
ākhyātaṃ candrasūryābhyāṃ surāṇāṃ hitakāmyayā// 5

tasya tad の男性・単数・属格形/ kaṇṭha（男性）のど/ anuprāpta anu-pra-āp-「達する」の過去受動分詞。-prāpte は，amṛte とともに用いられて絶対処格となる/ ākhyāta ā-khyā-「告げる」の過去受動分詞/ candra（男性）月/ sūrya（男性）太陽/ sura（男性）神/ hita（中性）安寧，益/ kāmyā（女性）願望

甘露がその悪魔ののどまで達したとき，神々の幸福を願って月と太陽とがそれを告げ知らせた。

（15） tato bhagavatā tasya śiraś chinnam alaṃkṛtam/
cakrāyudhena cakreṇa pibato ’mṛtam ojasā// 6

bhagavat（男性）尊者，尊神/ śiras（中性）頭/ chinna chid-「切る」の過去受動分詞/ alaṃkṛta alaṃ-kṛ-「飾る」の過去受動分詞/ cakrāyudha「円盤

(cakra) を武器 (āyudha) としてもつ」の意味の所有複合語/ pibatas pā-「飲む」の現在分詞の男性・単数・属格形/ ojas (中性) 力/ ojasā (副詞) 力強く，激しく

そこで，円盤を武器とする神（ヴィシュヌ）は，甘露を飲んでいる彼の，飾りつけられた頭を，速やかに円盤で切った。

(16) tacchailaśṛṅgapratimaṃ dānavasya śiro mahat/
cakreṇotkṛttam apatac cālayad vasudhātalam// 7

tacchaila = tat ＋śaila (男性)「山」/ śṛṅga (中性) 角，山頂/ pratimā (女性) 像。-pratima「〜に似ている」/ mahat (形容詞) 大きい/ utkṛtta ut-kṛt-「切る」の過去受動分詞/ apatat pat- (第 1 類)「落ちる」の過去・能動態・3 人称・単数形/ cālayat cal-「動く」の使役の現在分詞/ vasudhā (女性) 大地/ tala (男性，中性) 表面

その悪魔の巨大な頭は，山頂にも似て，円盤で切られると，落ちて大地を震動させた。

(17) tato vairavinirbandhaḥ kṛto rāhumukhena vai/
śāśvataś candrasūryābhyāṃ grasaty adyāpi caiva tau// 8

vaira (中性) 敵意，恨み/ vinirbandha (男性) 固執，持続/ kṛta kṛ-の過去受動分詞/ śāśvata (形容詞) 永遠の/ gras- (第 1 類) 食う，呑む/ tau tad の男性・両数・対格形

かくて，ラーフの顔と，月と太陽との間には，永遠の怨恨が生じた。そして今日でも，彼はその両者を呑むのである。

III. シャクンタラーの誕生（*Mahābhārata*, 1.66.1–14）

（1）evam uktas tayā śakraḥ saṃdideśa sadāgatim/
prātiṣṭhata tadā kāle menakā vāyunā saha// 1

evam（副詞）このように/ ukta vac-「言う」の過去受動分詞/ śakra（男性）インドラ，帝釈天/ saṃdideśa saṃ-diś-「指示する」の完了・能動態・3人称・単数形/ sadāgati（男性）風/ prātiṣṭhata pra-sthā-（第1類）「出発する」の過去・反射態・3人称・単数形/ tadā（副詞）その時/ kāla（男性）時間/ menakā（女性）天女の名/ vāyu（男性）風/ saha（副詞，前置詞）～（具格）とともに

彼女（メーナカー）にこのように言われて，インドラは風に指示した。そこですぐにメーナカーは風とともに出発した。

（2）athāpaśyad varārohā tapasā dagdhakilbiṣam/
viśvāmitraṃ tapasyantaṃ menakā bhīrur āśrame// 2

atha（接続詞）そして，そこで/ apaśyat paś-（第4類）「見る」の過去・能動態・3人称・単数形/ varārohā（女性）美しい尻（āroha）をもつ女/ dagdha dah-「燃やす」の過去受動分詞/ kilbiṣa（中性）罪/ dagdha-kilbiṣa（形容詞）「燃やされた罪をもつ」の意味の所有複合語/ viśvāmitram ヴィシュヴァーミトラ（聖仙の名）単数・対格形/ tapasyantam 名詞（tapas「苦行」）起源の動詞 tapasyati の現在分詞の単数・対格形/ bhīru（形容詞）恐れた/ āśrama（男性，中性）隠棲所

そして美しい尻のメーナカーは，苦行で罪障を滅し，隠棲所でなおも苦行を行なっているヴィシュヴァーミトラを，恐る恐る見た。

（3）abhivādya tataḥ sā taṃ prākrīḍad ṛṣisaṃnidhau/

apovāha ca vāso 'syā mārutaḥ śaśisaṃnibham// 3

abhivādya abhi-vad-（第 1 類）の使役「挨拶する」の絶対詞/ prākrīḍat pra-krīḍ-（第 1 類）「遊ぶ」の過去・能動態・3 人称・単数形/ saṃnidhi（男性）近接/ apovāha apa-vah-「運び去る」の完了・能動態・3 人称・単数形/ vāsas（中性）衣服/ asyāḥ指示代名詞 idam の女性・単数・属格形/ māruta（男性）風/ śaśin（男性）月/ saṃnibha（形容詞）～のような

彼女は聖仙に挨拶し，彼のそばで遊び戯れた。そのとき，風が月のような彼女の衣服を奪った。

（4）sāgacchat tvaritā bhūmiṃ vāsas tad abhiliṅgatī/
utsmayantīva savrīḍaṃ mārutaṃ varavarṇinī// 4

sā tad の女性・単数・主格形/ agacchat gam-（第 1 類）「行く」の過去・能動態・1 人称・単数形/ tvarita（形容詞）急いだ/ bhūmi（女性）大地/ vāsas（中性）衣服/ abhiliṅgatī abhi-liṅg-（第 1 類）「抱きしめる」の現在分詞の女性・単数・主格形/ utsmayantī ut-smi-（第 1 類）「笑う」の現在分詞の女性・単数・主格形/ savrīḍam（副詞）恥じらい（vrīḍā）を含んだ/ varavarṇinī（女性）美しい顔色の女

そのとき，美しい顔色の女は，急いで大地に倒れた。恥じらいを含んで，衣服を抱きしめ，風に向かって微笑むように。

（5）gṛddhāṃ vāsasi saṃbhrāntāṃ menakāṃ munisattamaḥ/
anirdeśyavayorūpām apaśyad vivṛtāṃ tadā// 5

gṛddha（形容詞）～を（処格 vāsasi）求めた/ saṃbhrānta（形容詞）動揺した/ sattama（形容詞）最高の/ anirdeśya（形容詞）表現され得ない/ vayas（中性）若さ/ rūpa（中性）形，容色/ apaśyat paś-（第 4 類）「見る」の過去・

能動態・3人称・単数形/ vivṛta（形容詞）裸の

その最高の聖者は，そのとき，言いようもない若さと美貌をそなえたメーナカーが，裸で，あわてて衣服を求めているのを見た。

(6) tasyā rūpaguṇaṃ dṛṣṭvā sa tu viprarṣabhas tadā/
cakāra bhāvaṃ saṃsarge tayā kāmavaśaṃ gataḥ// 6

tasyāḥ tad の女性・単数・属格形/ guṇa（中性）特性，美質/ dṛṣṭvā dṛś-「見る」の絶対詞/ vipra（男性）バラモン/ ṛṣabha（男性）雄牛。最上のものをあらわす/ cakāra kṛ-「する，作る」の完了・能動態・3人称・単数形/ bhāva（男性）気持，心/ saṃsarga（男性）交接/ kāma（男性）愛欲/ vaśa（男性）力，支配/ gataḥ gam-「行く」の過去受動分詞の男性・単数・主格形

バラモンの雄牛は彼女の容色を見て，愛欲に支配され，彼女と交わりたいと望んだ。

(7) nyamantrayata cāpy enāṃ sā cāpy aicchad aninditā/
tau tatra suciraṃ kālaṃ vane vyaharatām ubhau/
ramamāṇau yathākāmaṃ yathaikadivasaṃ tathā// 7

ni-mantr-（第10類）招く，呼ぶ/ enām 指示代名詞 enad「これ，それ」の女性・単数・対格形/ aicchat iṣ-（第6類）「望む」の過去・能動態・3人称・単数形/ anindita（形容詞）非難されない/ tau tad の男性・両数・主格形/ sucira（形容詞）非常に長い/ kāla（男性）時間/ vana（中性）森/ vyaharatām vi-hṛ-「時を過ごす」の過去・能動態・3人称・両数形/ ubha（代名詞的形容詞）両方の（常に両数）/ ramamāṇa ram-「楽しむ」の現在分詞/ yathākāmam（副詞）欲するがままに/ yathā（接続詞）〜のように。yathā A tathā「Aのように」/ eka-divasa（男性，中性）一日

そして彼女を招いた。非の打ち所のない彼女もそれを望んだ。二人は森で，欲するがままに楽しみつつ，非常に長い時を一日であるかのように過ごした。

(8) janayām āsa sa munir menakāyāṃ śakuntalām/
prasthe himavato ramye mālinīm abhito nadīm// 8

janayām āsa jan- (第 4 類)「生まれる」の複合完了 (使役)・3 人称・単数形/ śakuntalā (女性) ヒロインの名/ prastha (男性，中性) 台地，高原/ himavat (男性) ヒマラヤ/ ramya (形容詞) 心地よい/ mālinī (女性) 川の名/ abhitas (副詞) ～ (対格) のそばで/ nadī (女性) 川

そして，ヒマラヤの美しい高原において，マーリニー川のほとりで，その聖者はメーナカーにシャクンタラーを生ませた。

(9) jātam utsṛjya taṃ garbhaṃ menakā mālinīm anu/
kṛtakāryā tatas tūrṇam agacchac chakrasaṃsadam// 9

jāta jan-「生まれる」の過去受動分詞/ utsṛjya ut-sṛj-「捨てる」の絶対詞/ garbha (男性) 胎児/ anu (副詞) ～ (対) のそばに，～に続いて/ kṛta-kārya (形容詞) 仕事 (目的) を果たした/ tūrṇam (副詞) 急いで/ agacchat gam-「行く」の過去・能動態・3 人称・単数形/ śakra (男性) インドラ/ saṃsad (女性) 集会，宮廷

メーナカーは生まれた嬰児をマーリニーのほとりに捨てて，任務を達成し，急いでインドラの宮廷にもどった。

(10) taṃ vane vijane garbhaṃ siṃhavyāghrasamākule/
dṛṣṭvā śayānaṃ śakunāḥ samantāt paryavārayan// 10

vana（中性）森/ vijana（形容詞）人気（ひとけ）のない/ siṃha（男性）獅子/ vyāghra（男性）虎/ samākula（形容詞）～に満ちた/ dṛṣṭvā dṛś- の絶対詞/ śayāna śī-「横たわる」の現在分詞/ śakuna（男性）鳥/ samantāt（副詞）すっかり，いたるところ/ paryavārayan pari-vṛ-（使役）「取り囲む」の過去・能動態・3 人称・複数形

獅子や虎でいっぱいの，人気のない森に横たわっている嬰児を見て，鳥たちはそのまわりをすっかり取り巻いた。

（11）nemāṃ hiṃsyur vane bālāṃ kravyādā māṃsagṛddhinaḥ/
　　paryarakṣanta tāṃ tatra śakuntā menakātmajām// 11

nemāṃ = na+imāṃ/ imām 指示代名詞 idam「これ」の女性・単数・対格形/ hiṃsyur hiṃs-「害する」の願望・能動態・3 人称・複数形/ bālā（女性）女の子/ kravyāda（男性）肉食獣/ māṃsa（中性）肉/ gṛddhin（形容詞）切望する/ paryarakṣanta pari-rakṣ-「守る」の過去・反射態・3 人称・複数形/ śakunta（男性）鳥/ ātmaja（形容詞）子

肉に飢えた森の猛獣がこの赤児を害することのないようにと，鳥たちはメーナカーの子をしっかりと守った。

（12）upaspraṣṭuṃ gataś cāham apaśyaṃ śayitām imām/
　　nirjane vipine ’raṇye śakuntaiḥ parivāritām/
　　ānayitvā tataś caināṃ duhitṛtve nyayojayam// 12

upaspraṣṭum upa-spṛś-（第 6 類）「（水に）触れる，口をゆすぐ」の不定法/ apaśyam paś-「見る」の過去・能動態・1 人称・単数形/ śayita（形容詞）寝た/ nir-jana（形容詞）無人の/ vipina（形容詞）密な，深い/ araṇya（中性）森/ parivārita pari-vṛ-（第 10 類）の過去受動分詞/ ānayitvā ā-nī-「運ぶ」の絶対詞/ enām 指示代名詞 enad「これ」の女性・単数・対格形/ duhitṛtva

（中性）娘であること/ nyayojayam ni-yuj-（第 4 類）「結ぶ」の使役動詞「指定する」の過去・能動態・1 人称・単数形

そのとき，私（カヌヴァ）は口をゆすぐために外出したが，無人の密林で，鳥たちに取り囲まれて寝ているその子を見つけた。そこでその子を連れて帰り，養女としたのである。

（13）śarīrakṛt prāṇadātā yasya cānnāni bhuñjate/
　　krameṇa te trayo ’py uktāḥ pitaro dharmaniścaye// 13

śarīra（中性）身体/ śarīra-kṛt（形容詞，男性名詞）身体を作る（者）/ prāṇa-dātṛ（形容詞，男性名詞）生命を与える（者），命の恩人/ yasya 関係代名詞 yad の男性・単数・属格形/ anna（中性）食物/ bhuj-（第 7 類）食べる/ krama（男性）順番。-eṇa 順に/ te tad の男性・複数・主格形/ tri（数詞）3/ api（接続詞）〜もまた，合計〜/ ukta vac-「言う」の過去受動分詞/ pitṛ（男性）父/ dharma（男性）法，規則/ niścaya（男性）決定，確定

法典の規定では，順に 3 種の父親があげられている。すなわち，生みの親，命の恩人，それから育ての親である。

（14）nirjane ca vane yasmāc chakuntaiḥ parirakṣitā/
　　śakuntaleti nāmāsyāḥ kṛtaṃ cāpi tato mayā// 14

nirjana（形容詞）無人の/ yasmāt 〜であるから。tasmāt（ここでは tatas）と対応する/ śakunta（男性）鳥/ parirakṣita（形容詞）守られた/ nāman（中性）名/ asyāh idam の女性・単数・属格形/ mayā aham「私」の具格形

そして，無人の森で，鳥（śakunta）たちに守られていたということで，わたしはまた彼女にシャクンタラーという名をつけた。

IV. ドラウパディーの凌辱 (*Mahābhārata*, 2.60.19–30)

(1) tataḥ samutthāya sa rājaputraḥ
śrutvā bhrātuḥ kopaviraktadṛṣṭiḥ/
praviśya tad veśma mahārathānām
ity abravīd draupadīṃ rājaputrīm// 19

samutthāya sam-ut-sthā-「立ち上がる」の絶対詞/ rājaputra (男性) 王子。ここでは，ドゥルヨーダナの弟ドゥフシャーサナをさす/ śrutvā śru-「聞く」の絶対詞/ bhrātṛ (男性) 兄弟/ kopa (男性) 怒り/ virakta (形容詞) 赤い/ dṛṣṭi (女性) 眼，視線/ praviśya pra-viś-「入る」の絶対詞/ veśman (中性) 部屋/ mahāratha (男性) 偉大な戦士，勇士/ iti 〜と (以下のことを)/ abravīt brū- (第 2 類)「言う」の過去・能動態・3 人称・単数形/ draupadī (女性) 五王子の妻の名/ rājaputrī (女性) 王女

それからその王子 (ドゥフシャーシャナ) は兄の言葉を聞いて立ち上がり，怒りでその眼を赤くして，勇士たちの部屋に入ると，王女ドラウパディーに告げた。

(2) ehy ehi pāñcāli jitāsi kṛṣṇe
duryodhanaṃ paśya vimuktalajjā/
kurūn bhajasvāyatapadmanetre
dharmeṇa labdhāsi sabhāṃ parehi// 20

ehi e- (ā-i-) (第 2 類)「来る」の命令・能動態・2 人称・単数形。「さあ」の意味にもなる/ pāñcālī (女性) パーンチャーラの女，すなわち Draupadī/ jitāsi ＝ jitā+asi/ jita ji-「勝つ」の過去受動分詞/ asi as- (第 2 類)「ある」の現在・能動態・2 人称・単数形/ kṛṣṇe Kṛṣṇā (= Draupadī) の単数・呼格形/ duryodhana (男性) 人名，クル kuru の百王子のうちの長男/ vimukta vi-muc-「捨てる」の過去受動分詞/ lajjā（女性）恥じらい/ bhajasva bhaj-（第1類）「分ける，愛する」の命令・反射態・2人称・単数形/ āyata（形容詞）長い/ padma（中性）蓮/ netra（中性）眼/ āyatapadmanetrā で「切れ長の蓮の眼をもつ女」の意味/ dharma（男性）法/ labdhāsi = labdhā + asi/ labdha labh-「得る」の完了受動分詞/ sabhā（女性）集会場/ pare-hi（parā-i）（第2類）「向かう，行く」の命令・2人称形

「さあ来い，パーンチャーラの王女よ。クリシュナーよ，お前は勝ち取られた。恥じらいを捨てて，ドゥルヨーダナを見ろ。切れ長の蓮の眼をした女よ。クル族の人々を愛せよ。お前は合法的に獲得されたのだ。集会場へ行くのだ。」

（3）tataḥ samutthāya sudurmanāḥ sā
　vivarṇam āmṛjya mukhaṃ kareṇa/
　ārtā pradudrāva yataḥ striyas tā
　vṛddhasya rājñaḥ kurupuṃgavasya// 21

sudurmanas（形容詞）非常に悲しい/ vivarṇa（形容詞）青ざめた/ āmṛjya ā-mṛj-「ぬぐう」の絶対詞/ mukha（中性）顔/ kara（男性）手/ ārta（形容詞）悩んだ/ pradudrāva pra-dru-「走る」の完了・能動態・3人称・単数形/ yatas（=yatra）〜のいるところ/ strī（女性）女性/ vṛddha（形容詞）老いた/ rājan（男性）王/ kuru（男性）クル族/ puṃgava（男性）雄牛。複合語の後半部で，「〜のうちで最上のもの」の意味。

すると彼女は悲嘆に暮れて立ち上がり，青ざめた顔を手でぬぐい，思い悩んで，クル族の雄牛である老王の女たちがいるところへ走った。

（4）tato javenābhisasāra roṣād
　duḥśāsanas tām abhigarjamānaḥ/

dīrgheṣu nīleṣv atha cormimatsu
jagrāha keśeṣu narendrapatnīm// 22

javena（副詞）急いで/ abhisasāra abhi-sṛ-「行く，近づく」の完了・能動態・3 人称・単数形/ roṣa（男性）怒り/ duḥśāsana（男性）ドゥルヨーダナの弟の名/ abhigarjamāna abhi-garj-（第 1 類）「叫ぶ」の現在分詞/ dīrgha（形容詞）長い/ nīla（形容詞）青い，黒い/ ūrmimat（形容詞）波が立っている，波打つ/ jagrāha grah-「つかむ」の完了・能動態・3 人称・単数形/ keśa（男性）髪/ narendra（男性）王/ patnī（女性）妻，妃

ドゥフシャーサナは怒って大声をあげながら，急いで王妃に追いすがり，彼女の長い波打つ黒髪をつかんだ。

(5) ye rājasūyāvabhṛthe jalena
mahākratau mantrapūtena siktāḥ/
te pāṇḍavānāṃ paribhūya vīryaṃ
balāt pramṛṣṭā dhṛtarāṣṭrajena// 23

ye 関係代名詞 yad の男性・複数・主格。te に呼応している/ rājasūya（男性，中性）ラージャスーヤ祭，皇帝即位式/ avabhṛtha（男性）祭式の最後に行なう沐浴。潔斎（dīkṣā）でつけた腰帯，ターバンなどを捨てて沐浴する/ jala（中性）水/ mahākratu（男性）大祭/ mantra（男性）聖句，呪句/ pūta pū-「浄める」の過去受動分詞/ sikta sic-「注ぐ」の過去受動分詞/ te 関係代名詞 tad の男性・複数・主格形/ pāṇḍava（男性）パーンドゥの息子/ paribhūya pari-bhū-「軽蔑する」の絶対詞/ vīrya（中性）力/ balāt（副詞）力ずくで/ pramṛṣṭa pra-mṛj-「ぬぐう，撫でる」（または pra-mṛś-「触れる」）の過去受動分詞/ dhṛtarāṣṭraja（男性）ドリタラーシトラの息子。ここでは，ドゥフシャーサナをさす。

ラージャスーヤ（皇帝即位式）の大祭において，祭祀の終わりの沐浴に

際し，聖句で浄められた水を注がれた髪を，ドゥフシャーサナはパーンダヴァの力を軽んじて，無理やり撫でまわした。

(6) sa tāṃ parāmṛśya sabhāsamīpam
ānīya kṛṣṇām atikṛṣṇakeśīm/
duḥśāsano nāthavatīm anāthavac
cakarṣa vāyuḥ kadalīm ivārtām// 24

parāmṛśya parā-mṛś-「触れる，撫でる」の絶対詞/ sabhā (女性) 集会場/ samīpa (形容詞) 近くの (中性) 近く，そば/ ānīya ā-nī-「連れて行く」の絶対詞/ atikṛṣṇa (形容詞) 非常に黒い/ -keśin (形容詞) 髪をもつ。-keśinīm は，その女性・単数・対格形/ nāthavat (形容詞) 主人 (身寄り) がある/ anāthavat (副詞) 主人がいないかのように/ cakarṣa kṛṣ-「引きずる」の完了・能動態・3 人称・単数形/ vāyu (男性) 風/ kadalī (女性) バナナの木/ ārta (形容詞) 苦しんだ

彼は黒い髪のクリシュナーを撫でてから，集会場の近くに連れて行き，主人 (夫) をもつ彼女を主人がいないかのように引きずって行った。風が苦しむバナナの木を引きずるように。

(7) sā kṛṣyamāṇā namitāṅgayaṣṭiḥ
śanair uvācādya rajasvalāsmi/
ekaṃ ca vāso mama mandabuddhe
sabhāṃ netuṃ nārhasi mām anārya// 25

kṛṣyamāṇa kṛṣ-「引きずる」の受身の現在分詞/ namita nam-「曲げる，敬礼する」の使役 (namayati/nāmayati) の過去受動分詞/ aṅga (中性) 身体/ yaṣṭi (女性) 棒，枝，蔓植物。-yaṣṭi で，「細い〜」の意味/ śanaiḥ (副詞) 静かに，次第に/ uvāca vac-「言う」の完了・能動態・3 人称・単数形/

adya（副詞）今日，今/ rajasvala（形容詞）汚れた，生理中の/ eka（数詞）1つの/ vāsas（中性）衣服/ mandabuddhi（形容詞）愚かな（人）/ sabhā（女性）集会場/ netum nī-「導く」の不定詞/ arh-（第1類）ふさわしい/ anārya（形容詞）高貴でない（人）

彼女は引きずられながら細い身体をたわめて静かに告げた。
「今日は私は生理中です。愚かな人よ，私は一枚の衣しか着ていません。私を集会場に連れて行くのはよくありません。卑しい人よ。」

(8) tato ’bravīt tāṃ prasabhaṃ nigṛhya
keśeṣu kṛṣṇeṣu tadā sa kṛṣṇām/
kṛṣṇaṃ ca jiṣṇuṃ ca hariṃ naraṃ ca
trāṇāya vikrośa nayāmi hi tvām// 26

abravīt brū-（第2類）「言う」の過去・能動態・3人称・単数形/ prasabham（副詞）力ずくで/ nigṛhya ni-grah-「つかむ」の絶対詞/ keśa（男性）髪/ kṛṣṇa（形容詞）黒い/ jiṣṇu（男性）アルジュナの別名/ hari（男性）ハリ。ヴィシュヌの別名/ nara（男性）ナラ（ヴィシュヌの帰依者の代表）/ trāṇa（中性）守護/ vi-kruś-（第1類）呼ぶ，叫ぶ/ nī-（第1類）導く，連れて行く/ hi（接続詞）というのは，実に

すると彼は，力ずくで黒髪をつかんで，クリシュナーに言った。
「クリシュナ，ジシュヌ，ハリ，ナラに救いを求めて叫べ。それでもお前を連れて行くぞ。

(9) rajasvalā vā bhava yājñaseni
ekāmbarā vāpy atha vā vivastrā/
dyūte jitā cāsi kṛtāsi dāsī
dāsīṣu kāmaś ca yathopajoṣam// 27

vā（接続詞）あるいは/ bhava bhū-（第 1 類）「ある，なる」の命令・能動態・2 人称・単数形/ yājñasenī（女性）ドラウパディーの別名/ ekāmbara（形容詞）一枚の衣をもつ/ vivastra（形容詞）衣服のない/ dyūta（男性，中性）賭博/ jita ji-「勝つ」の過去受動分詞/ kṛtāsi = kṛtā+asi/ kṛta kṛ-（第 8 類）「する」の過去受動分詞/ asi as-「ある，である」の現在・2 人称・単数形/ dāsī（女性）女奴隷/ kāma（男性）願望，自由/ upajoṣa（男性，中性）愛情 / yathopajoṣam（副詞）好きなように

ドラウパディーよ，お前が生理中であろうと，一枚の衣だけであろうと，全裸であろうと，かまわない。お前は賭博で勝ち取られて奴隷にされたのだ。そして奴隷女に対しては，好きなようにしてもかまわないのだ。」

（10） prakīrṇakeśī patitārdhavastrā
duḥśāsanena vyavadhūyamānā/
hrīmaty amarṣeṇa ca dahyamānā
śanair idaṃ vākyam uvāca kṛṣṇā// 28

prakīrṇa（形容詞）乱れた/ keśa（男性）髪/ patita pat-「落ちる」の過去受動分詞/ ardha（形容詞）半分の/ vastra（中性）衣服/ vyavadhūyamāna vy-ava-dhū-（第 5 類）「揺する，軽蔑する」の受身の現在分詞/ hrīmat（形容詞）恥じらい（hrī）をもつ/ amarṣa（男性）怒り/ dahyamāna dah-「燃やす」の受身の現在分詞/ śanaiḥ（副詞）静かに/ vākya（中性）言葉/ uvāca vac-「言う」の完了・能動態・3 人称・単数

クリシュナーは髪を振り乱し，その衣は半ば落ち，ドゥフシャーサナにもてあそばれ，恥じらい，怒りに燃えながらも，静かに次のように告げた。

（11） ime sabhāyām upadiṣṭaśāstrāḥ
kriyāvantaḥ sarva evendrakalpāḥ/
gurusthānā guravaś caiva sarve
teṣām agre notsahe sthātum evam// 29

upadiṣṭa upa-diś-「教える」の過去受動分詞/ śāstra（中性）教典，論書/ kriyāvat（形容詞）祭式を行なう/ sarve sarva「すべて」の男性・複数・主格形。母音の前で sarva になる/ kalpa（男性）規則。複合語の後半部で，「～に近い，～に等しい，～のような」の意味になる/ guru（男性）師，目上/ sthāna（中性）状況，位置/ ut-sah-（第 1 類）できる，耐える/ sthātum sthā-「立つ」の不定詞/ evam（副詞）このようにして

「集会場には教典を学び，祭式を行なう，すべてインドラのような人々，すべて目上のような人々，実際に目上である人々がいます。このような状態で彼らの前に立つことはできません。

（12） nṛśaṃsakarmaṃs tvam anāryavṛtta
mā māṃ vivastrāṃ kuru mā vikārṣīḥ/
na marṣayeyus tava rājaputrāḥ
sendrāpi devā yadi te sahāyāḥ// 30

nṛśaṃsa（形容詞）邪悪な/ karman（男性，中性）行為。-karman は単数・呼格形。t- の前で，-karmaṃs となる/ anārya（形容詞）卑しい/ vṛtta（中性）行為/ mā + 命令法，またはアオリストのオーグメント a- のないものとともに用いられて，「～するなかれ」の意味になる（指令法）/ kuru kṛ-（第 8 類）「する」の命令・能動態・2 人称・単数形/ vikārṣīḥ vi-kṛ-「害する，悩ませる」のアオリスト（s-Aorist）・2 人称・単数の a- のない形/ marṣayeyus mṛṣ-（使役）「我慢する，許す」の願望・能動態・3 人称・複数形/ rājaputra（男性）王子/ sendrāpi = sa + indrā + api/ deva（男性）神/

sahāya（男性）助力者，仲間

邪悪な行為をする人よ，卑しいふるまいをする人よ，裸にしないで下さい。痛めつけないで下さい。王子たちはあなたを許さないでしょう。もしインドラをはじめとする神々があなたの助力者であるとしても。」

॥ शुभं भूयात् ॥

Śubham bhūyāt.

「ごきげんよう」「祝福あれ」

[付 説]

サンスクリット語とはどんな言語か
サンスクリット語の辞書のひき方
サンスクリット語 作品・文献案内
サンスクリット語 辞書・文法書案内

サンスクリット語とはどんな言語か

(1) サンスクリット語の位置

仏教の伝来にともなってわが国では早くから梵語の名前で知られてきたサンスクリットは，インド古典の言語である。現在のインドの人口は約 10 億人余で，これは中国につぐ世界第 2 位の数字だが，一方，年齢別にみると約半分の 5 億 4 千万の人が 25 歳以下だという。その意味では，インドはこれからの若さを誇る国だといえよう。

言語の上からみると，オーストロアジア系のムンダー語のように 600 万人ほどの話し手しかもたない言語もあるが，サンスクリットと同じインド・アーリア系の言語は現在のインドの人々の 7 割余を占めている。これにはベンガル語，マラーティー語，ラージャスターン語，パンジャーブ語など，インドの北半分に分布する多くの言語が含まれるが，その中心は 4 億の話し手をもつヒンディー語で，これは中国語，英語につぐ大言語である。これに対して南部のデカン高原には，ドラヴィダ語と総称される言語群が広く分布している。これはインドの全人口の 4 分の 1 ほどを占める，インド・ヨーロッパ (印欧) 語族とは別の一大語族で，そのなかにはタミル語のように古い文献をもち，一部で日本語との親族関係が主張された言語も含まれている。

インド・アーリア系の言語で，インドの外で現在もなおその伝統を保持している人々がいる。その言語は，10 世紀ころからインドをでて西に向かって流浪の旅をはじめたと推定されるロマ (ジプシー) の人たちの話すロマーニー語である。彼らの拡散した分布をみると，ロシアから西ヨーロッパのほぼ全域に及び，さらにイラン，トルコ，ギリシア，そしてアフリカ，アメリカ，オーストラリアにまで広がっている。その言語形態は，地域によっては居住地の言語の影響をうけてクレオール化しているものもあり，総人口は600万以上と推定されている。この言語が長い間各地の言語に吸収されずに話されてきたのは，彼らが周囲の人たちに同化せず孤立した生活を続けてきたからだろう。

サンスクリットをとりまくインド語派（アーリア語）の歴史は古い。その諸言語は，18世紀の末近くに成立した比較文法の教えるところでは，印欧語族の重要なメンバーに数えられている。したがって，現在われわれが知っている西欧の諸言語とも親族関係にあるのだから，サンスクリットを知って西欧の古典語であるギリシア語やラテン語，あるいは現在の英語やドイツ語，フランス語，あるいはロシア語などの歴史をともにさかのぼれば，徐々にその隔たりは狭まり，親密さが増してくる。この語族は多くの語派に分かれて，文字通りインドからヨーロッパにかけて広く分布しているのだが，また同時に古代から現代に至る長い歴史と豊富な文献をもっている（インド・ヨーロッパ語族系統図，コラム「ラテン語，ギリシア語，そしてサンスクリット語」を参照）。サンスクリットの属するインド語派は，とりわけ隣接するイラン語派と非常に密接な関係にあった。アーリア ārya というのは，この両派の人々に共通の古い呼称だった。ちなみに，現在のイランという名称もこれに由来している。インド語派のもつもっとも古いヴェーダ文献を綴った言語と，古代イランに残るゾロアスター教の聖典，それに古代ペルシア帝国の王たちの残した碑文の言語の比較から，これらの話し手は先史時代に1つのゆるい共同体をなしていたのではないかと考えられている。そのなかから後にインド語派をなす人々は，インド北西部のインダス川上流の地域からパンジャーブ地方に入り，そののち徐々に東のガンジス川のほうにその勢力を拡大していった。

彼らがインドに侵入する前に，インダス川流域にはいわゆるインダス文明が栄えていた。その担い手たちはモヘンジョ・ダーロ，ハラッパーなどにみられるような都市を築いて高い文化を誇り，多くの遺跡

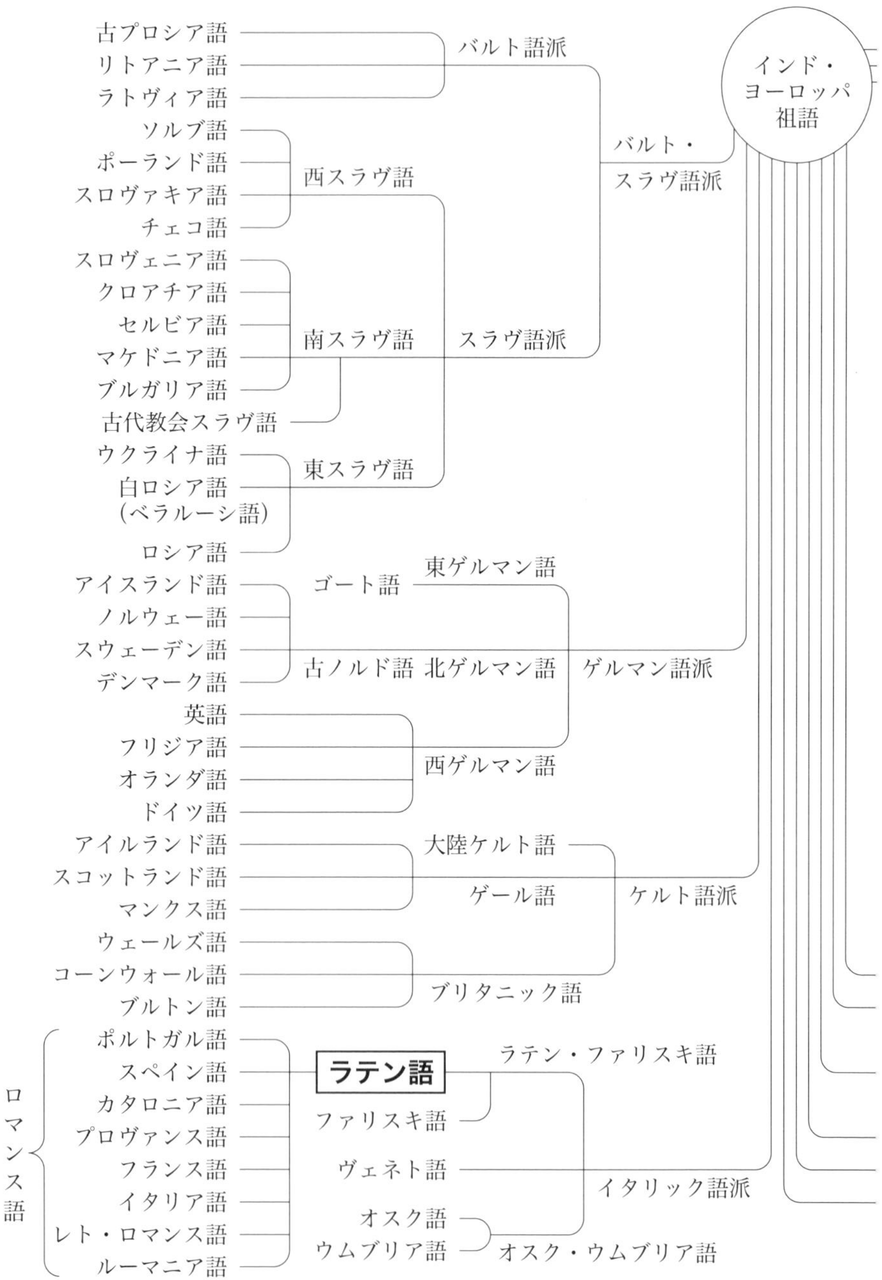
インド・ヨーロッパ祖語
古プロシア語
リトアニア語
ラトヴィア語
バルト語派
ソルブ語
ポーランド語
スロヴァキア語
チェコ語
西スラヴ語
バルト・スラヴ語派
スロヴェニア語
クロアチア語
セルビア語
マケドニア語
ブルガリア語
南スラヴ語
スラヴ語派
古代教会スラヴ語
ウクライナ語
白ロシア語（ベラルーシ語）
ロシア語
東スラヴ語
アイスランド語
ノルウェー語
スウェーデン語
デンマーク語
ゴート語
東ゲルマン語
古ノルド語
北ゲルマン語
ゲルマン語派
英語
フリジア語
オランダ語
ドイツ語
西ゲルマン語
アイルランド語
スコットランド語
マンクス語
大陸ケルト語
ゲール語
ケルト語派
ウェールズ語
コーンウォール語
ブルトン語
ブリタニック語
ロマンス語
ポルトガル語
スペイン語
カタロニア語
プロヴァンス語
フランス語
イタリア語
レト・ロマンス語
ルーマニア語
ラテン語
ファリスキ語
ラテン・ファリスキ語
ヴェネト語
イタリック語派
オスク語
ウムブリア語
オスク・ウムブリア語

インド・ヨーロッパ

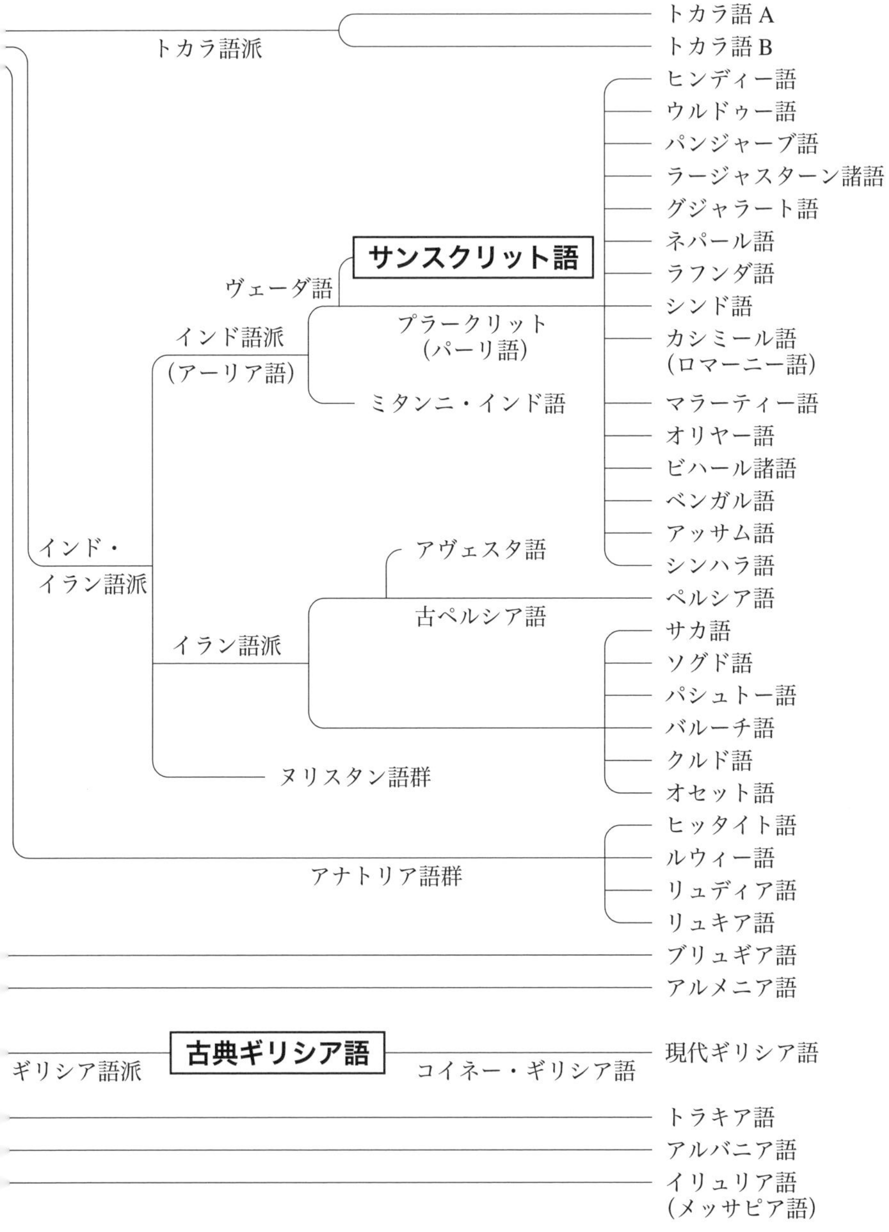
トカラ語派
トカラ語A
トカラ語B
ヒンディー語
ウルドゥー語
パンジャーブ語
ラージャスターン諸語
グジャラート語
ネパール語
ラフンダ語
シンド語
カシミール語
(ロマーニー語)
マラーティー語
オリヤー語
ビハール諸語
ベンガル語
アッサム語
シンハラ語
サンスクリット語
ヴェーダ語
プラークリット
(パーリ語)
インド語派
(アーリア語)
ミタンニ・インド語
インド・
イラン語派
アヴェスタ語
ペルシア語
古ペルシア語
サカ語
ソグド語
パシュトー語
バルーチ語
クルド語
オセット語
イラン語派
ヌリスタン語群
ヒッタイト語
ルウィー語
リュディア語
リュキア語
アナトリア語群
ブリュギア語
アルメニア語
古典ギリシア語
ギリシア語派
コイネー・ギリシア語
現代ギリシア語
トラキア語
アルバニア語
イリュリア語
(メッサピア語)

語族系統図

を残している。またそこからはさまざまな文様を施した土器や，金，銀，青銅などを使った金属器，装身具，像などが発掘され，その生活や宗教の一端をうかがわせている。なかでも文字らしきものを刻んだ印章は，その言語を解明する重要な手がかりとして，早くから注目されてきた。形の上から区別されていると思われる文字の数が 300 を超えるとすれば，これは象形の表意文字か，あるいは音節をあらわすのにそれを転用した表音文字か，はたまたその過渡期の段階にあるものと考えられるが，残念ながらこれに並行する他の言語の資料がない。そのため，種々の試みにもかかわらず説得力のある解読には至っていない。したがって，この文字のあらわす言語をドラヴィダ語とする説も推定の域をでない。逆に最近では，文字説を疑問視する考え方もみうけられる。しかし宗教的には，遺品にみられるリンガ(男根)崇拝など，後のヒンドゥー教につながる重要な要素の存在が指摘されるところから，この文明がインドの土着の人々によってつくられたものであることがうかがわれる。

かつては古いヴェーダの賛歌のなかの言葉を参考にして，インド・アーリア語の話し手たちがこの文明を破壊してインドの地に侵入したとする説が有力だった。しかし現在では，考古学的にみてこの文明の衰退は紀元前 1800 年ころと推定され，アーリア人の移住はその数百年後と考えられている。

このインド・アーリア語の話し手がどこからインドの地にきたのか，またどうしてこの地を選んだのか，正確な跡づけは文献的にも考古学的にもむずかしいが，不思議なことに 1 つだけインドの外にこのアーリア人の痕跡らしきものの存在が言語的に指摘されている。それはメソポタミアの地で，紀元前 15 世紀から 14 世紀の記録のなかに認められる。

これに関する資料は断片的で，周辺の有力なセム系の言語の話し手が残した豊富な文書中にも，インド・アーリア語系の人々の存在を示唆するものはない。というのは，後のインド・アーリア語系の一部の人たちがいたのは，この時代に現在のトルコに全盛を誇った同じ印欧語族の支配するヒッタイト帝国ではなくて，それに隣接するメソポタミア北部のミタンニという短命の小国だったからかもしれない。このミタンニの言語は，有名なエジプトのアマルナ書簡のなかにも残されているが，その全貌は明らかでない。すくなくとも，ヒッタイト語とは別個の孤立した言語のように思われる。しかし，娘をエジプトの宮廷に送りこんだこの国の王たちの名前をみると，Tušratta はサンスクリットの tveṣa-ratha-「激しく（進む）戦車をもつ」，Šutarna は同じく su-taraṇa-「よく（敵を）破る」のように，その形はサンスクリットによって理解される。ということは，この国の支配階級を後のインド系の人々が占めていたことを示している。また，ミタンニ出身のキックリ Kikkuli という人の名前によって伝わる馬の調教に関するヒッタイト語で綴られた文書が残っている。このなかで使われている「1 周，3 周，5 周，7 周」という数詞 aika, tēra, panza, šatta はサンスクリットの eka, tri-, pañca, sapta に，「周」をあらわす vartanna もサンスクリットの vartana- に符合する。これらは馬の調教に用いる一種の専門用語だったために，それにサンスクリットがそのまま使われたのだろう。また，この小国の王がヒッタイト王と結んだ協約書には，非常に多くの誓いの神々の名があげられている。そのなかにインドのミトラ，ヴァルナ，インドラ，ナーサティヤという協約を守る 4 神の名前と思われる Mitra, Uruwana, Indar, Našatya という形が認められる。しかもその順序が，『リグ・ヴェーダ』の賛歌のなかのものと一致している。これらの資料をあわせ考えると，後のインド・アーリア語族の人々の一部が途中でわかれてこのメソポタミアの地に入り，小国ながら支配階級になってしばらくはその地に定着していたのだと考えられよう。ただ，この孤立した資料から，これ以上の展開を期待することはできない。

(2) サンスクリット語という言語

インドの地に入って定着したインド語派の人たちの話す言語は，ヴェーダ語の段階をへてサンスクリットへと移行して，パーニニ Pāṇini の著した『8章の(書)』Aṣṭādhyāyīとよばれる4千の規定を含む文法書にまとめられ，そこに示された規則によって確立し固定したとされている。この北西インド出身の大文法家が仏陀と同じ紀元前4世紀前半のころの人とすると，インドではこれよりずっと以前に『リグ・ヴェーダ』をはじめとする古いヴェーダ聖典の編纂が行なわれ，そのテキストは文字によらずに，バラモンたちの口伝によって伝えられていた。この伝統は近代に至るまで守られてきたが，そのためには，正確を期すために，まず一行の詩句を韻律にのっとって語と語との間におこる連声(れんじょう)(サンディ，sandhi)をそのままに伝える「一連の連続した」読み(saṃhitā-pāṭha)，つぎにそれを一語ごとに切って示す「語」読み(pada-pāṭha)，さらに念をいれて一語の前と後の語を組み合わせ ab, bc, cd, ...のように読んでいく「歩みの」読み(krama-pāṭha)，そして，それをもとにして ab, ba, ab, bc, cb, bc, ...のように3度順序を変えて進む「編んだ髪の」読み(jaṭā-pāṭha)，さらには ab, ba, abc, cba, abc; bc, cd, bcd, ...のように複雑な「濃密な」読み(ghana-pāṭha)までが用意されている。

しかし，これらを口伝と暗誦で伝えていくためには，連声と韻律の知識とともに，正しい発音が求められる。そのためにはアクセントをふくめた音声に関する知識が必要である。その1つの重要なテキストが Prātiśākhya (prati-śākham「各々の(ヴェーダ)学派(sākhā「枝」)にとって」の派生形)である。本来これは「各学派ごとに原典にのっとって説明した書」と総称される音声学書で，いわば聖典のテキストの正確な伝承を保持するのに不可欠な手段であったといえよう。

このように，音声の上からも語の分析が明確になされるということは，言語のなかで最も具体的な単位である語に対する認識，いいかえれば形態論の存在を前提としている。いくつかの古い音声学書がパーニニ以前であれ以後であれ，そのころすでにこうした音声全般に関する知識をともなって文法学とともに確立していたということは，きびしい宗教的要請によるものとはいえ，古代インドの人々の言語意識の高さを物語っている。そしてこのインドの音声学は，19 世紀後半における近代の音声学の成立にも大きな貢献を果たした。たとえば，「調音点」sthāna と「調音器官」karaṇa にもとづく音の分類は明確で教えるところが多く，また「有声」ghoṣavat（nāda）と「無声」aghoṣa の区別は，古代ギリシア文法家のいう mesa（media）「中間」のようなあいまいさを残さない点ですぐれている。

サンスクリットでは，母音と同じように音節を担うことのできる ṛ（そして ḷ）が母音として認められている。これを 1 つの独立の音素として設けたことは卓見だった。というのは，この ṛ（そして ḷ）は音声としてのみならず，形態論的にも重要な役割を担っているからである。たとえば，kṛ-「する」という動詞の語根では，過去受動分詞 kṛ-ta-，不定形 kar-tum のように展開し，この ṛ/ar は i/e, u/o という母音交替にならってとらえられる利点がある。また，この音素の設定は，近代の母音交替の理論におけるソナント（y, w, r, l, m, n）の扱いにもつながる重要なきっかけを与えた。

(3) パーニニの文法

古典サンスクリットとよばれる言語を事実上固定してしまうくらい綿密に書き上げられたパーニニの「文法」（vyākaraṇa「（言葉の）分析」）は，後世の数多くの注釈家たちに，問題とする作家の使っている形がいかにこの文法規則とちがわないかを説明するのに腐心させるほど，完璧なものだった。とはいえ，この文法はギリシア語やラテン語の文法の伝統を継承する西欧の文法に慣れたわれわれには，まったく勝手がちがう難解な規則と複雑な組織の上に立って記述されている。それはひとえに，ヴェーダ聖典と同様，すべてを暗誦によって学ぶために，ひとつひとつの規則がスートラ sūtra（本来は「糸，紐」）とよばれるきわめて簡潔な無駄のない表現に圧縮されているからである。注釈家はヴェーダや文学作品のなかの問題となる形を説明するのにパーニニの規則を引用するが，その際にはただスートラの頭の語句を示すだけである。学習者の方もそれで十分に了解できたにちがいない。

このスートラという簡潔な表現には，独特な用語が縦横に使われている。一例をあげると，われわれのいう「語」の定義として，suptiṅantam padam「語 pada とは sup（名詞の格語尾の総称）と tiṅ（動詞の人称語尾の総称）を終わり anta（語末）とするもの」（1.4.14）という規則がある。この場合の sup と tiṅ という用語の理解には，名詞の格語尾，動詞の人称語尾を列挙した 4.1.2 と 3.4.78，それに加えて，そうした規則では初めと終わりの音によってその間のすべての音を含むことができるという 1.1.71 の規則を併せて考慮しなければならない。こうした人工の用語を多用するのは，簡潔を旨とするねらいに合致する。これらの用語を交えて，nāma「名詞」，ākhyāta「動詞」，upasarga「（動詞の）前置詞」，nipāta「不変化詞」という 4 つの padajātāni「品詞（語類）」に属する形が，網の目のように絡み合った規則によって説明されている。そのときパーニニは，先人のつくった補助文献も活用する。これも，スートラを短くするのに大いに役立っている。

たとえば，現代の文法で用いられている「語根」という概念もその 1 つで，dhātu-pāṭha「語根表」という分類表は，I 類から X 類にわたって語根を分類したリストになっている。語根は動詞の時制の区別のみならず，名詞の派生の手続きの基礎になるものだから，サンスクリットではそれらの形を整理していくのにこの概念は大いに有効である。たとえば，bhṛ-「運ぶ」という動詞の語根は，その現在形 bi-bhar-ti，完了形 ba-bhār-a，受動形 bhr-i-yate（bhr-y- という 3 子音の連続をさけた形），過去受動分詞 bhṛ-ta-をみると，語根の母音 -ṛ- は，-ar-, -ār-, -r-,

-ṛ- のようなあらわれ方をしている。また，形容詞，名詞をみても，bhar-a-「(形容詞) ～を担う」「(名詞) 荷」，bhar-tṛ-「夫」，bhār-a-「重荷」，bhṛ-ti-「保持」のように，-ṛ- / -r- (弱) を基本にして母音は guṇa (標準) と vṛddhi (延長，または強) を示している。逆にいえば，語根はそれを含む多くの形を一括して明示するのに便利な抽象形にほかならない。その設定にあたって，古代インドでは bhṛ- のように最も弱い母音階梯を基準にした。この概念を欠いていた西欧の古典文法は，近代に至っていち早くこれを取り入れ，比較文法でも各語派の対応形をまとめて表示するのに多用している。また，弱，中 (または標準)，強 (または延長) という母音の展開の組織も，母音交替の理論に活用され，語幹形成など形態論の説明に重要な役割を果たしてきた。これもインドの文法学の大きな功績といえよう。

パーニニは自分が話していることばをもとに文法の規則をまとめた。パーニニが生きていたのは，われわれの知るヴェーダ語がサンスクリットに移行していく時期にあたっていた。だからパーニニは，bhāṣāyām「口語では」とか，chandasi「ヴェーダ語では」といった用語を使ってそのちがいに言及している。サンスクリットではヴェーダ語のもつ接続法と，近代の文法でいう指令法 injunctive という 2 つの動詞の法は衰退した。しかし，この文法家が接続法を知らなかったわけではない。それは，ヴェーダ語について，liṅarthe leṭ「leṭ 接続法は liṅ 願望法の意味で (用いられることがある)」(3.4.7) と注意していることからも知られる。

時制については，ヴェーダ語以来，過去時制に関するものとして，未完了，完了，それにギリシア語文法の用語をそのまま使ったアオリストが形式的に区別されてきた。しかし古典サンスクリットでは，過去分詞と完了分詞が過去の定動詞の代役を果たす一方で，この 3 つの時制の区別は事実上薄れてきていた。しかしパーニニ文法では，この 3 時制についてのちがいが指摘されている。未完了 laṅ については，anadyatane「今日ではない（adya「今日」）（bhūte「過去において」）」（3,2,111）とのべ，完了 liṭ は同じ「今日でない過去で」，しかも parokṣe liṭ「話し手が見ていないことに」（3,2,115）という限定がつけられている。これに対して，アオリスト luṅ については，スートラは luṅ（3,2,110）の一言があるだけだが，これに 3,2,84 bhūte「過去において」を補って考えると，アオリストは時間的に限定のない過去に対して用いられるもののように思われる。しかし，それと同時に未完了と完了についての限定 anadyatane「今日ではない過去で」を考慮すると，今日というごく近い過去の行為をさしていることが予想されよう。事実，アオリストは遠い歴史的な事件とか物語ではなくて，対話などで実際に話し手に身近な事件の直接の描写に用いられるということは，多くの文法書の教えるところである。ということは，パーニニは生きた言語の事実をとらえて記述したが，それが規則として記憶されて生き続けたということである。

(4) プラークリット語

パーニニはヴェーダ語とのちがいを意識しながら自分の話しているサンスクリットという言語を文法の規則にまとめたが，言語は時間とともに変化していくものであり，ある時期の文法の規則に拘束されて固定されてしまうものではない。バラモンをはじめとする上流階級の，とりわけ高貴な男たちにはパーニニの定めた格調高いサンスクリットがあたえられたが，広いインドの庶民たちのことばは徐々に変化していった。その姿は，サンスクリットを prakṛti「基礎」にして生じたプラークリット Prākṛt と総称される中期インド・アーリア語として残されている。もちろん，その資料としてわれわれがみるものは文語であって，話しことばそのものではない。しかし，それでもヨーロッパ中世における古典ラテン語と，ローマ時代からその底流にあった口語層のラテン語から分化していったロマンス諸語との間に生じた大きなずれと同じように，プラークリットはすべてにわたってかなりの変化を経験したことを示している。こうした現実をまのあたりにすれば，上層の識者はいやでもサンスクリットの純粋さを守ろうとするだろう。サンスクリット劇でも，バラモンや王はサンスクリットを話すが，王妃などを除く女性やその他の登場人物はみな方言を使っている。

プラークリットのまとまった文献といえば，南方仏教の聖典を綴ったパーリ語経典が身近なものだが，インド・アーリア語で書かれた最も古い現存する資料であるアショーカ王 Aśoka がインド各地に残した碑文は，この言語の変貌ぶりをよく示している。王は紀元前 3 世紀にマガダ国を基点に広くインドを治め，自らも仏教に帰依して岩石と石柱に幾多の法勅をそれぞれの土地の方言で刻み，民衆に告示した。その言語は，方言とはいえ，やはり王自身の言葉による原文をもとにした書きことばにちがいないが，それにしても音，形態，統語法の各部門でのサンスクリットとのずれは著しい。

参考までに，その碑文の短い一例を第 VI 章の詔勅からあげておこう。碑文がみつかった地点は，(1) は Girnar で，西部の海岸に面するところ。(2) は Kālsi で，中部，ガンジス川の上流。(3) は Dhauli で，南東部海岸。(4) は Mānsehrā で，北西のインダス川の上流。碑文の意味は，「じつにすべての世の人の幸福よりも有効なものはない」である。

1　nāsti hi kaṃmataraṃ sarvalokahitatpā.

2　natthi hi kaṃmatalā sarvalokahitenā.

3　natthi hi kaṃmatalā savvalokahitenā.

4　nasti hi kramatara savralokahitena.

まず，nāsti は na asti「ない」だが，-a- が短くなって一語になり，-s- がつぎの -t- を帯気音化している。これは，パーリ語と同じ傾向である。つぎの karmataram「より有効な（もの）」では，-rm- ＞ -ṃm- の同化か，-arm- ＞ -ram- の転置がみられるほか，-r-/-l- の交替が起こっている。この形のように名詞に比較級の -tara- という接尾辞をつけるのは，サンスクリットでは aśva-「馬」にこれをつけた aśvatara-「らば」のような例があるが，それを比較級に使うのはいささか強引な使い方だろう。また，比較の基点を示す奪格は，sarvaloka-hita-「すべての世の人の幸福」-tpā ＜ -tatvāt「～であることより」に生きているが，(1) 以外ではみな -tena という具格形が使われている。これは，-a- 語幹名詞における奪格形と具格形の融合で，早くからサンスクリットにもみられる属格形と与格形の融合に続く，格の衰退傾向のあらわれである。

こうした地域による語形のちがいは，語彙についても認められる。たとえば，サンスクリットの gṛha-「家」のような基本的な名詞でも，アショーカ碑文では ghara-, gaha-, graha-, geha-, gih (i) - の 5 形がある。ちなみに，パーリ語も graha- 以外のこれらの形を使っている。顕著なことはサンスクリットにあった -ṛ- の消失と変化だが，ghara- という形は説明しにくい。にもかかわらず，この形はサンスクリットの gṛha- に対するプラークリットの最も自然に対応する形と感じられていたらしく，gṛha- が歴史のなかでほとんど消滅したのに代わって，ghara- は近代まで広く生き続けた。

動詞についても，一例として「食べる」をみてみると，インド語派の言語は古くから ad- (atti)，それに aś- (aśnāti) の 2 つの形をもっていた。そこでアショーカ碑文のさきにあげたのと同じ章の詔勅の一節にあらわれるこの動詞の現在分詞・単数・属格形をみると，(2) では adamānassa (ad- 反射態)，(4) では aśatasa (aś- 能動態)，(1) では bhuṃjamānassa (反射態) とある。これは，本来は bhuj- (bhuñjate)「味わう」だったが，bhojana-「食事」, bubhukṣā「空腹の」のような派生形があることから，「食べる」への転用は容易だったと思われる。言語史の流れからみると，古い ad-, aś- という 2 つの語根は，パーリ語に adeti, asatiという形があるものの衰退していったのとは対照的に，bhuj-の系統の形は維持されている。さきにあげたbubhukṣā, bubhukṣita-「空腹の」の形がインド全域にみられるから，逆にこれによって支えられたということだろうか。とはいえ，現代にあって最も代表的な「食べる」は，サンスクリットのkhādati「噛む」の系統である。これが「食べる」にまで拡大される例は，アショーカ碑文にはないが，パーリ語ではkhādatiが「〈噛んで〉食べる」に用いられている。この民衆による選択は，古典ラテン語のedō（サンスクリットad-，英語eatと同じ語源の語）を嫌って，mandūcōという下品な「食べる」を選んだロマンス語（フランス語manger，イタリア語mangiareなど）を話す人々の選択に通じるものがある。

このように紀元前3世紀には，すでにインド・アーリア語の方言的な分化が進んでいた。しかし一方で，サンスクリットはいわばインドを貫く光のように，今日までパンディットとよばれる識者たちによって変わることなく維持されてきた。近年，その悠久の歴史を象徴するかのような辞書が出現した。それは『サンスクリット歴史百科辞典』*An Encyclopaedic Dictionary of Sanskrit on Historical Principles*と題するもので，第2次世界大戦後，長い準備期間を経て1976年に，プーナPoonaのデカン大学から第1巻の第1分冊が刊行された。これは，インドのサンスクリット文献学研究の総合的な成果である。それから早30年の月日が流れたが，最近2004–05年の刊行年を付した第7巻が1冊にまとめられて公刊された。その最終ページを見ると3,848，項目はannavrata-で終わっている。つまり，この段階でなおアルファベットの頭のa-の半分くらいにとどまっている。今後その完成まで，少なくとも100年は必要だろうといわれている。しかしサンスクリットは変わらない（これらの辞書については，後出の「サンスクリット語辞書・文法書案内」を参照）。

サンスクリット語の辞書のひき方

本書には巻末に語彙集がついているから，とりあえずはこれを利用して学習すればよいわけだが，さらに一歩先に進もうとすると，どうしても辞書に頼らざるをえなくなる。もちろん，本書の語彙集の見出し語などの表記に慣れていれば，基本的には辞書も同じ要領でひくことができるわけだが，ここではもう少し詳しくサンスクリットの辞書の構成原理をみておこう。

(1) 名詞・形容詞

名詞と形容詞には，本書の最初のほうでみたように，deva「神」のような -a 語幹，strī「女」のような -ī 語幹といった母音語幹と，marut「風」のような子音語幹とがあり，辞書もその語幹の形を見出し語にしている。しかし実際にテキストのなかにでてくるのは，その語幹に格語尾がついた形なので，それを語幹の形に還元してから辞書をひかなくてはならない。たとえば，テキスト中に nadyām とでてきた場合，それを nady-ām と分析できれば，その形が女性名詞 nadī「川」の単数・処格の形だとわかる。ただ，見分けにくいのは，rājan「王」のような語幹の場合である。これが格変化すると，rājā（単数・主格形），rāja-su（複数・処格形）のように，rājan という語幹がもっている子音 -n- があらわれないからである。同じく，balin「力をもつ」(bala「力」)，manasvin「賢い」(manas「思考」)，vāgmin「雄弁な」(vāc「言葉」) のような -in 語幹も，balī（男性・単数・主格形），balibhis（男性・複数・具格形）のように，格によっては語幹に -n- がみられない。また，cakṛ-vas のような重複完了形の能動分詞をみると，cakṛ-vān（男性・単数・主格形），cakr-uṣ-ā（男性・単数・具格形），cakṛ-vat-su（男性・処格・複数形）のように，語幹の子音が不規則な交替を示すものがある。これらの形にはよく注意しなくてはならない。

形容詞は，kṛṣṇa「黒い」のように，男性／中性・単数・主格形（kṛṣṇas/kṛṣṇam）にみられる語幹が見出し語になり，そのあとに「形（容詞）」，あるいは adj. または a. などと指示されている。ただ，形容詞に属してはいても，動詞の分詞形は多くの場合，辞書に見出し語としてはあげられていない。したがって，kṛta（語根 kṛ「つくる，する」の過去受動分詞形）のように合成語に多用される形は別にして，さきにあげた重複完了形の能動分詞 babhū-vān（語根 bhū「ある」）のような分詞形は，文法的な知識によって，そのもとになっている動詞の語根を判別しなければならない。

(2) 動詞

動詞は名詞や形容詞よりもやや複雑な点があり，ときに辞書の見出し語を探すのに手間どることがある。それは動詞の見出し語が，インド文法家の伝統にもとづいた語根の形で示されているからで，そのため人称変化しているすべての形を，まずはいったんこの語根の形にもどさなければならない。たとえば，jāyate「生まれる」という形は語根 jan に還元されるし，jāta という過去分詞「生まれた」もやはり jan に帰属する。同じように，tata「伸ばされた」という分詞形の語根は tan（現在形 tanoti）である。jānāti「知る」の語根は jñā（過去分詞形 jñāta），gacchati「行く」の語根は gam（過去分詞形 gata）ときめられている。このように，動詞の各形は語根のもとに一括されて，その項目の子見出しとしてまとめて示されるので，どうしてもこの語根の形を知ることが不可欠になる。したがって，テキスト中に動詞と思われる形がでてきたならば，人称語尾，語幹の構成，接尾辞などの点からその形を分析して，それが所属する語根の形に到達する作業が欠かせない。

(3) 動詞語根一覧表

繰り返すが，サンスクリットの辞書はどの辞書も伝統的に動詞はその語根形を見出しにしているので，実際にテキストに使われている動詞の形をその語根の形に還元してから辞書をひかなくてはならない。その際に，少しでも早く語根の形をみつけだせるようにと考えて作成したのが巻末に付載した動詞語根一覧表である。

この表は300余の動詞語根をふくみ，それぞれの語根に属するいろいろな時制の代表的な語形，それに分詞形や不定形などを列挙している。サンスクリットの学習者は，テキストにでてくるさまざまな時制の人称変化をした語形の意味を確かめるために，そのもとになっている語根を的確にとらえる作業をいつも頭のなかで繰り返して，そのつながりと同時にその形を記憶しなければならない。その場合，たとえば tudati という現在形なら，この形の語根は tud「打つ」だろうと推測することは容易である。ところが，同じ現在形でも pibati のような形になると，その語根形 pā「飲む」はすぐには思いつかないだろう。これが現在以外の時制の形になると，その時制をあらわすための形態論上のしるしが語幹の内部にとりこまれてくるので，語根の形はいっそうみえにくくなる恐れがある。たとえば，adrākṣīt は語根 dṛś「見る」のアオリスト形だが，この形に行き着くまでには子音を頼りに語根探しをするよりほかはない。その際，辞書の各項目をいろいろ調べていくよりも，語根の一覧表があればそれを参照するほうが便利だし，手間もおおいに省けるはずである。

サンスクリットでは，動詞に限らず名詞・形容詞の類でも，そのもとになる語根，その展開としての語幹，接辞など，形態論的な派生の手続きに関する意識は，インドの文法家以来かなり高い。その意味で，語根を中心とする語形成についての認識を深めることは，サンスクリットの学習を進める上でたいへん有益なのである。

(4) 見出し語の配列

サンスクリット辞書の見出し語の配列は，序章でかかげたデーヴァナーガリー文字の表にみる通り，日本語の五十音図のそれに近い。基本的には，母音に続いて子音 k, c, ṭ, t, p の各行が並ぶが，その子音は無声音と有声音 (k/g)，その帯気音 (kh/gh)，そして鼻音の 5 種類を含むから，全部で 25 になる。これらの閉鎖音の後に半母音 y, r, l, v が続き，さらに歯擦音 ś, ṣ, s，さらに有声の気音 h が加わる。

これがどの辞書にも共通する原則だが，この原則に反するかのような配列も認められるので注意を要する。それは，文字表では追加のようにしてあげられている無声の気音 ḥ (visarga) と鼻音 ṃ (anusvāra) の扱いである。前者の ḥ は，実際には語末の s, r の代わりに連声の規則にのっとって使われるなど，その使用範囲は後者の ṃ にくらべれば狭いけれども，ṃ とともに辞書における語の配列に関係している。というのは，この 2 つの子音は文字表の終わりではなくて，母音の後，先頭の子音 k の前にはいることになっているからである。そこで，まず ṃ の扱いに注目してみよう。

[ṃ の配列]　たとえば，辞書の巻頭の a の項目を開くと，すぐに aṃśa「部分」とか aṃsa「肩」といった語が並んでいる。そして，これらの語の後に，ak- ではじまる語が続いている。最後の h ではじまる項目をみても，まず強調をあらわす ha があり，そのつぎに haṃsa「ハンサ鳥」があげられている。これは，ṃ が文字の順序として最初の子音である k の前にくるという規定があるからである。それでは，この aṃśa の -ṃś-，あるいは haṃsa の -ṃs- を含む語が真っ先にあげられているのはなぜだろうか。それは，この ṃ は本来，ś, ṣ, s の，また h の前にのみ立つという限定があったために，この -ṃs- という連続をもつ語が先行したのである。ところが，この古い規定はその後拡大されて，y, r, l, v という半母音も同じ扱いをされるようになった。これは，

語末の -m の -ṃ への変化を求める連声の規則にも合致する。その証拠に，多くの saṃy- をもつ s の項目をひいてみると，代名詞の sa に続いて saṃ-yaj-「ともに犠牲を行なう」のような ṃ-y- をもつ語が並び，ついで -ṃ-r-, -ṃ-l-, -ṃ-v-，それから -ṃ-ś/ṣ/s-，そして -ṃ-h- という順序で配列されている。したがって，sak- ではじまる語は，これらの語の後に登場することになる。

それでは，y 以下の半母音と ś 以下の歯擦音と h を除いた子音の前に使われる ṃ を含んだ形は，どこにはいるのだろうか。これはつまるところ，k, c, ṭ, t, p の各系列の鼻音 ṅ, ñ, ṇ, n, m の，いわば文字上の代用に用いられた ṃ をもつ形の扱いの問題である。一例をあげると，連声をあらわすサンディー sandhi という語の語形だが，これは sam-「ともに」＋語根 dhā「おく，すえる」からつくられた名詞で，伝統的な表記としては saṃ-dhi である。この -ṃ- は -dh- の前の鼻音だから音値としては san-dhi と同じで，santa（語根 as「ある」の現在分詞）に続く saṃ-ta . . .，それから saṃ-da . . . の後の saṃ-dh . . . をもつ語 saṃ-dhāv-「ともに走る」の後におかれている。ということは，この saṃ- の -ṃ- は -n-（dh）の代わりにすぎないから，san- と同列に扱われていることになる。つまり，この配列でいくと，saṃ-y/r/l/v/ś/（ṣ）/s/h- をもつ多くの語が代名詞 sa のつぎにはいり，それが終わってから sak- がはじまることになる。そして，sagh- の後に再び saṃ-ka- の語が続き，sac- の後に saṃ-ca- がはじまるというように，saṃ- をもつ語が切れ切れにでてくることになる。こうした使い勝手のわるさを考慮してか，ある辞書では代名詞 sa のつぎに saṃ-ka- から saṃ-hva- までを連続して収めてしまい，それから saka- にはいっていくという配列をとっている。ṃ についてもう一例をあげると，「キンナラ」という半人半獣の物語上の生物がいるが，これは kiṃnara と表記される。しかし，もしこれに kinnara という形を想定すれば，その配列は当然 kind-（kiṃd-）の後ということになる。ところが，ṃ が k の前にはいるという本来の順序を考慮してか，ki のつぎに kiṃ-kara「召使」をいれ，その連続の中に kiṃ-nara をいれている辞書もある。

［ḥ の配列］　つぎに，ḥ の配列をみてみよう。ḥ は連声の規則にもみられるように，k と p の前では変化しない。そのような連続では，この -ḥ-k/p- をもつ語は k の前にいれられる。たとえば，anta「端，終わり」のつぎには antaka「終わりの」ではなくて，antaḥkarana「心臓」など antaḥ-k/p- … をもつ語が配列される。ところが ṃ の場合と同様に，連声の規則をみると，ḥが歯擦音 ś, ṣ, s の前では変わらないか，あるいは同化して ś, ṣ, s になるとある。この後者の古い同化の原則を念頭において，歯擦音の前に立つ ḥ は，k の前ではなくて，それぞれ ś, ṣ, s と同じとみなされて，その位置に並べられる。そこで，たとえば niḥ-saṃśaya「疑いなき」は，同化を予想すれば nis-s- だから，nisvana「音」などの nisv- の後におかれることになる。また，niḥ-śaṅka「憂いのない」は，ni-śvāsa「呼吸」に続くことになる。しかし，こうしたわずらわしさをさけるためもあって，niḥ- をもつ形を一括して ni (ṃs) - の後，nik- の前に並べる辞書もある。こうすれば，nis- をもとにした連声形 nir-, niṣ-, nis-, niḥ- が 1 か所にまとめて示せるからである。

このように，子音の配列については辞書によって多少のちがいもあるので，そのことをよく確かめてから使う必要がある。

サンスクリット語 作品・文献案内

(1) ヴェーダの文学

サンスクリットで書かれた文学の担い手は，インド・アーリア人と呼ばれる民族である。アーリア人が西北インドに入った時期は不明だが，一般に，紀元前 1500 年頃のことと推定されている。インドに入ったアーリア人の宗教と文化は，紀元前 1200 年ごろに成立したとされる『リグ・ヴェーダ』をはじめとする一連のヴェーダ文献によって推測される。

ヴェーダ（veda）とは，「知る」という意味の動詞語根 vid- から作られた名詞で，知識，とりわけ宗教的知識を意味し，その知識を説くバラモン教の聖典の総称となった。ヴェーダはシュルティ（天啓聖典）と呼ばれ，誰か特定の人が作ったものとは考えられていなかった。シュルティ（śruti）とは「聞くこと」という意味で，詩的な霊感（dhī）をそなえたリシ（ṛṣi）またはカヴィ（kavi）と呼ばれる聖者が，超越的な状態で真実のことばを聞き取ったものである。いわば永遠のことばが自ずから顕現し，リシまたはカヴィは，それをなかば無意識的にヴェーダ聖典の形にしたとすることができよう。つまり，自ずとひらめき出ることばを「聞く」，すなわち感得する能力に恵まれた詩人がリシでありカヴィである。カヴィという語は，後代にはもっぱら詩人を意味するようになる。詩人の場合でも，詩的な言語がひらめき出るのである。こうして，霊感をそなえた聖者が同時に創造力に恵まれた卓越した詩人でもあるとするのがインド文学の伝統となった。

ヴェーダは霊感に恵まれた聖者である詩人が，超越的な状態で「制作」したものであるから，その表現はしばしば非常に難解であり，あいまいである。しかも，古典サンスクリットのもととなるヴェーダ語と呼ばれる古い言語で書かれているため，今日に至るまで，その全貌は解明されていない。

ヴェーダは，『リグ・ヴェーダ』*Ṛg-veda*（神々に対する讃歌の集成），『サーマ・ヴェーダ』*Sāma-veda*（歌詠の集成），『ヤジュル・ヴェーダ』*Yajur-veda*（祭詞の集成），『アタルヴァ・ヴェーダ』*Atharva-veda*（呪句の集成）の 4 種に分類される。また，各ヴェーダを構成する要素は，サンヒター *Saṃhitā*（本集），ブラーフマナ *Brāhmaṇa*（祭儀書），アーラニヤカ*Āraṇyaka*（森林書），ウパニシャッド *Upaniṣad*（奥義書）の 4 部門に分類される。これらのうち，サンヒター部門は各ヴェーダの主要部分で，マントラ（聖句）の集成である。ふつう，単に「ヴェーダ」と言うときはサンヒター部分をさす。

ヴェーダ祭式の重要性が増すにつれて，祭式をめぐる議論を内容とするブラーフマナと総称される最古の散文文献が成立した。このブラーフマナも，ウパニシャッドとともに広義のシュルティに含まれる。ブラーフマナやウパニシャッドと呼ばれる文献の古いものは，およそ紀元前 8 世紀ごろに成立したと推定される。ブラーフマナには祭祀に関する行作や成句の適用次第が説かれているが，その間に種々の説明的な神話が挿入されている。元来，祭式は宇宙の諸事象の模倣だったが，この頃になると，祭官が正しく祭式を行なえば逆に宇宙の諸事象を支配することができると考えられるようになった。古代インドの祭式の研究者にとって，ブラーフマナ文献の研究は極めて重要である。またそこに収められた説話は，後代の文学に大きな影響を与えた。最古の『リグ・ヴェーダ』にも説話の萌芽は見られるが，ブラーフマナに至って初めて，まとまった筋をもつ説話が現われたのである。

次に，ウパニシャッドは，一般には「近くに」（upa-），「下に」（ni-），座る（sad-）という意味であると解されている。つまり，師のそば近くにうやうやしく座った弟子に伝授されるべき秘説ということである。この秘説を収録したものが，ウパニシャッドと呼ばれる一連の文献である。欧米や日本の学者は，この言葉を，最高存在と自己との「同置」と解したり，「ものの背後や根底に位置する，存在するもの，こと」と解したりすることがある。ウパニシャッドでは，宇宙の最高原理はブラフマン（梵）と呼ばれ，真実の自己である個人の中心主体はアートマン（我）と呼ばれる。このブラフマンとアートマンを「同置」する考え方，いわゆる梵我一如の説がウパニシャッドの中心思想であるとされる。

(2) 叙事詩の文学

紀元前 5 世紀頃にシャカ族の聖者（ムニ）ゴータマ・シッダールタ Gotama Siddhārtha（釈尊）が出て，仏教が成立した。ほぼ同じ頃，ヴァルダマーナ Vardhamāna（マハー・ヴィーラ Mahāvīra）がジャイナ教を創始した。この 2 つはヴェーダを根本聖典とするバラモン教に対抗する代表的な異端説である。正統派を自認するバラモン教の側も，祭式を中心とするヴェーダの宗教やウパニシャッドに説かれるエリートのための解脱説だけではもはや民衆の広い支持を得られなくなり，民間の信仰を大幅に取り入れ，それを従来の教学と融合させて，ヒンドゥー教と呼ばれる形の宗教文化の基礎を築いた。現在，インドの総人口は 10 億人ほどだが，その 80 パーセント以上がヒンドゥー教徒であるという。すなわち，インド国内だけでも 8 億の信徒をもつ大宗教である。

①『マハーバーラタ』

ヒンドゥー教の古い聖典としては，まず二大叙事詩である『マハーバーラタ』と『ラーマーヤナ』があげられる。『マハーバーラタ』*Mahābhārata* は聖仙ヴィヤーサ作と伝えられる，18 巻 9 万詩節よりなる世界最大級の叙事詩である。その成立年代は定かではないが，一般に，紀元前 4 世紀から紀元後 4 世紀にかけて成立したとされる。バラタ族と呼ばれる有力な一族のうちのクル族の百王子とパーンダヴァ家の五王子との確執，そしてその両派間の戦争が主筋であるが，その主筋は全巻の5分の1ほどにすぎず，その間に多くの神話，伝説，学説が挿入されている。以下，主筋を紹介しよう。

バラタ族の創始者であるバラタの孫がクルであり，その末裔がクル族（カウラヴァ）と呼ばれる。クルの孫であるシャンタヌ王は，ガンジスの女神と結婚し，ビーシュマという英雄の息子を得た。その後，シャンタヌは，サティヤヴァティーという美しい漁師の長の娘を王妃に迎える。彼女の生む息子に王位を継承させるため，ビーシュマは自分自身は決して王位につかず，生涯独身ですごすという誓いを立てた。シャンタヌの死後，サティヤヴァティーの生んだ二人の息子が相次いで王になったが，いずれも若くして夭折した。彼女はビーシュマを王位につけようとしたが，彼は誓いを固く守って承知しなかった。そこで，立派な男の種をもらい，二人の息子の寡婦たちに息子を生ませることにした。

じつは，サティヤヴァティーには秘密の過去があった。彼女はかつてパラーシャラという聖者と交わり息子を生んでいた。それが聖者ヴィヤーサである。そこで彼女はその聖者を呼び出して，二人の寡婦に子種を与えてほしいと指示したのである。その結果，ドリタラーシトラとパーンドゥという息子が生まれた。また，聖者は一人の侍女にも子種を授け，その結果，ヴィドゥラという徳高い息子が生まれた。

ドリタラーシトラは盲目だったので，まずパーンドゥが王位を継いだ。ところが，パーンドゥはある隠者を誤って射殺し，女性と交わったら死ぬことになるという呪いを受けた。そこで妻のクンティーとマードリーとの間に息子を作ることができなかった。クンティーは神を呼び出す呪文を知っていたので，ダルマ神，風神，インドラ（帝釈天）を呼び出して，ユディシティラ，ビーマ，アルジュナという稀代の勇士である息子たちを授かった。マードリーはアシュヴィンという双子の神を呼び出してもらい，ナクラとサハデーヴァという双子を授かった。一方，兄のドリタラーシトラは，ドゥルヨーダナ，ドゥフシャーサナをはじめとする百人の息子を得ていた。

パーンドゥはマードリーと交わろうとして夭折したので，盲目のドリタラーシトラが王位についた。その息子たちは五王子の優れた能力をねたみ，種々の卑劣な手段を用いて五王子を苦しめた。その間，五王子のうちでも最も武術に優れた三男アルジュナの勇武により，彼らはパーンチャーラ国王ドルパダの娘ドラウパディーを五人の共通の妻とした。

百王子の長男ドゥルヨーダナは王国の半分を支配するようになったユディシティラの繁栄をねたみ，二度にわたるいかさま賭博によって，その王国と全財産を奪った。約定により，五王子たちは12年間森で生活し，13年目を人に知られずに過ごさなければならなくなった。

五王子たちは12年間の森での生活を終え，約定通り，13年目を人に知られることなくすごすことになった。彼らはそれぞれ素性を隠して，マツヤ国のヴィラータ王の宮殿に住んだ。やがてドゥルヨーダナたちはトリガルタ国王と同盟してマツヤ国を攻撃したが，アルジュナたちの働きにより撃退された。その時，13年目が満了したので，五王子たちはヴィラータに正体を明かした。ヴィラータは娘のウッタラーをアルジュナに差し出し，彼女はアルジュナの息子アビマニユの妻となった。

こうして13年が約定通りに過ぎたので，五王子側は百王子側に領土を返還するように要求した。しかし，百王子側はかたくなに拒否したので，いよいよ両陣営の間に戦争が始まった。

両軍が戦おうとして対峙したとき，勇士アルジュナは同族どうしが戦うことに深く悩み，戦意を喪失した。しかし彼の御者を務めていたクリシュナ（じつは最高神の化身）は，彼を鼓舞するために，人は結果を顧慮せずに自己のなすべきことをひたすら遂行すべきであると説いた。それが有名な『バガヴァッド・ギーター』*Bhgavadgītā* である。クリシュナの教えを聞いてアルジュナの迷いはなくなった。18 日間にわたる激戦で，両軍の勇士たちは次々と倒れてゆき，ついに，五王子とクリシュナと，その他わずかな人数を残すのみとなった。結局，戦いはパーンダヴァ側の勝利に終わった。

戦争の 15 年後に，ドリタラーシトラは妻とともに森に入り，この世を去った。そして戦後 36 年目に，クリシュナが属するヤーダヴァ族の勇士たちは酒に酔って互いに殺し合って滅亡した。クリシュナ自身もジャラー(老い)と呼ばれる猟師に足のうらを射られてこの世を去った。やがてパーンダヴァの五王子は妻とともにヒマーラヤに行き，次々とこの世を去った。

こうして，勝利した側も不条理に死滅するのである。読者に人生のはかなさを知らしめ，最終的な救済である解脱(モークシャ mokṣa)を志向させることで，この作品は後代の詩論家によりシャーンタ(寂静śānta)というラサ(情趣，美的陶酔 rasa)を主題にしていると評される。なるほどこの作品においては，パーンダヴァ一族の英雄的な行為が称讃されているが，それらはすべて，最終的には取るに足らぬものであり，無明(根源的無知)の発現にすぎなかったことが判明する。作者は，戦いの勝利者たちもみな，結局は滅亡してしまうことを作品の結末で示すことによって，厭離の感情を読者に生じさせようと意図したのであり，解脱とシャーンタ・ラサとを作品の第一義的な主題としたのであるという。

②『ラーマーヤナ』

一方，『ラーマーヤナ』*Rāmāyaṇa* は聖者であり最初の詩人であるヴァールミーキ Vālmīki の作とされる，7 巻 2 万 4 千詩節よりなる叙事詩である。『ラーマーヤナ』は「ラーマの足跡」という意味であり，英雄ラーマの冒険を主筋とし，やはりその間に神話や伝説を含むが，『マハーバーラタ』と比較すると，より一貫した筋立ての文学作品である。以下，主筋を紹介しよう。

コーサラ国王ダシャラタの息子であるラーマは，ヴィデーハ国王ジャナカの娘シーターを妻にして幸せに暮らすが，弟バラタを生んだカイケーイーのために王位を継承できず，妻と弟のラクシュマナを連れて森に隠遁した。ランカー島（セイロン島）を支配する羅刹王ラーヴァナはシーターに横恋慕して，彼女を誘拐してランカーに幽閉した。ラーマは猿の王スグリーヴァと神猿ハヌマット等の援助を得てランカーを攻撃し，ラーヴァナを殺してシーターを取り戻した。しかし，シーターの貞節を疑う民の声が根強いのを知ったラーマはシーターを捨てた。シーターは聖仙ヴァールミーキの隠棲所でクシャとラヴァという双子を生んだ。やがてこの二人はラーマの前で，ヴァールミーキから教えられた『ラーマーヤナ』を朗読した。母のシーターは大地の女神に抱かれて姿を消した。

ヴィシュヌ信仰が盛んになると，ラーマはヴィシュヌ神の化身（アヴァターラ avatāra）であると見なされるようになり，その説明神話が叙事詩の中に取り入れられた。敵役のラーヴァナは梵天の曾孫で，富神クベーラ（毘沙門天）の異母弟であるとされる。彼は苦行により梵天の恩寵を得て，神や半神や魔類（人間は入っていない）に殺されない身体となり，ありとあらゆる悪事を働く。そこで，ヴィシュヌ神は人間の英雄ラーマとなってラーヴァナを殺すように設定されたのであろう。

『ラーマーヤナ』は帝王のダルマ（法）を守るために，主人公とヒロインとが最終的に別離するという筋の悲劇である。悲劇はインド古典文学作品としてはめずらしい。古典期の詩論家によれば，この作品はカルナ karuṇa（悲しみ）のラサ rasa（美的陶酔）を主題としている。カルナというラサについての考察は，人はなぜわざわざ悲劇を鑑賞するのか，どうして悲劇を鑑賞して喜びを味わうのか，という問題に対する回答を与える。すべての人は潜在的に悲しみの感情を抱いているが，悲しみを描く演劇や文学作品を鑑賞して状況と一体化し，その感情が表出するときに鑑賞者の心に美的な陶酔が生じる。それが，カルナというラサであるという。

この『ラーマーヤナ』は，インドのみならず早くから東南アジアの民衆の間に普及してきた。それは，詩はもとより演劇，舞踊，水牛の皮で作った人形を使う影絵劇（たとえば，インドネシアのワヤン・クリ）などの題材として，幅広く愛好されている。その意味では，インドを源として東南アジアのほとんどすべての言語で書かれた『ラーマーヤナ』という文学作品が存在しているとすらいわれている。

そのために，この作品には思わぬ展開がみられる。8 世紀にこの美しい詩に接し，9 世紀には古ジャワ語でこれを立派な詩に綴ったジャワ島では，おもしろいことにイスラム化が進む近代になると，古典的な『ラーマーヤナ』では考えられないような人物設定が登場している。というのは，ラーマの后シーターが，ここでは彼女を拉致した羅刹王ラーヴァナの娘になっているのである。これはラーヴァナに后を一人要求されたラーマの父ダシャラタが，后の分身をあたえたからで，これが妊娠すると，生まれてきた子供はラーヴァナの手から逃すべく，海に捨てられてしまう。ところが，隠者がこれを拾いシーターと名づけて育て上げて，やがてラーマの后になる。ということは，ラーマとシーターは腹ちがいの兄妹ということになる。さらにこの 2 人は森に追放され，池で水浴びをすると，猿に変身してしまう。しかし弟のラクシュマナの手で人間に戻ることができたが，そのときシーターは妊娠していたので，胎児はある雌猿の体内に移され，生まれるとハヌマーンと名づけられる。つまり，ハヌマーンはラーマとシーターの実子ということになる。

また，ジャワ島のラーマ物語では，登場人物が『マハーバーラタ』のそれに転生する演目がある。たとえば，ラーマがクリシュナに，ラクシュマナがアルジュナになるといった事件が，舞踊劇や影絵劇のテーマになっている。

(3) 古典文学（カーヴィヤ）作品

① カーヴィヤとは

インドの古典文学は，しばしばカーヴィヤ（kāvya）と称される。主としてサンスクリットとそれに準ずる言語で書かれ，詩的技法を駆使して作られた，叙情詩，叙事詩，戯曲，さらに美文体で書かれた散文作品，物語，史詩などを含んでいる。詩論書では，カーヴィヤは，語（シャブダ śabda）と意味（アルタ artha）とが適切に結合したものと定義されている。カーヴィヤの作者である詩人（カヴィ kavi）は，欠陥（ドーシャ doṣa）のない，美質（グナ guṇa）に満ちた文体（リーティ rīti）と修辞法（アランカーラ alaṃkāra）を駆使して，鑑賞者にラサ（rasa 美的陶酔）を味わわせるような作品を作らなければならない。ラサは，一般には「味」を意味することばだが，インドの文人は，優れた作品を鑑賞したときに鑑賞者が味わう喜びをラサと呼んだのである。

そのような作品を作るために，詩人はもくもくとして実修（アビヤーサ abhyāsa）にはげみ，詩作に必要な種々の教養（ヴィユトパッティ vyutpatti）を身につけなければならない。詩人は同時に学者であることを要求された。しかし，最も重視された詩人の条件は，詩的なひらめき（プラティバー pratibhā）である。このひらめきは語そのものが本来もっている能力であり，詩人はそのひらめきを表現するのである。詩人が優れた霊能者であるというヴェーダ以来の伝統が，ここに力強く継承されているといえる。鑑賞者の側もひらめきを感じる共感能力が必要とされる。インド古典の醍醐味は，詩的な言語のひらめきを感じとる詩人と鑑賞者との共同作業によって味わうことができるといって過言ではない。カーヴィヤは，選ばれた通人の間でのみ成立する，いわば閉ざされた文学だが，それだけに極限まで洗練されたものとなった。

② カーリダーサ以前

「最初の詩人」(アーディ・カヴィ)と呼ばれるヴァールミーキの『ラーマーヤナ』が最初のカーヴィヤとされ，伝承ではそれに続いて作られたとされる『マハーバーラタ』は，「カーヴィヤの美をともなう学術書(シャーストラ)」であるとされる。この 2 大叙事詩以後の作品で，まとまった形で残っているカーヴィヤは，仏教詩人アシュヴァゴーシャ Aśvaghoṣa (馬鳴 1–2 世紀)の，仏伝から主題をとった叙事詩『ブッダ・チャリタ』*Buddhacarita* (仏所行讃)と『サウンダラ・ナンダ』*Saundarananda* (スンダリーに恋したナンダ)である。さらに，同じく仏伝にもとづく戯曲『シャーリプトラ・プラカラナ』*Śāriputra-prakaraṇa* の断片が残っている。アシュヴァゴーシャは，仏教に共感したクシャーナ朝のカニシカ王の宮廷詩人であったと伝えられる。

その他，マートリチェータ Mātṛceṭa やアーリヤシューラ Āryaśūra という仏教詩人の作品も残存している。また，詩聖カーリダーサ Kālidāsa 以前に，バーサ Bhāsa と呼ばれる大詩人がいた。20 世紀の前半になって，バーサ作と推定された『スヴァプナ・ヴァーサヴァダッター』*Svapnavāsavadattā* (夢のヴァーサヴァダッター)をはじめとする作品群がケーララで発見され，それらの真贋に関し，学界で活発な論争が行なわれた。

また，シュードラカ Śūdraka の作である『ムリッチャカティカー』*Mṛcchakaṭikā* (土の小車)という戯曲が現存する。この作品には，恋愛劇のほかに社会劇の要素が認められ，カーヴィヤ作品としては異色の作品である。またヴィシャーカダッタ Viśākhadatta の『ムドラーラークシャサ』*Mudrārākṣasa*（ラークシャサと指輪印章）という戯曲は，恋愛もなくヒロインも登場しない，チャンドラグプタの宰相チャーナキヤの策謀を中心とする完全な政治劇である。

③ 大詩人カーリダーサ

カーヴィヤは，カーリダーサ Kālidāsa の時代にいたって最盛期を迎えた。この古典期最大の詩人の生存年代も定かではないが，ほぼ紀元後 400 年ごろと見るのが一般的である。彼は，グプタ朝の王家に仕える宮廷詩人だったとみなされている。

その叙事詩『クマーラ・サンバヴァ』*Kumārasaṃbhava*（クマーラの誕生）は，大神シヴァとその妃パールヴァティー（ウマー）の恋愛を主題としている。ヒマーラヤの娘パールヴァティーは，神々に敵対する悪魔を征伐する軍神スカンダ（韋駄天）を生むためにシヴァに近づき，激しい苦行を含む献身の末，その愛を勝ち取る。詩的技巧を凝らした美しい自然描写，女性描写，シヴァとその妃の性愛の描写など，優れた詩人の能力が遺憾なく発揮されている。

次に叙事詩『ラグ・ヴァンシャ』*Raghuvaṃśa*（ラグの系譜）は，大叙事詩『ラーマーヤナ』から材材をとった作品である。英雄ラーマの祖先であるラグから，末裔のアグニヴァルナに至る歴代の王の事跡を，抑制のある名文で叙述している。アグニヴァルナは女性たちとの性愛に明け暮れて，そのために身を滅ぼす。インド古典としては例外的な，滅びの美を体現する世紀末のヒーローである。

そして，『メーガ・ドゥータ』*Meghadūta*（雲の使者）という作品は，短いながら叙情詩の最高傑作といわれる。流罪になった夜叉（ヤクシャ）が，故郷に残した妻への想いを，流れる雲に託して妻に伝えようとして詩を詠むという設定になっている。『リトゥ・サンハーラ』*Ṛtusaṃhāra*（季節集）という六季節を描写する詩集もカーリダーサの作と伝えられるが，偽作とする意見も根強い。

カーリダーサの作品として最も有名なものが，戯曲『シャクンタラー』*Śakuntalā* である。これは大叙事詩『マハーバーラタ』の中のシャクンタラー物語を戯曲化したものである。狩猟に出たドゥフシャンタ王は，カンヴァ仙の苦行林に入り，聖仙の養女シャクンタラーに出会い，結ばれる。やがて妊娠した彼女は都に行き王に面会するが，王は過去のことをまったく忘れてしまい，彼女を受け入れることを拒絶し，彼女は姿を消す。やがて王は記憶を取り戻し，彼女を失った悲しみで鬱々とした日々を過ごす。しかし，インドラ神の要請により悪魔を退治した王は，帰路シャクンタラーと息子のバラタに出会い，大団円となる。

『ヴィクラモールヴァシーヤ』*Vikramorvaśīya*（勇武により得られたウルヴァシー）という戯曲は，人間と天女との恋愛を描くブラーフマナ文献の説話に題材をとった作品である。ブラーフマナでは，プルーラヴァスという人間の男が，自分の裸身を見せてはいけないというタブーを冒したために，天女のウルヴァシーが姿を隠し，水鳥になったりする筋だったが，カーリダーサは，天女が嫉妬にかられて家を出て，蔓草に化するという筋立てにして，その他の点でも種々の趣向を凝らし，定評のある名文で戯曲化している。とりわけ，プルーラヴァス王が狂気のごとく天女を探し回る場面は秀逸であるとされる。

『マーラヴィカー・アグニミトラ』*Mālavikāgnimitra* という作品は，王女マーラヴィカーとアグニミトラ王との恋愛を主題とする優雅な宮廷劇であり，後代の宮廷劇の手本となった。マーラヴィカーは政変のために亡命し，身分を隠してアグニミトラ王の第一妃の侍女となる。アグニミトラは彼女の画像を見ただけで彼女に恋心を抱く。二人は相思相愛の仲となり，第一妃などの嫉妬を受けて種々の苦難を経験するが，やがてマーラヴィカーの正体も明かされ，大団円となる。

④ カーリダーサ以後

カーリダーサ Kālidāsa 以後の宮廷文学の歴史を概観しておこう。劇作家としては，ハルシャ王 Harṣa（7 世紀）が有名である。彼の代表作『ナーガーナンダ』*Nāgānanda*（竜の喜び）は，ガルダ鳥に食い尽くされる蛇族を救うために自らの身を捨てた菩薩ジームータヴァーハナを主人公にした戯曲である。また『ラトナーヴァリー』*Ratnāvalī*は，高名なウダヤナ王と王女ラトナーヴァリーとの恋愛を主題とする宮廷劇である。『マーラヴィカー・アグニミトラ』からの影響が著しい。カーリダーサと並び称される詩人バヴァブーティ Bhavabhūti（8 世紀前半）は，極度に技巧的な文体で，『マハーヴィーラチャリタ』*Mahāvīracarita*（偉大な英雄の業績），『ウッタララーマチャリタ』*Uttararāmacarita*（その後のラーマの業績）という，叙事詩の英雄ラーマを主人公にした二篇の劇と，『マーラティー・マーダヴァ』*Mālatīmādhava*（マーラティーとマーダヴァ）という波乱に富んだ特色ある恋愛劇を著した。

カーリダーサ以後の叙事詩としては，バーラヴィ Bhāravi（6 世紀）やマーガ Māgha（7 世紀後半）といった詩人たちの複雑な技巧を凝らした作品が注目に値する。叙情詩では，バルトリハリ Bhartṛhari，アマル Amaru，ビルハナ Bilhaṇa の恋愛詩集が秀逸である。7 世紀頃には，バーナ Bāṇa，ダンディン Daṇḍin，スバンドゥ Subandhu たちが散文の傑作を作っている。この時代以降になると，技巧優先の傾向がますます顕著になり，多くの特色ある詩論と演劇論が作られ，文学者たちは精緻な理論的研究に没頭した。カーリダーサには見られたオリジナリティーはもはや二の次になり，むしろ型にはまることが重視され，詩的な約束事が優先されるようになった。このような傾向は宮廷文学では初期の時代からあり，宮廷文学の一大特色となっているが，後代になるにつれてますます理論的な要素が先行し，作品自体の力は衰弱した。なお，インド古典期では，カルハナ Kalhaṇa（12 世紀）の『ラージャタランギニー』*Rājataraṅgiṇī* などの歴史書もカーヴィヤの文体で書かれ，宮廷文学の一つとなっていることは注目に値する。

カーヴィヤの主要な目的は，鑑賞者に喜びを与えるとともに，教育することであった。読者を教育して処世の叡知を与えるために多くの説話集が作られた。世界的に伝播した『パンチャタントラ』*Pañcatantra*（五巻の物語）とその改作である『ヒトーパデーシャ』*Hitopadeśa*（有益な教え）をはじめとし，ソーマデーヴァ Somadeva（11 世紀）作の『カターサリットサーガラ』*Kathāsaritsāgara*（説話の海），その中に編入されている『ヴェーターラ・パンチャヴィンシャティカー』*Vetālapañcaviṃśatikā*（屍鬼二十五話），さらに『シュカ・サプタティ』*Śukasaptati*（鸚鵡七十話），『シンハーサナ・ドゥヴァートリンシカー』*Siṃhāsanadvātriṃśikā*（獅子座三十二話）など，説話文学の傑作が多い。

(4) ダルマとアルタとカーマの論書

ヒンドゥー教徒の人生の三大目的は，ダルマ（dharma，宗教的・社会的義務）とアルタ（artha，実利）とカーマ（kāma，享楽）である。すなわち，敬虔なヒンドゥー教徒は，ヒンドゥー教が採用した価値基準を守るとともに，経済的・政治的な利益を追求し，同時に，性愛を代表とする種々の享楽を楽しむべきである。この三大目的以外に，モークシャ（解脱）を第 4 の目的とする場合もあるが，それは社会生活を終えた人のめざすものであって，一般の社会人としては，ダルマとアルタとカーマを追求すべきであると考えるのである。

ダルマは「法」と漢語訳されるが，ヒンドゥー教徒の守るべき宗教的・社会的な義務，または価値基準のことである。ヒンドゥー社会の構成員は，バラモン（brahman，聖職者），クシャトリヤ（kṣatriya，王族，武士），ヴァイシャ（vaiśya，実業者），シュードラ（śūdra，従僕の階層）という 4 種のヴァルナ（varṇa，四姓）である。これらのうちの各々のヴァルナが各々のダルマをもっている。バラモンにとっては，ヴェーダの学習，祭式の実行など，宗教的な義務がダルマとされる場合が多いので，しばしばダルマの宗教的な側面が強調されるが，それはあくまで，社会の構成員が守るべき価値基準をさす語であるということに注意する必要がある。ダルマについて説く法典（dharmaśāstra ダルマ・シャーストラ）としては，『マヌ法典』*Manusmṛti*（紀元前 2 世紀–紀元後 2 世紀），『ヤージュニャヴァルキヤ法典』*Yājñavalkyasmṛti*（6 世紀ごろまでに成立）が代表的である。

アルタは，物質的な利益（実利）を意味する。人間の幸福は，ダルマとカーマ（享楽）の維持にあるが，ダルマとカーマを維持するためにはアルタが必要である。アルタを守るためには，国土の確保が必要条件である。そのために統治者が修めるべき学問がアルタ・シャーストラ Arthaśāstra（実利論）である。カウティリヤ Kauṭilya（紀元前 4 世紀）に帰せられる『アルタ・シャーストラ』*Arthaśāstra*（紀元前 2 世紀～紀元後 2 世紀）が残されている。アルタを説く書として，後代，カーマンダキ Kāmandaki の『ニーティ・サーラ』*Nītisāra*（8 世紀前後），ソーマデーヴァスーリ Somadevasūri の『ニーティ・ヴァーキヤ・アムリタ』*Nītivākyāmṛta*（10 世紀），チャンデーシュヴァラ Caṇḍeśvara の『ラージャ・ニーティ・ラトナーカラ』*Rājanīta-ratnākara*（14 世紀）などが作られた。

カーマはしばしば「愛欲」「性愛」などと訳されるが，より広い意味をもち，享楽や欲望一般を意味する。もっとも，愛欲が代表的なカーマであることはいうまでもない。カーマの重要性を説くカーマ・シャーストラ kāmaśāstra（性愛論）のうちで最も重要な『カーマ・スートラ』*Kāmasūtra*（4，5 世紀ごろ）において，作者のヴァーツヤーヤナ Vātsyāyana は，カーマを定義して，「カーマとは，耳，皮膚，眼，舌，鼻が，自我と結びついた心に導かれて，各々の対象（音声など）において適切に働くことである。しかし，カーマは，主として（男女の）特別の接触に際して（男女の）心に，愛欲よりなる快感に満ちた，実りある対象の知覚が生じることである」とのべている。カーマ・シャーストラとしては，『カーマ・スートラ』の他に，コーッカカ Kokkaka の『ラティ・

ラハスヤ』*Ratirahasya*（10 世紀），カリヤーナマッラ Kalyāṇamalla の『アナンガ・ランガ』*Anaṅgaraṅga*（16 世紀），パドマシュリー Padmaśrī の『ナーガラカ・サルヴァスヴァ』*Nāgarakasarvasva*（10–11 世紀）などがある。

(5) その他のサンスクリット語文献

① プラーナ

二大叙事詩とともにヒンドゥー教の重要な聖典とされる，プラーナ purāṇa と呼ばれる膨大な文献群がある。プラーナとは，古伝説，古伝承という意味である。プラーナと呼ばれるものは非常に古い時代から存在したようで，『マハーバーラタ』にもしばしばプラーナと称されるものが引用されている。しかし現存する古いプラーナ文献は，だいたい 4 世紀から 14 世紀の間に作られたとされる。そこには，古伝説のほかに，宗教の教義と儀礼，宇宙論，地理，歴史，哲学，法典，政略論，美術，建築，数学，天文学，占星術，医学，美術，音楽，詩学など，諸学に関する記述が含まれ，まさに壮大な百科全書ともいうべき文献群である。

② 六派哲学の文献

次に，ヒンドゥー教の哲学諸派として，わが国で一般に六派哲学と呼ばれるサーンキヤ Sāṃkhya 学派，ヨーガ Yoga 学派，ヴァイシェーシカ Vaiśeṣika 学派，ニヤーヤ Nyāya 学派，ミーマーンサー Mīmāṃsā 学派，ヴェーダーンタ Vedānta 学派などを中心とする諸々の哲学派の文献が多数作られた。サーンキヤ学派の開祖はカピラ Kapila（紀元前 4–3 世紀頃）であると伝えられる。現存する最古の教典は紀元後 4，5 世紀頃に作られた『サーンキヤ・カーリカー』*Sāṃkhyakārikā* である。この学派は徹底した二元論を説き，精神的原理であるプルシャ puruṣa（純粋精神）と物質的原理であるプラクリティ prakṛti（根本原質）との二大原理を立てる。

ヨーガ派の根本教典は，2 世紀から 4 世紀の間に編纂されたものとみなされる，パタンジャリ Patañjali の『ヨーガ・スートラ』*Yogasūtra* である。この学派は理論的にはサーンキヤ学派に近いが，ヨーガの八実修法など，瞑想の実践法を説く点に特徴がある。

ヴァイシェーシカ学派の開祖はカナーダ Kaṇāda（紀元前 2 世紀頃）とされる。根本教典は，紀元後 1，2 世紀に編纂された『ヴァイシェーシカ・スートラ』*Vaiśeṣikasūtra* である。この学派は多元論を説き，6 つの原理を設定して，現象界の諸事物がどのように形成されているかを明らかにする。

ニヤーヤ学派の開祖はガウタマ Gautama（1，2 世紀）である。根本教典『ニヤーヤ・スートラ』*Nyāyasūtra* は彼の作と伝えられるが，現在の形に編纂されたのは 3，4 世紀であると推定されている。この学派の存在論や形而上学はヴァイシェーシカ学派に近いが，とくに論証方法，正しい認識方法の確立をめざしたことがこの学派の特徴である。

ミーマーンサー学派の開祖はジャイミニ Jaimini（紀元前 2 世紀頃）とされるが，根本聖典『ミーマーンサー・スートラ』*Mīmāṃsāsūtra* は，紀元後 100 年頃に編纂されたと推定される。この学派は，ヴェーダ聖典に規定された祭式実行の意義と実行の方法について詳細な考察をする。ヴェーダの語は常住とされるので，この学派では語常住論が説かれ，ことばについての考察が盛んに行なわれた。

ヴェーダーンタ学派の開祖はバーダラーヤナ Bādarāyaṇa（紀元前 1 世紀頃）とされる。根本教典『ブラフマ・スートラ』*Brahmasūtra* は，5 世紀頃に現在の形に編纂されたと推定される。この教典に対して，シャンカラ Śaṃkara（8 世紀前半）などの卓越した思想家がそれぞれの立場から注釈を著わし，後代この学派はめざましい発展をとげた。この学派の主流は一元論であり，ウパニシャッドで説かれた絶対者ブラフマンについて探究した。

以上，六派哲学の開祖，根本教典，特徴について簡単に説明したが，それぞれの学派は多様に展開し，おびただしい関連の思想書を残した。六派哲学のほかにも，サンスクリットで書かれた仏教やジャイナ教に属する無数の文献があり，それらの研究にもサンスクリットの知識は不可欠である。

③ シヴァ教とヴィシュヌ教の文献

ヒンドゥー教における三大神は，ブラフマー（梵天）とシヴァとヴィシュヌである。そのうち，ブラフマーを信仰する宗派は顕著でなく，シヴァ教とヴィシュヌ教とが二大流派を形成した。シヴァ教としては，カシミールのシヴァ派，南インドのシヴァ教典派，パーシュパタ派，シャークタ派が有力だった。そしてヴィシュヌ教としては，バーガヴァタ派がとりわけ有力だった。

シャークタ派の根本教典の多くがタントラと呼ばれることから，それらの文献をタントラ tantra と総称し，性的儀礼などを行なう秘密の教えをタントリズムと称する。この考え方に異議を唱え，5 世紀以後に成立し発展したヒンドゥー教の聖典で，神が直接語る形式のものをタントラ文献と呼ぶのが適当であるとする説もある。現存の文献は，古いものでも 7，8 世紀頃の作と推定されている。

④ 学術書

古来インドでは言語が重要視されて，音韻学，語源学，文法学，韻律学などが盛んに研究された。とくにパーニニ Pāṇini の文法学書『アシュタ・アディヤーイー』*Aṣṭādhyāyī*（八章篇）は，「スートラ」と呼ばれる簡潔な文と記号的な術語を駆使してサンスクリット文法をあますところなく解説したもので，古典サンスクリットの最高に権威ある基準となった。パーニニの文法は，近現代の諸外国の文法学者からも極めて高く評価されている。パーニニの生存年代は紀元前 5 世紀以降とされているが，確かなことはわからない。

インドでも古くから自然科学的な知識が重視されていたが，西欧の科学が次第に神学の拘束を脱して独立の学問として発展していったのに対し，インドの科学は宗教との結びつきを保ち続ける傾向が強かったため，その発展は停滞したとみなされる場合が多い。しかしインドでは，自然科学的な学問の代表であるジョーティシャ Jyotiṣa（天文学，占星術）とアーユル・ヴェーダ Āyurveda は，今日にいたるまで，現実の世界に大きな影響力を保ち続けている。とくにアーユル・ヴェーダは，インド国内はもとより，欧米や日本においては，西洋医学の欠陥を補い，ある意味ではそれを越える医学として脚光を浴び，まじめな研究の対象とされるようになった。

数学，天文学，占星術の学者としては，アーリヤバタ Āryabhaṭa（5–6世紀）とヴァラーハミヒラ Varāhamihira（6 世紀）が有名である。アーリヤバタは地球自転説をはじめ独創的な学説を説き，『アーリヤバティーヤ』*Āryabhaṭīya* という書を残した。また，インド最大の占星学者ヴァラーハミヒラの代表作『ヴリハット・サンヒター』*Bṛhatsaṃhitā* は，占星術，天文学のみならず，その他の諸々の分野の知識を含んだ百科全書的な書である。

また医学書としては，チャラカ Caraka（1，2 世紀）に帰せられる『チャラカ・サンヒター』*Carakasaṃhitā* と，スシュルタ Suśruta（1 世紀？）に帰せられる『スシュルタ・サンヒター』*Suśrutasaṃhitā* が最も権威ある書としてとくによく知られている。

ヒンドゥー教の美術建築の分野では，「シルパ・スートラ」Śilpasūtra とか「ヴァーストゥ・シャーストラ」Vāstuśāstra と呼ばれる一群の文献が，中世以降に作られた。それらには，寺院，都市，村落，城砦，宮殿などの建築法や図像学に関する知識がサンスクリットで説かれている。『アルタ・シャーストラ』や『マハーバーラタ』に，すでに建築に関するかなり詳しい記述がある。また，比較的古いプラーナ文献や，バラーハミヒラの『ブリハット・サンヒター』にも，建築や図象についてのまとまった記述が含まれている。

(6) さらに詳しく知るために

サンスクリット関係の数多(あまた)ある書籍のなかから，読みやすく、しかも図書館などで比較的参看しやすく，そして有用なものに限定していくつかを紹介しておこう。興味のある分野やトピックについて，さらに理解を深めるための手がかりにしていただきたい。

〈サンスクリット文学全般〉

ヴィンテルニッツ (中野義照訳)『インド文献史』全 6 巻，日本印度学会，1964–78

上村勝彦・宮元啓一編『インドの夢 インドの愛——サンスクリット・アンソロジー』春秋社，1994

田中於菟彌『酔花集——インド学論文・訳詩集』春秋社，1991

田中於菟彌・坂田貞二『インドの文学』ピタカ (復刻版)，1978

辻直四郎編『印度』名著普及会 (復刻版)，1986

辻直四郎編『世界文学大系第 4 巻 (インド集)』筑摩書房，1959

ルイ・ルヌー (渡辺重朗・吾妻和男訳)『インドの文学』文庫クセジュ，白水社，1996

〈ヴェーダの文学〉

辻直四郎『インド文明の曙——ヴェーダとウパニシャッド』岩波新書，1967

辻直四郎『ヴェーダとウパニシャッド』創元社，1953 (『辻直四郎著作集』第 1 巻所収，法蔵館，1982)

辻直四郎『ウパニシャッド』講談社学術文庫，1990

辻直四郎編『ヴェーダ・アヴェスター』(世界古典文学全集第 3 巻) 筑

摩書房，1967
辻直四郎訳『リグ・ヴェーダ讃歌』岩波文庫，1970
辻直四郎訳『アタルヴァ・ヴェーダ讃歌――古代インドの呪法』岩波文庫，1979
辻直四郎『古代インドの説話――ブラーフマナ文献より』春秋社，1987
服部正明『古代インドの神秘思想――初期ウパニシャッドの世界』講談社学術文庫，2005
松涛誠達『ウパニシャッドの哲人』（人類の知的遺産 2）講談社，1980

〈叙事詩の文学〉

赤松明彦『バガヴァッド・ギーター』（書物誕生 あたらしい古典入門）岩波書店，2008
岩本裕訳『ラーマーヤナ』第 1，2 巻（未完），東洋文庫，平凡社，1980，1985
沖田瑞穂『マハーバーラタの神話学』弘文堂，2008
金子量重・坂田貞二・鈴木正崇（編）『ラーマーヤナの宇宙』春秋社，1998
上村勝彦『インド神話　マハーバーラタの神々』ちくま学芸文庫，2003
上村勝彦『バガヴァッド・ギーターの世界：ヒンドゥー教の救済』ちくま学芸文庫，2007
上村勝彦訳『マハーバーラタ』第 1–8 巻（未完），ちくま学芸文庫，2002–05
上村勝彦訳『バガヴァッド・ギーター』岩波文庫，1992
辻直四郎訳『バガヴァッド・ギーター』講談社，1980
原実『古典インドの苦行』春秋社，1979
鎧淳訳『ナラ王物語』岩波文庫，1989
鎧淳訳『バガヴァッド・ギーター』講談社学術文庫，2008

〈古典文学作品〉

岩本裕訳『インド古典説話集 カター・サリット・サーガラ』第1–4巻，岩波文庫，1961
大地原豊訳『公女マーラヴィカとアグニミトラ王』岩波文庫，1989
大地原豊訳『宰相ラークシャサの印章』東海大学出版会，1991
小倉泰・横地優子訳『ヒンドゥー教の聖典二編』東洋文庫，平凡社，2000
金倉円照・北川秀則訳『ヒトーパデーシャ——処世の教え』岩波文庫，1968
上村勝彦『インド古典演劇論における美的経験』東京大学出版会，1990
上村勝彦『インド古典詩論研究』東京大学出版会，1999
上村勝彦訳『夢幻の愛・インド詩集』春秋社，1998
上村勝彦訳『屍鬼二十五話』東洋文庫，平凡社，1978
田中於菟彌『インド・色好みの構造』春秋社，1991
田中於菟彌訳『鸚鵡七十話——インド風流譚』東洋文庫，平凡社，1962
田中於菟彌訳『遊女の手引き』平河出版社，1985
田中於菟彌・指田清剛訳『十王子物語』東洋文庫，平凡社，1966
田中於菟彌・上村勝彦訳『パンチャタントラ』大日本絵画，1980
辻直四郎『サンスクリット文学史』岩波全書，1973
辻直四郎訳『シャクンタラー姫』岩波文庫，1978
藤山覚一郎・横地優子訳『遊女の足蹴』春秋社，1994

〈ダルマとアルタとカーマの論書〉

井狩弥介・渡瀬信之訳『ヤージュニャヴァルキヤ法典』東洋文庫，平凡社，2002
岩本裕訳『完訳カーマ・スートラ』東洋文庫，平凡社，1998
上村勝彦訳『カウティリヤ実利論——古代インドの帝王学』上・下巻，

岩波文庫，1984
上村勝彦訳『ニーティサーラ――古典インドの政略論』東洋文庫，平凡社，1992
定方晟『インド性愛文化論』春秋社，1992
渡瀬信之『マヌ法典――ヒンドゥー教世界の原型』中公新書，1990
渡瀬信之訳『マヌ法典』中公文庫，1991

〈その他のサンスクリット関係文献〉（ごく一部のみにとどめる）

小倉泰『インド世界の空間構造――ヒンドゥー寺院のシンボリズム』春秋社，1999
J. ゴンダ（鎧淳訳）『インド思想史』岩波文庫，2002
中村元『インド思想史 第 2 版』岩波全書，1968
中村元『中村元選集〔決定版〕』全 32 巻（別巻 8 巻），春秋社，1995–99
長尾雅人編『バラモン教典・原始仏典』（世界の名著 1）中央公論社，1969
橋本泰元・宮本久義・山下博司『ヒンドゥー教の事典』東京堂出版，2005
早島鏡正・高崎直道・原実・前田專学『インド思想史』東京大学出版会，1982
バンダルカル（島岩・池田健太郎訳）『ヒンドゥー教――ヴィシュヌとシヴァの宗教』せりか書房，1984
引田弘道『ヒンドゥータントリズムの研究』山喜房佛書林，1998
前田專学訳『ウパデーシャ・サーハスリー――真実の自己の探求』岩波文庫，1988
矢野道雄・杉田瑞枝訳『占術大集成』第 1，2 巻，東洋文庫，平凡社，1995
矢野道雄編・訳『インド天文学・数学集』朝日出版社，1980
矢野道雄編・訳『インド医学概論』朝日出版社，1988

サンスクリット語 辞書・文法書案内

(1) サンスクリット語の辞書の歴史

サンスクリットの辞書の歴史は古い。それは古代インドにはじまるもので，われわれの辞書と同じ形式のものではないが，何らかの目的で集められた語彙集がいくつもつくられている。ヴェーダには，ヤースカ Yāska の手になる nirukta といわれる「語源的説明」の書があり，パーニニ文法には dhātupātha「語根表」がつけられていた。この語根形式の仮定は，近代の言語学に大きな影響をあたえた。古典期には，詩人が使うめずらしい語彙などを集めた kośa「宝庫」とよばれる語彙集のほか，同意語，同音語の辞書もつくられている。これらは必ずしも完全な形で伝えられてきたわけではないが，辞書づくりの伝統が生き続けてきたことは事実である。しかし，これらの資料はサンスクリットを知るインドの人たちのものであり，またその配列法もわれわれには理解しにくい。

西欧では，18 世紀の末近くにジョーンズ W. Jones がこの言語と西欧の諸言語との親縁関係を指摘してから，インド・ヨーロッパ(印欧)語比較文法と同時にサンスクリット文献学が勃興し，東洋へ関心がよせられて古代インドが学界の注目を浴びるようになると，かぎられたテキストの語彙集ではなくて，もっと完全な辞書への要求が学習者の間に高まってきた。

19 世紀に入ると，インドでパンディットといわれる学者についてサンスクリットを学び研究する人々が多くなった。ウィルソン H. H. Wilson もその 1 人である。彼は多年にわたってインドで研究を続け，帰国してからはオックスフォード大学で教えていたが，1819 年にカルカッタで *A Dictionary of Sanskrit and English* を刊行，1832 年にはさらに充実した第2版をだしている。これは，彼をふくむ西欧の学者が既刊のテキストのほかに写本なども利用して集めた語彙に，多くのインドの学者によって用意された語彙集を加えて編纂されたもので，ウィルソンも “translated, amended and enlarged from an original compilation prepared by learned natives for the College of Fort William” とタイトルに付記している。

このような状況の下にサンスクリット文献学は徐々に充実しつつあったが，19 世紀の後半に入ると，驚くべき辞典が出現した。それはベートリンク O. v. Böhtlingk がロート R. Roth の協力をえてまとめた *Sanskrit-Wörterbuch* で，著者の生地であり活躍の場でもあったペテルブルクの王室学術アカデミーから出版された。全 7 巻，2 段組で 9,478 ページという比類なき大辞典で，刊行は 1852 年にはじまり 23 年の歳月を経て 1875 年に完結した。しかも，その 9 割までが，ベートリンク 1 人の手になるものとされている。

協力者のロートはヴェーダ研究の先駆者として長くチュービンゲン大学で教え，アメリカの言語学とサンスクリット文献学の創設者として知られるホイットニー W. Whitney とともに，「アタルヴァ・ヴェーダ」の校訂テキストを 1856 年に出版するかたわら，インドの医学，さらにはイランの「アヴェスタ」にも研究を広げている。この辞書には，主としてヴェーダ学の面から寄与した。なお，この 2 人の親密な協力と情熱を物語る資料として，ベートリンクがロートに宛てた 1852–85 年の間の膨大な書簡集がまとめて出版されている。*O. Böhtlingk an R. Roth: Briefe zum Petersburger Wörterbuch 1852–1885*, hrg. v. H. Brückner und G. Zeller, bearbeitet v. A. Stache-Weiske (Wiesbaden, Harrassowitz, 2007). この書簡はチュービンゲン大学の図書館で 1993 年に発見されたものである。

第 1 巻の冒頭にあげられている参照テキストのリストをみれば明らかだが，扱われた文献の範囲は，ヴェーダの賛歌集，祭式，ブラーフマナからはじまって，古典サンスクリットで書かれた叙事詩，抒情詩，劇，散文，そして著者の得意とするパーニニを中心とする文法学の部門など，今日でも重要と思われる作品はみな収められている。これには，当時ようやく本格化しつつあった多くのインド学者たちの研究も忘れることはできないが，長期にわたりまだ校訂されたテキストのない写本までも調べて，その1つ1つの語彙の意味を検討し，整理分類して記述したベートリンクの学問への情熱は，この辞書を開く者すべてに伝わってくる。これが1人の力で完成されたということは，本当に驚きであり，その後のサンスクリット研究は，すべてこの辞書から出発するといってよいだろう。

しかも著者は，この大辞典を完成して4年後の1879年から89年にかけて，同じペテルブルク・アカデミーから *Sanskrit-Wörterbuch in kürzerer Fassung* という7分冊の『サンスクリット辞典縮約版』をまとめて出版した。これは初歩の学習者の要求に応えるためとされていたが，大辞典にとられた用例はとらずに重複をさけ，新しく刊行されたテキストを利用するなど，この辞書は独立した利用価値をもっている。なお，この両辞典は第2次世界大戦後のドイツで再版されているが，幸いなことにわが国でも名著普及会の手で，1976年に復刻された。また，この辞典の補遺としてシュミット R. Schmidt によってまとめられた『ベートリンク サンスクリット辞典縮約版補遺』*Nachträge zum Sanskrit-Wörterbuch in kürzerer Fassung von O. Böhtlingk* (Leipzig, 1928) も，そのまま同会から復刻されている。

この偉業を支えたものは，ひとえに著者の学問的な情熱であるが，それとともにやはり西欧の伝統である古典文献学の精神ではないだろうか。辞書について身近な例をあげれば，ルネサンス期のフランスで，エチエンヌ R. Estienne (Stephanus) が1527年に出版した『ラテン語大辞典』*Thesaurus Linguae Latinae*，ついでその息子 (H. Estienne) の手になる『ギリシア語大辞典』*Thesaurus Linguae Graecae* (1572) があげられよう。この親子は，学者であると同時に印刷業者も兼ねていて，パリに印刷所をもち，多くの古典作家のテキストを校訂し出版している。こうした辞書の編纂という，学問と根気を必要とする仕事にとりくむ心が，そのままギリシア語，ラテン語からサンスクリットの領域に移されて多くの辞書を生んだわけだが，なかでもこのベートリンクとロートの大辞典は，何人もこれを凌駕することのできない偉業だった。

ところが第 2 次大戦後になって，サンスクリットの生地であるインドで，完成すればこの大辞典を質量ともにはるかに上まわるような辞書が企画され，すでに刊行されている。それは，*An Encyclopaedic Dictionary of Sanskrit on Historical Principles* で，総編者はプーナ大学一般言語学の教授ガタゲ A. M. Ghatage，1976 年にプーナの Deccan College Postgraduate and Research Institute から待望の第 1 分冊（216 ページ）の発刊をみた。驚いたことに，これはベートリンクとロートの辞書よりもさらに大きく，横 25 センチ，縦 33 センチの大判で，編纂は戦後まもなく始められたらしく，それにはインドの主なサンスクリチストがみな参加している。しかし，当初の意図があまりに壮大であったためか，最終的にとり上げたサンスクリットのテキストは 1,500 ほどに限定された。それでも，第 1 分冊のはじめにみられる参照リストは 43 ページにおよんでいる。そして 1973 年にいたって，ようやく各項目の記述の基本的な原則が定められた。

それによれば，用例は網羅的に示されているから，読者は各語彙について必要なあらゆる情報があたえられると編者はのべている。表題に，“on historical principles” と断っているのは，この辞書が *Oxford English Dictionary* やリデルとスコット H. G. Liddell–R. Scott の *Greek-English Lexicon* と同様に，意味や用例の配列に文献の歴史的な順序が顧慮されていることを示している。これは長い歴史をもつ言語の記述にはぜひとも必要なことで，その意味でこのインドの辞書は，インドの伝統的な文法学と現代の歴史言語学の両面からサンスクリットの語彙をとらえ，用例とともに完璧な記述を目ざしている。

問題は，その出版の進行速度である。現状をみると，第 1 巻（3 分冊，以下各巻とも同じ）1–719 ページが 1976–78 年にはじまり，第 7 巻 3,369–3,848 ページが 2004–2005 年に完結したが，その項目をみると，a に始まりようやく annavrata にいたったところである。この間に，編集責任者は 2 人交代している。悠久の昔から時間などにとらわれずに生きてきたインドの人々のことだから，この大辞典がいつ完成するのかなど意に介さないだろう。合成語の非常に多いサンスクリットで，それらも丹念にあげていくという原則はよいとして，発刊して 30 年近い歳月をかけて，いまだ最初の項目である a- の半ばということでは，逆に各項目がくわしすぎて読者はとまどう恐れがある。しかしいまさらこの原則を変更することはできないから，学界は完成を夢見て，静かにその日をまつよりほかはないだろう。われわれは，グリム兄弟がはじめて執筆してから多くの学者が受け継いでほぼ 1 世紀，ついに第 2 次大戦後になって完成した『ドイツ語辞典』の例を知っている。

(2) サンスクリット語の古典的辞書

近年最も広く使われてきたサンスクリット辞典は，オックスフォード大学のウィルソンの後継者だったモニアー・ウィリアムズ M. Monier-Williams による *A Sanskrit-English Dictionary, etymologically and philologically arranged with special reference to cognate Indo-European languages* だろう。初版は 1872 年（Oxford University Press）だが，この版については，ベートリンクが縮約版の第 4 分冊の序に，かなり手きびしい批判をのべている。それは，著者がベートリンクとロートの辞書をやや無批判に利用した跡がみられたからである。現在も再版を重ねているのは，当時シュトラースブルク（ストラスブール）

大学にいたロイマン E. Leumann と，イエーナで教えていたカペラー C. Capeller という 2 人の協力者をえて増補改訂された第 2 版で，その発刊は 1899 年，著者のカンヌでの死の直後のことだった。この改訂によって，初版は約 12 万語だった語彙が，6,000 語ほど追加されている。1,300 ページ余のこの辞書は，ヴェーダから古典文学まで広くサンスクリット文献を扱い，英語で 1 冊に収められているという点で学習者には便利だが，初歩の読者には使いよい辞書とはいえない。また他の印欧語を考慮して語源にもふれているとはいえ，今日ではそれをそのままうけとるには，あまりにも古すぎる。

これには，サンスクリットという言語の整理の原則が，西欧の言語の辞書とは異なることも考慮しなければならない。たとえば，見出しになる動詞の形を 1 人称・単数形ではなくて，インド流の語根で提示し，名詞，形容詞も主格・単数形でなくて語幹そのものを示す習慣になっていたり，見出しの配列がデーヴァナーガリー文字のそれに従っていたりするため，初歩の学習者が慣れるまでに少し時間が必要になる。そのうえ，多くの辞書が見出しの語をデーヴァナーガリー文字で組んでいることも，親しみにくさの原因になっている。さらにこの言語は，派生語と合成語が盛んにつくられたために，収録されている語彙が多いと問題の語を見つけるのに苦労するという事情もある。

(3) サンスクリット語の語源辞典

ここでは語源辞典と格言集を紹介しよう。

① 語源辞典

現在ただ 1 つだが，最も信頼できる語源辞書は，ウィーン大学で第 2 次大戦後長く印欧語学を教えたマイルホーファー M. Mayrhofer による *Kurzgefasstes etymologisches Wörterbuch des Altindischen*（*A concise etymological Sanskrit dictionary*）（3 巻，Heidelberg，C. Winter, 1952–

1976）で，これには第4巻（1980）としてシュミット R. Schmitt などによる全語彙の語派別総索引が編まれている。英語の表題がつけられているのは，見出しの訳語としてドイツ語のほかに英語が使われているからだが，その他の解説はすべてドイツ語による。発刊当初は語源的な説明が比較的簡単だったが，学界の批判や要望を考慮してか，徐々にそれが詳細になってきている。本書の主眼は，語源辞典とはいっても印欧語全体に詳しく言及するというのではなく，主眼はインド・イラン語派におかれている。とくに後者の資料に精通している著者は，この点で独自の立場をほこっている。

この辞書が完結してまもなく，著者は新たに『古代インド語語源辞典』*Etymologisches Wörterbuch des Altindischen* と題する語源辞書の執筆に着手，1986年にハイデルベルクのヴィンター社（C. Winter）から印欧語叢書辞書編の1冊としてその第1分冊が刊行された。これは，前著の単なる改訂版ではない。著者は，語源辞書にたいする一般的な見解をふまえたうえで，全体を2部にわけ，はじめは主としてヴェーダ文献にみられる古い層の語彙だけを扱い，それが第1–2巻（1986–1996），ほぼ1,650ページをしめている。これについでヴェーダ以後の文献の新しい層の語彙が第3巻（1997–2000，568ページ）に収められ，これに第1–3巻の語彙索引（2001，569–962ページ）がつけられた。

この分類によって，はじめて語彙を言語史の観点から区別して扱うことができるようになった。そして，古層のものには当然イランからはじまってその他の印欧語との関係が重視されるし，新層のものにはインドのなかでの歴史，他の語族の言語からの借用などが考慮される。これによって，読者は問題の語彙の位置をよりはっきりととらえることができる。それにしても，この辞書にかける著者の真摯な態度は1952年からいささかも変わることなく維持され，同学の人たちの批判に答えて，つねにより正確な情報を求め，記述しようとしている。

その意味でこの辞書は，ラテン語のエルヌーとメイエ Ernout–Meillet の辞書とも，またヴァルデとホフマン Walde–Hofmann の辞書とも，さらにはギリシア語のシャントレヌ Chantraine，フリスク Frisk の辞書ともちがった立場に立って，簡潔な記述のなかに精選された研究の成果を盛り込んだ語源辞書として，今後ひとつの範となるだろう。

② 格言集

格言集には，大辞典をつくったベートリンクが，その副産物として編纂した *Indische Sprüche, Sanskrit und Deutsch*（Petersburg, 1863–65）がある。これには 5,419 の格言が収められていたが，その後 1870 年から 73 年にかけて増補され，7,673 のことわざをふくむ 3 巻本の第 2 版がまとめられた。この書物は非常な珍本だったが，ドイツで 1966 年に再版された（Osnabrück, O. Zeller）。本書は，デーヴァナーガリー文字のアルファベットの順序で配列され，原文はこの文字を使用，それにドイツ語訳が添えられている。そして，出典は欄外にまとめられている。本書には事項索引がなく，そのためブラウ A. Blau が *Index zu O. Böhtlingks Indischen Sprüchen*（Leipzig, 1896 / 戦後 Kraus Reprint から再版，Nendeln, Liechtenstein, 1966）を補足した。また，シュテルンバッハ L. Sternbach による *Supplement to O. Böhtlingk's Indischen Sprüche*（Wiesbaden, Franz Steiner, 1965）もある。

どうしてこれほど多くの格言が集められたかというと，インドでは早くから心ある人たちは dharma「法」，artha「利」，kāma「欲望」，そして mokṣa「解脱」の 4 つを人生の目標として生活しなければならなかったので，これを基準としていかに生活していくかを教える言葉が随所に韻文で唱えられたのである。たとえば，『ヒトーパデシャ』とか『パンチャタントラ』のような説話集をみても，友人の離反や獲得，戦争など，また動物などの比喩を使った話の終わりにも，人生訓ともいうべきまとめの詩句が歌われている。これは叙事詩，抒情詩，劇はもとより法典の類にいたるまで広くみられるスタイルで，同じことは仏教説話にも認められる。だからこれらを集めるよりも，むしろ選択するほうが大変な仕事ではなかったかと思われる。その意味で，ベートリンクの書は非常に貴重なものといえよう。

(4) サンスクリット語の百科事典

いわゆる百科事典ではないが，サンスクリット文献を中心として「古典インド」の世界を総合的にまとめたものに，*L'inde classique*（2巻，Paris, A. Maisonneuve）がある。初版は第1巻が1947–49年，第2巻が1953年に刊行され，1985年には改訂を加えずに再版された。主たる著者はフランスを代表する2人のインド学者ルヌー L. Renou とフィリオザ J. Filliozat で，これに数人の専門家が執筆者として参加している。ルヌーは第2次大戦後，日仏会館の館長として来日し，東京大学で講義もしたヴェーダ学とパーニニ文法の専門家で，『サンスクリット文法』*Grammaire sanscrite*（Paris, A. Maisonneuve, 1961）をはじめ多くの著作を残した。またフィリオザは，『インド医学の古典的学説』*Le doctrine classique de la médicine indienne*（Paris, A. Maisonneuve, 1949 初版，1975 第2版）のほか，『医学と魔術のクチャ語テキスト断片』*Fragments de textes Koutchéens de médicine et de magie*（Paris, A. Maisonneuve, 1948），あるいは『ローマからみたインド』*L'inde vue de Rome*（Paris, Belles Lettres, 1986，アンドレ J. André との共著）など，医学をはじめ歴史，仏教などの広い分野で著名な学者である。本書は1,400ページ，12章からなる大著だが，その主な部分はこの2人の豊かな学識と明快な記述に支えられている。なお日本語訳として，『インド学大事典』全3巻（山本智教訳，金華舎，1979–81）がある。

1–6章からなる第1巻には，地理，人種，言語に続いて，150ページ余の歴史の章がおさめられている。ここには，資料として中国やローマなど，インド外のものもふくまれ，また碑文や貨幣にも詳しい。このあとの2章は，ヴェーダ学とバラモン教を主題にしている。後者には，叙事詩，プラーナ，密教，法典の類もふくまれ，非サンスクリット文献もとり上げられている。また，神話と祭式，シヴァとヴィシュヌという2大宗派の問題にも言及されている。

7–12章からなる第2巻は，哲学の諸派に続いて，文法，演劇，性愛などの諸学，それから医学，天文学，数学といった自然科学，ついで文学に100ページ余，そして仏教には300ページが費やされている。ここでは，パーリ語，チベット語，中国語の経典も顧慮され，仏陀の生涯，教団の歴史，教理にも詳しい。終わりは，ジャイナ教と古文書学と文字で，さらに韻律，暦までが補足されている。

本書の刊行後すでに半世紀を経て，その間にインド学は大きく進展している。しかしこの学問の基礎を知る上で，これほどよくまとめられた書物はないだろう。まさしく，副題にいう「インド研究提要」Manuel des études indiennes そのものである。

(5) サンスクリット語の学習辞書

(2)の末尾にふれたような問題があるので，初歩のサンスクリット学習には，ヴェーダの語彙は除いて，古典サンスクリットを中心にした簡単な辞書が望ましい。その意味では，オックスフォード大学の著名なサンスクリット学者だったマクドネル A. A. Macdonell による *A Practical Sanskrit Dictionary*（Oxford, Oxford University Press, 1924），あるいはフランスの著名なインド学者で初代の日仏会館の館長として来日もしたレヴィ S. Levi 門下のスチュパク N. Stchoupak，ニッティ L. Nitti，ルヌー L. Renou の3人による *Dictionnaire sanskrit-français*（Paris, A. Maisonneuve, 1932）のほうが使いやすい。とくに後者は，フランスを代表するインド学者として知られるルヌーの力によるところが大きく，古典サンスリットの学習上，もっとも基本的な作品にもとづいて編纂されている。また，語彙の配列や印刷の点でも学習者に配慮して，見出し語にもすべてローマ字を使い，語根はゴシック体の大文字で示し，そのあとに派生語や合成語を配列するなど，非常にひきやすくつくられている。出典の用例はないが，簡潔な意味の記述も読者には無駄のない知識を与えてくれよう。

ドイツ語の辞書としては，旧東ドイツの出身で，韻律から祭式，さらには文学史など多彩な活躍をしているライプツィッヒ大学のミュリウス K. Mylius の *Wörterbuch Sanskrit-Deutsch*（Leipzig, Verlag Enzyklopädie Leipzig, 1975）がある。これは，量的には 2 段組で 600 ページたらずだが，ヴェーダから古典文学，哲学，文法学まで幅広い文献を参照し，語彙は約 7 万をふくんだ，かなり充実した辞書といえよう。用例はないが，記述も明快で引きやすい。

英語による 1,000 ページ余の 1 冊本の辞書として，インドのみならず広く利用されてきた辞書として，プーナ の Fergusson College のサンスクリットの教授だったアプテ V. S. Apte による *The Practical Sanskrit-English Dictionary* がある。初版は 1890 年プーナ刊だから非常に古いけれども，1965 年に改訂増補版がデリーで刊行された（Motilal 社）。著者は，ウィルソン (1) やモニアー・ウィリアムズ (2) の辞書より practical で，しかも comprehensive な 1 冊本を目ざしたとのべているが，それでも，韻律などの補遺を含めて 1,160 ページにおよんでいる。用例は，ヴェーダ以後の文献にもとづいてまとめられている。見出しや用例はデーヴァナーガリー文字を使用しているが，それに慣れれば，古いけれども古典の作品を読むのには有益な辞書である。

日本語で書かれた辞書としては，『梵和大辞典』全 1 巻がある。これは，荻原雲来を編集責任者として大正大学仏教学研究室が中心となって 1928 年に計画された辞書で，第 2 次大戦中に 6 分冊を刊行，大戦後は東大の辻直四郎の協力をえて，1960 年に鈴木大拙学術財団の支援で出版を再開，1974 年には 16 分冊，1,568 ページ 10 万語を含む辞書がついに完成した。戦争をはさんで半世紀近く，100 名を超える協力者と，第 1 分冊をみずに死去した荻原の後を継いで刊行に努力した人々の情熱の賜物といえよう。しかし，この時期になると学問の進歩も著しく，新たに 12 点の参照文献の追加が要請されたこともあって，1979 年には 71 ページ 6,100 語を増補した改訂版が講談社から出版された。

この辞書がわれわれ日本人にとって貴重な点は，「漢訳対照」ということころにある。荻原は範をマクドネルのサンスクリット・英語辞典にとりながら，自らの専門とした仏教文献の語彙と，その漢語訳を綿密に収録した。これは，西欧の辞書にはみることができない価値をもっている。ただその出典は，用例とともに，あるいは用例なしで各語彙ごとに列挙されているだけで，出典のなかの箇所はあげられていない。そのため，さらに先を調べようとする読者には不満が残る。これは，1 冊に収めようとするために，紙幅の限定を考慮せざるをえなかったからである。いずれにせよ，日本語でひける辞書として，また仏教文献の研究のためにも，有益な辞書である。

(6) サンスクリット語の文法書

日本語で書かれた最もくわしい文法は，辻直四郎が岩波全書の 1 冊としてまとめた『サンスクリット文法』(1974) だろう。著者は，著名なヴェーダ学者，多年にわたり東京大学の教授を務め，東洋学への貢献もこめて文化功労者にも選ばれた。本書は，この言語の音論，形態論，統語論にわたってかなり綿密に書かれた記述文法で，精読すれば複雑なその組織も十分に会得できるように配慮されている。その意味では，これは教室でのテキストではなくて，自習書であり，またすでにひと通り学んだ人のための参考書というべきだろう。この文法書には紙幅の都合で練習問題は省かれている。わずかに文法用語の英語索引がつけられているにすぎない。そこで，本書に使われているすべての語彙についての総索引が鎧淳によってつくられている（*Index to Prof. N. Tsuji's Sanskrit grammar*, compiled by K. Yoroi, 東京，豊山原典研究会，1977）。また辻は，この文法書を学習した読者のために，原文と翻訳つきの『サンスクリット読本』（春秋社，1975）をまとめている。

わが国では明治，大正のころからよい文法書がいくつも刊行されているが，現在の読者はまずその文法用語，そして説明にもとまどいを感じ，読み通すことはむずかしいだろう。そこでヴェーダ語は別として，古典サンスクリットの組織の簡明な記述と，適度の練習問題をふくんだ文法が求められていたが，その要求に応じるものとして，オランダの著名なインド学者ゴンダ J. Gonda の著書を翻訳した『サンスクリット語初等文法，練習題，選文，語彙付』（辻直四郎校閲，鎧淳訳，春秋社，1974）が出版された。本書の原典は，『簡約サンスクリット基本文法，練習例，読物，語彙集付』*Kurze Elementar-Grammatik der Sanskrit-Sprache, Mit Übungsbeispielen, Lesestücken und einem Glossar*（3te verbesserte Auflage, Leiden, Brill, 1948）である。なお，この本のフランス語訳がロッシュ R. Roche によって，また英語訳もフォード Gordon B. Ford Jr. によってレイデン（ライデン）Leiden で刊行されており，上記の日本語訳はこれらも参照している。この文法書は，文法の記述も適切で，全体も量的にいってはじめての学習に適している。また練習問題もあり，文学作品からの文集もあるので，教室のテキストとしても自習書としても使いやすい。

英語で書かれた入門的な文法としては，オックスフォード大学の教授だったマクドネル A. A. Macdonell による *A Sanskrit Grammar for*

Students(Oxford University Press)がある。現在も刷数を重ねているのはその第3版(1927)である。この文法は250ページ余のものだが，初歩の学習には適切で，末尾に加えられた動詞の語根リストと時制別の語形の指示は利用価値が高い。また，ヴェーダ語の主な特徴をまとめた記述もついている。ただ，すべてのサンスクリットの形がデーヴァナーガリー文字で表記されているので，学習の前にまずこの文字を覚えて，それに慣れることが必要だろう。なお著者は，初学者向きのヴェーダ語専門の文法と読本も著している。

もう1つ，フランス語による文法書をあげておこう。ルヌー L. Renou による『サンスクリット文法』*Grammaire sanscrite* は，音論，形態論，統語論の各部門にわたる詳細にして明快な記述文法として，今なお多くの学習者の座右の書として利用されている名著である。1930年，音論とその他の部門を分けた2分冊の形で A. Maisonneuve(Paris)から出版されたが，第2次大戦後に同じ出版社から出版された第2版(1961)では1冊にまとめられた。本文570ページはそのままに，巻末に19ページにわたる補遺が付され，初版以後に発表された必要な文献が詳しい説明つきで補われている。1966年に著者が急逝したため，その後の改訂版はない。

著者はヴェーダ語，古代インド文典家の文法，そしてサンスクリット文学と，非常に多くの著書を残しているが，古典サンスクリットについても戦後すぐに『基本サンスクリット文典』*Grammaire sanskrite élémentaire*(Paris, A. Maisonneuve)を1946年(第2版1963年)に，ついで1956年には『サンスクリット語史』*Histoire de langue sanskrite*(Lyon–Paris, LAC)を公にしている。

本書は，古典サンスクリットの完全な記述文法である。しかし，ヴェーダ語の後期に属する哲学の「奥義書」であるウパニシャッドと，祭式の「綱要書」であるスートラ文献の言語をも考慮し，そこからもサンスクリットの底流にあるものを引き出してくる。また著者は，パーニニ文法の全訳など多くの著書からも知られるように，インド文典家の研究の第一人者であったから，文法の説明にあたって，われわれの知る西欧型の文法に加えて，随所にインド文典家の用語とその説明を簡明におりこんでいる。また音論においては，プラーティシャーキャ Prātiśākhya と総称される音声学書にも配慮している。文法の各項目については，必要に応じてあげられている形の出典はもとより，それに関する研究も指摘されているから，読者はそれによって直接各論文にあたることもできる。その意味でも，類書にはない価値ある文法書といえよう。

〔本章は，『世界のことば・辞書の辞典 アジア編』(石井米雄編，三省堂，2008年) の「サンスクリット (語)」の章に一部加筆したものである〕

動詞語根一覧表

以下の一覧表は，サンスクリットの主要な動詞の3人称・単数ないし複数での各時制の語形や，分詞などの語形を列挙したものである。同じ人称・数・態の別形は，/ で区切って併記した。見出し（語根形）の次の数字は現在語幹の類を示す。そして，その次に現在形の3人称・単数・能動態の語形をあげた。反射態がある動詞には，/-te を加え，もっぱら反射態として使う動詞は，（反）と指示した。第2種活用には，弱語幹として，3人称の現在・単数・反射態ないし複数・能動態を，または願望法・単数・能動態（または反射態）の語形を加えた。未来形，使役形，意欲形は，語幹の形のみを示した。使役形のなかには，使役の意味をもたない用例も多く，第10類の動詞と見なされるものもある。なお叙事詩では，能動態と反射態の区別に例外が多く，現在語幹の類別にも若干の相違がある。この一覧表の使い方については，付録の「サンスクリット語の辞書のひき方」を参照してほしい。

一覧表の作成にあたっては，ホイットニー（W. D. Whitney）が作成した動詞一覧表から，古典期に用例のある語根の多くを見出し語として選び，後藤敏文氏による第1類動詞の研究書（*Die "I. Präsensklasse" im Vedischen*, 第2版, 1996）と個別動詞の活用研究（『国立民族学博物館研究報告』15, 16, 18, 22）をはじめ，J. Bendahman, F. Heenen, S. Jamison, M. Kümmel, M. Mayrhofer, J. Narten, Th. Oberlies, C. Schaefer, K. Hoffmann, Ch. Werba ら諸氏の動詞研究書から活用形を採録し，さらにはインターネット上に公開されているゲッチンゲン大学（ドイツ）のデータベース Göttingen Register of Electronic Texts in Indian Languages（2007年3月）を検索して，文典以外のテキストにみられる活用形を補充した。

略号：完＝完了形，アオ＝アオリスト形，指＝指令法，未＝未来形，受＝受動態，分＝（過去・受動）分詞形，絶＝絶対詞，不定＝不定形，使＝使役形，意＝意欲形，強＝強意形。

ac/añc「曲げる」1 acati / añcati, 受 acyate, 分 añcita, 使 acaya-/añcaya-

añj「油を塗る」7 anakti, aṅkte, 完 ānañja, ānaje, アオ āñjīt, 受 ajyate, 分 akta, 絶 -ajya, 使 añjaya-

ad「食べる」2 atti, adanti（ghas 参照）, 未 atsya-, 受 adyate, 分 anna「食べ物」, 不定 attum, 使 ādaya-

an「呼吸する」2 aniti, 完 āna, アオ āniṣur, 未 aniṣya-, 使 ānaya-

arc「讃える」1 arcati/-te, 10 arcayati, 完 ānarca, ānṛcur, 未 arciṣya-, 受 ṛcyate, 絶 arcitvā, -arcya, 不定 arcitum

arh「値する，できる」1 arhati, 完 ānṛhur, arhire, 使 arhaya-「敬う」

av「庇護する」1 avati, 完 āva, アオ āvīt, āviṣur

aś/aṃś「到達する」5 aśnoti, aśnute, 完 ānaṃśa, ānaśe, アオ āṣṭa, āś-ata / ākṣ-ata

aś「食べる」9 aśnāti, aśnīte, 完 āśa, アオ āśīt, āśiṣur, 未 aśiṣya-, 受 aśyate, 分 aśita, 絶 aśitvā, 不定 aśitum, 使 āśaya-, 意 aśiśiṣa-

as「いる」2 asti, santi, edhi（命令法 2 人称単数能動）, 完 āsa, āsur

as「投げる」4 asyati, 完 āsa, アオ asan（指）, 未 asiṣya-, 受 asyate, 分 asta, 絶 -asya, 不定 asitum, 使 āsaya-

ah「言う」現在なし, 完 āha, āttha（2 人称単数能動）, āhur

āp「達する，獲得する」5 āpnoti, āpnuvanti, 完 āpa, āpur, アオ āpat, 未 āpsya-, 受 āpyate（アオ āpi）, 分 āpta, 絶 āptvā, -āpya, 不定 āptum, 使 āpaya-, 意 īpsa-

ās「座す」2 āste（反）, āsate, 完 āsāṃcakre, アオ āsiṣṭa, āsiṣ-ata, 未 āsiṣya-, 受 āsyate, 分 āsita,（不規則な現在分詞āsīna）, 絶 āsitvā, 不定 āsitum

i「行く」2 eti, yanti,（反：adhi-i「学ぶ」-ite, -iyate）, 完 iyāya, īyur, ［adhi-］jage（< gā）, アオ agāt, agur（< gā）, 未 eṣya-, 受 īyate, 分 ita, 絶 itvā, -itya, 不定 etum, 使 āyaya-（āpaya- < adhi-i）, 意 īṣa-

idh「点火する」7 indhe / inddhe（反）, indhate（複数）, 完 īdhe, īdhire, アオ

aindhiṣ-ata, 未 indhiṣya-, 受 idhyate, 分 iddha

iṣ「願う，探す」6 icchati/-te, 完 iyeṣa, īṣur, アオ aiṣīt, aiṣiṣur, 未 eṣiṣya-, 受 iṣyate, 分 iṣṭa, 絶 iṣṭvā, -iṣya, 不定 eṣṭum, 使 eṣaya-

iṣ「遣わす」4 iṣyati, 9 iṣṇanti,（10）iṣayati/-te, 完 īśire, アオ praiṣīt（< pra-iṣ）, 受 iṣyate, 分 iṣita, 絶 -iṣya

īkṣ「見る」1 īkṣate（反）, 完 īkṣāṃcakre, アオ aikṣiṣṭa, 未 īkṣiṣya-, 受 īkṣyate, 分 īkṣita, 絶 īkṣitvā, īkṣya, 不定 īkṣitum, 使 īkṣaya-

īś「支配する」2 īṣṭe（反）, īśate

īh「欲する」1 īhate（反）, 分 īhita, 不定 īhitum

ukṣ「水をかける」6 ukṣati/-te, 未 ukṣiṣya-, 絶 -ukṣya, 使 ukṣaya-

uṣ「燃やす」1 oṣati, 完 uvoṣa, 受 uṣyate

uh/ūh「讃える，留意する」2 ohate（複数）（反）, 完 ūhe, アオ auhiṣṭa, 不定 ūhitum

ūh「ずらす」（< vah）1 ūhati/-te, アオ auhīt, 受 uhyate, 分 ūḍha, 絶 -ūhya, 不定 ūhitum, 使 ūhaya-

ṛ「行く」6 ṛcchati

ṛ「動かす，動く」（> īr）3 iyarti, īrte,（10）arpayati（īr > īrayati）, 完 āra, ārur, アオ ārat, āran, ārta, ār-ata, 未 ariṣya-, 使 arpaya-「引き渡す」, 意 aririṣa-, 強 alarti

ṛdh「繁栄させる」5 ṛdhnoti, ṛdhnuvanti,「栄える」4 ṛdhyate（反）（受アオ ārdhi）, 完 ānardha, ānṛdhe, アオ ārdhiṣṭa, 未 ardhiṣya-, 分 ṛddha, 使 ardhaya-, 意 īrtsa-

edh「繁栄する」1 edhate（反）, 完 edhāṃcakrire, 分 edhita, 不定 edhitum, 使 edhaya-

kam「愛する」（10）kāmayate（反）, 完 cakame, アオ acīkamata, 未 kamiṣya-, 分 kānta

kamp「震える」1 kampate（反）, 完 cakampe, 分 kampita, 不定 kampitum, 使 kampaya-

kāṅkṣ「期待する」1 kāṅkṣati/-te, 完 cakāṅkṣa, 分 kāṅkṣita

kāś「現れる，輝く」1 kāśate（反）, 完 cakāśe, 分 kāśita, 使 kāśaya-, 強 cākaśīti

kup「怒る」4 kupyati/-te, 完 cukopa, 分 kupita, 使 kopaya-

kūj「鳴く」1 kūjati/-te, 完 cukūja, 分 kūjita

kṛ「つくる，する」8 karoti, kurute, kuryāt（願望法）, 5 kṛṇoti, kṛṇute, 完 cakāra, cakre, アオ akar / akarat / akārṣīt, akārṣur, akṛta, akṛṣ-ata, 未 kariṣya-, 受 kriyate（アオ akāri）, 分 kṛta, 絶 kṛtvā, -kṛtya, 不定 kartum, 使 kāraya-（アオ acīkarat）, 意 cikīrṣa-

kṛt「切る」6 kṛntati/-te, 完 cakarta, 未 kartsya- / kartiṣya-, 受 kṛtyate, 分 kṛtta, 絶 kṛttvā, 使 kartaya-

kṛṣ「引きずる」1 karṣati/-te,「耕す」6 kṛṣati/-te, 完 cakarṣa, アオ akṛkṣat, 未 krakṣya-, 受 kṛṣyate, 分 kṛṣṭa, 絶 kṛṣṭvā, -kṛṣya, 不定 kraṣṭum, 使 karṣaya-「苦しめる」

kṝ「撒き散らす」6 kirati/-te, 完 cakre, アオ akārīt, akīrṣ-ata, 受 kīryate, 分 kīrṇa, 絶 -kīrya, 意 cikariṣa-

kḷp「適する，できる」1 kalpate（反）, 完 cakalpa, cakḷpe, 未 kalpsya-, 分 kḷpta, 絶 -kalpya, 使 kalpaya-（アオ acīkḷpat）「整える，著す」

krand「叫ぶ」1 krandati, 完 cakranda, cakrade, アオ akran / akrān / akrandīt, 分 krandita, 絶 kranditvā, -krandya, 使 krandaya-（アオ acikradat）, 強 kanikranti

kram「歩む」1 kramate（反）, krāmati, 完 cakrāma, cakrame, アオ akran / akramīt, akraṃsta, akraṃṣ-ata, 未 kramiṣya- / kraṃsya-（反）, 受 kramyate, 分 krānta, 絶 krāntvā, -kramya, 不定 kramitum / krāntum, 使 kramaya- / krāmaya-, 意 cikramiṣa-, 強 caṅkramīti, caṅkramyate

krī「買う」9 krīṇāti, krīṇīte, 完 cikrāya, 未 kreṣya-, 受 krīyate, 分 krīta, 絶 krītvā, -krīya, 不定 kretum, 使 krāpaya-

krīḍ「遊ぶ」1 krīḍati/-te, 完 cikrīḍa, cikrīḍe, 未 krīḍiṣya-, 分 krīḍita, 不定 krīḍitum, 絶 -krīḍya, 使 krīḍaya-, 意 cikrīḍiṣa-

krudh「怒る」4 krudhyati, 完 cukrodha, 分 kruddha, 不定 kroddhum, 使 krodhaya-（アオ acukrudhat）

kruś「叫ぶ」1 krośati, 完 cukrośa, アオ akrukṣat, 受 kruśyate, 分 kruṣṭa, 不定 kroṣṭum, 絶 -kruṣya

klam「弱る」4 klāmyati, 完 caklame, 分 klānta, 使 klāmaya-

klid「濡れる」4 klidyati/-te, 分 klinna, 使 kledaya-

kliś「悩ます」9 kliśnāti, kliśnīyāt（願望法）, 4「悩む」kliśyate（反）, 分 kliṣṭa, 絶 -kliśya, 使 kleśaya-

kṣan「傷つける」8 kṣaṇoti, kṣaṇute, 分 kṣata

kṣam「耐える」1 kṣamate（反）, 4 kṣamyate（反）, 完 cakṣame, アオ akṣamiṣṭa, 未 kṣamiṣya- / kṣaṃsya-, 受 kṣamyate, 分 kṣānta, 不定 kṣantum, 使 kṣamaya- / kṣāmaya- / kṣamāpaya-「赦しを乞う」

kṣar「流れる」1 kṣarati, 完 cakṣāra, アオ akṣār, 分 kṣarita, 使 kṣāraya-

kṣi「壊す」9 kṣiṇāti, kṣiṇanti, 5 kṣiṇoti, kṣiṇuyāt（願望法）,「壊れる」4 kṣīyate（反）（受アオ指 kṣāyi）, アオ kṣeṣṭa（指）, 分 kṣita / kṣīṇa, 使 kṣapaya-, 意 cikṣīṣa-

kṣip「投げる」6 kṣipati/-te, 完 cikṣepa, cikṣipe, 未 kṣepsya-, 受 kṣipyate, 分 kṣipta, 不定 kṣeptum, 絶 kṣiptvā -kṣipya, 使 kṣepaya-

kṣudh「空腹である」4 kṣudhyati, 分 kṣudhita

kṣubh「ゆれる」4 kṣubhyati/-te, 1 kṣobhate（反）, 完 cukṣobha, cukṣubhe, アオ akṣubhat, 分 kṣubdha / kṣubhita, 使 kṣobhaya-

khan「掘る」1 khanati/-te, 完 cakhāna, cakhnur, 未 khaniṣya-, 受 khanyate/khāyate, 分 khāta, 絶 khanitvā / khātvā, -khanya / -khāya, 不定 khanitum, 使 khānaya-

khād「噛む」1 khādati, 完 cakhāda, 未 khādiṣya-, 受 khādyate, 分 khādita, 使 khādaya-, 意 cikhādiṣa-

khid/khād「掻き裂く」6 khidati, 完 cikheda / cakhāda, アオ khāt（指）, akhātsur, 受 khidyate, 分 khinna, 絶 -khidya, 使 khedaya-「疲弊させる」

khyā「見る，言う」2 khyāti, khyānti, 完 cakhyau, cakhyur, アオ akhyat, 未 khyāsya-, 受 khyāyate, 分 khyāta, 絶 -khyāya, 不定 khyātum, 使 khyāpaya-, 意 cikhyāsa-

gad「暗誦する，話す」1 gadati, 完 jagāda, jagade, アオ agādīt, 未 gadiṣya-, 受 gadyate, 分 gadita, 絶 -gadya, 不定 gaditum, 使 gādaya-

gam「行く」1 gacchati/-te, 完 jagāma, jagme, アオ agan / agamat, agman / agaman, 未 gamiṣya-（能動）/ gaṃsya-（反）, 受 gamyate（アオ agāmi）, 分 gata, 絶 gatvā, -gamya / -gatya, 不定 gantum, 使 gamaya-（アオ ajīgamat）「行かせ

る，理解させる」, 意 jigamiṣa- / jigāṃsa-, 強 ganīganti

gā (gai)「歌う」(4) gāyati/-te, 完 jagau, jagur, アオ agāsīt, agāsiṣur, 未 gāsya-, 受 gīyate (アオ agāyi), 分 gīta, 絶 gītvā, -gīya, 不定 gātum, 使 gāpaya-, 意 jigāsa-, 強 jegīyate

gā「行く」3 jigāti, 完 jage (反) (i 参照), アオ agāt, agur (i 参照), 意 jigīṣa-

gāh「もぐる」1 gāhate (反), 完 jagāha, jagāhe, 未 gāhiṣya-, 受 gāhyate, 分 gāḍha / gāhita, 絶 -gāhya, 不定 gāhitum, 使 gāhaya-

gup「守る」10 gopayati, 完 jugopa, jugupur, 未 gopsya-, 受 gupyate, 分 gupta / gupita, 不定 goptum / gopitum, 意 jugupsa-「嫌悪する」

guh「隠す」1 gūhati/-te, 完 jugūha, アオ aghukṣat, 受 guhyate, 分 gūḍha, 絶 -guhya, 不定 gūhitum, 使 gūhaya-, 意 jughukṣa-

gṛdh「貪欲である」4 gṛdhyati, 完 jāgṛdhur, 未 gardhiṣya-

gṝ「呑む」6 girati, 完 jagāra, アオ gārīt (指), 未 gariṣya-, 受 gīryate, 分 gīrṇa, 絶 -gīrya

grath/granth「結ぶ」9 grathnāti, grathnanti, 完 jagrantha, 受 grathyate, 分 grathita, 絶 grathitvā, -grathya, 使 grathaya-

gras「貪り食う」1 grasate (反), 完 jagrāsa, jagrase, アオ agrasīt, 未 grasiṣya-, 受 grasyate, 分 grasta-, 絶 grasitvā, 使 grāsaya-

grah/grabh「つかむ」9 gṛhṇāti, gṛhṇīte, 完 jagrāha, jagṛhe, アオ agrahīt, agrahīṣur, agrahīṣṭa, agrahīṣ-ata, 未 grahīṣya-, 受 gṛhyate, 分 gṛhīta, 絶 gṛhītvā, -gṛhya, 不定 grahītum, 使 grāhaya- (アオ ajigrahat), 意 jighṛkṣa-

glā (glai)「疲れる」(4) glāyati, 完 jaglau, 分 glāna, 使 glāpaya- / glapaya-

ghaṭ「起こる」1 ghaṭate (反), 分 ghaṭita, 使 ghaṭaya-

ghas「食べる」atti, adanti (< ad), 完 jaghāsa, jakṣur, アオ aghas/ aghat, akṣan, 意 jighatsa-

ghuṣ「鳴り響く」1 ghoṣati/-te, 完 jughoṣa, 受 ghuṣyate, 分 ghuṣṭa, 絶 -ghuṣya, 使 ghoṣaya-

ghrā「嗅ぐ」3 jighrati (複数), 1 jighrati (単数), 受 ghrāyate, 分 ghrāta, 絶 ghrātvā, -ghrāya, 使 ghrāpaya-, 意 jighrāsa-

cakās「輝く」(< kāś) 2 cakāsti, cakāsati (複数)

cakṣ「見る，告げる」(< kāś) 2 caṣṭe（反）, cakṣate, 完 cacakṣa, cacakṣe, 受 cakṣyate, 絶 -cakṣya, 不定 caṣṭum, 使 cakṣaya-

cam「啜る」1 cāmati, 完 cacāma, cemur, 分 cānta, 絶 -camya, 使 cāmaya-

car「動く」1 carati/-te, 完 cacāra, cerur, cere, アオ acārīt, 未 cariṣya-, 受 caryate, 分 carita / cīrṇa, 絶 caritvā, -carya, 不定 caritum / cartum, 使 cāraya-（アオ acīcarat）, 意 cicariṣa-, 強 carcarīti

cal「揺れ動く」1 calati, 完 cacāla, celur, 未 caliṣya-, 分 calita, 不定 calitum, 使 cālaya- / calaya-

ci「集める」5 cinoti, cinute, 完 cikāya, cikye, アオ acet / acaiṣīt, aceṣṭa, 未 ceṣya-, 受 cīyate, 分 cita, 絶 citvā, -citya, 不定 cetum, 意 cikīṣa-/cicīṣa-

ci/cāy「感知する」1 cāyati, 完 cikāya, cikyur, 未 ceṣya-, 分 cita, 絶 cāyitvā, -citya, 不定 cetum, 使 cāyaya-, 意 cikīṣa-

cit「感知する」1 cetati,「照らす，現れる」10 citayati/-te, 完 ciketa / ciceta, cikitur, cikite, アオ acait / acetīt, 受アオ aceti, 分 citta, 使 cetaya-, 意 cikitsa-「治療する」

cint「考える」10 cintayati/-te, 完 cintayāmāsa, 未 cintayiṣya-, 受 cintyate, 分 cintita, 絶 cintayitvā, -cintya, 不定 cintayitum

cud「駆り立てる」1 codati/-te, 使 codaya-（アオ acūcudat）

cur「盗む」10 corayati, アオ acūcurat, 受 coryate, 分 corita

ceṣṭ「動かす」1 ceṣṭati/-te, 分 ceṣṭita, 絶 ceṣṭitvā, 不定 ceṣṭitum, 使 ceṣṭaya-

cyu「動く」1 cyavate（反）, 完 cucyuve, アオ acyoṣṭa, 未 cyoṣya-, 分 cyuta, 不定 cyavitum, 使 cyāvaya-（アオ acucyavat）

chad「覆う」10 chādayati, 完 chādayāmāsa, 受 chādyate, 分 channa / chādita, 絶 chādayitvā, -chādya

chid「切る」7 chinatti, chindanti, 完 ciccheda, cicchide, アオ acchidat / acchaitsīt, 未 chetsya-, 受 chidyate（受アオ achedi）, 分 chinna, 絶 chittvā, -chidya, 不定 chettum, 使 chedaya-, 意 cicchitsa-

jan「生まれる」4 jāyate（反）,「生む」1 janati, 完 jajāna, jajñe, アオ ajaniṣṭa, 未 janiṣya-, 受アオ ajani, 分 jāta, 絶 janitvā, 使 janaya-（アオ ajījanat, 受 janyate, 分 janita）, 意 jijaniṣa-

jap「ささやく」1 japati, 完 jajāpa, jepur, アオ ajapīt, ajāpiṣur, 未 japiṣya-, 受 japyate, 分 japita / japta, 不定 japitum / japtum, 絶 japitvā / japtvā, 強 jañjapyate

jalp「つぶやく」1 jalpati, 完 jajalpa, 受 jalpyate, 分 jalpita

jāgṛ「目覚める」(< jṛ) 2 jāgarti, jāgrati（複数）, 完 jajāgāra, 未 jāgariṣya-, 分 jāgarita, 使 jāgaraya-

ji「勝つ」1jayati/-te, 完 jigāya, jigye, アオ ajais / ajait / ajaiṣīt, jaiṣur（指）, ajeṣṭa, 未 jeṣya-, 受 jīyate, 分 jita, 絶 jitvā, -jitya, 不定 jetum, 使 jāpaya-（アオ ajījapata）, 意 jigīṣa-

jīv「生きる」1 jīvati, 完 jijīva, アオ jīvīt（指）, jīviṣur（指）, 未 jīviṣya-, 分 jīvita, 絶 jīvitvā, -jīvya, 不定 jīvitum, 使 jīvaya-, 意 jijīviṣa-

juṣ「嘉する」6 juṣate（反）, 10 joṣayate, 完 jujoṣa, jujuṣe, アオ ajuṣran, 分 juṣṭa

jṛ/gṛ「目覚める」1 jarante（反）（複数）, 完 jāgāra, 使 jāraya- / jaraya-

jṝ「老いる」4 jīryati/-te,「老いさす」1 jarati, 完 jajāra, アオ jāriṣur（指）, 未 jariṣya-, 分 jīrṇa, 使 jaraya-

jñā「知る」9 jānāti, jānīte, 完 jajñau, jajñe, アオ ajñāsīt, jñāsiṣur（指）, 未 jñāsya-, 受 jñāyate（アオ ajñāyi）, 分 jñāta, 絶 jñātvā, -jñāya, 不定 jñātum, 使 jñāpaya- / jñapaya-（アオ ajijñapat, 分 jñāpita / jñapta）「告げる」, 意 jijñāsa-

jval「燃え盛る」1 jvalati, 完 jajvāla, アオ ajvālīt, 未 jvaliṣya-, 分 jvalita, 絶 -jvalya, 使 jvalaya- / jvālaya-, 強 jājvalīti

takṣ「大工仕事をする」2 tāṣṭi, takṣati（複数）, 完 tatakṣa, tatakṣe, アオ atakṣiṣur, 分 taṣṭa, 絶 -takṣya

tan「伸ばす」8 tanoti, tanute, 10 tānayati, 完 tatāna, tenire, アオ atan / atanat / atān / atāṃsīt / atānīt, ataniṣṭa, 未 taṃsya-, 受 tanyate / tāyate, 分 tata, 絶 -tatya, 不定 tantum, 意 titāṃsa-

tap「熱する」1 tapati/-te,「熱くなる」4 tapyate（反）, 完 tatāpa, tepe, アオ atāpsīt, 未 tapsya-, 受 tapyate（アオ atāpi）, 分 tapta, 絶 taptvā, -tapya, 不定 taptum, 使 tāpaya-（アオ atītapat）「苛む」

tam「失神する」4 tāmyati, 完 tatāma, 分 tānta, 使 tamaya-

tij「尖らす」1 tejate（反）, 分 tikta, 使 tejaya-, 強 tetikte

tud「打つ」6 tudati, 完 tutoda, 未 totsya-, 受 tudyate, 分 tunna, 使 todaya-「突く」

tuṣ「満足する」4 tuṣyati/-te, 完 tutoṣa, 未 tokṣya-, 分 tuṣṭa, 不定 toṣṭum, 絶 -tuṣya, 使 toṣaya-

tṛ/tṝ「超えていく」1 tarati/-te, 6 tirati/-te, 10 tārayati（アオ atītarat）, 完 tatāra, titirur / terur, アオ atārīt, atāriṣur, 未 tariṣya-, 受 tīryate（アオ指 tāri）, 分 tīrṇa, 絶 tīrtvā, -tīrya, 不定 taritum / tarītum / tartum, 使 tāraya-, 意 titīrṣa-, 強 tartarīti

tṛp「喜ぶ」4 tṛpyati/-te, 5 tṛpṇoti, 6 tṛmpati, 完 tatarpa, tātṛpur, アオ atṛpat, 分 tṛpta, 未 tarpiṣya-, 使 tarpaya-（アオ atītṛpat）, 意 titṛpsa-

tṛṣ「〈喉が〉渇く」4 tṛṣyati, 完 tātṛṣur, アオ tṛṣat（指）, 分 tṛṣita, 使 tarṣaya-（アオ atītṛṣat）

tyaj「見捨てる」1 tyajati/-te, 完 tatyāja / tityāja, tatyaje, アオ atyākṣīt, 未 tyakṣya- / tyajiṣya-, 受 tyajyate, 分 tyakta, 絶 tyaktvā, -tyajya, 不定 tyaktum, 使 tyājaya-, 意 titikṣa-「耐える」

tras「震える」1 trasati, 4 trasyati, 完 tatrāsa, tatrasur / tresur, 未 trasiṣya-, 分 trasta, 使 trāsaya-（アオ atitrasat）

trā（**trai**）「救う」(4) trāyate（反）, 完 tatre, 未 trāsya-, 分 trāṇa / trāta, 絶 trātvā, 不定 trātum, 意 titrāsa-

tvar「急ぐ」1 tvarate（反）, 完 tatvare, 分 tvarita / tūrṇa, 使 tvaraya-

daṃś「噛む」1 daśati, 完 dadaṃśa, dadaṃśur, 未 daśiṣya-, 受 daśyate, 分 daṣṭa, 絶 daṃṣṭvā, -daśya, 使 daṃśaya-

dam「抑制する」4 dāmyati, (10) damayati, 分 dānta, 絶 damitvā

dah「焼く」1 dahati, 完 dadāha, dadahur, アオ adhāk / adhākṣīt, 未 dhakṣya-, 受 dahyate, 分 dagdha, 絶 dagdhvā, -dahya, 不定 dagdhum, 使 dāhaya-, 意 dhīkṣa- / didhakṣa-, 強 dandahīti, dandahyate

dā「与える」3 dadāti, dadati, datte, dadate, dehi（命令 2 人称単数能動）, 完 dadau, dade, アオ adāt, adur, adita, adiṣ-ata, 未 dāsya-, 受 dīyate（アオ指 dāyi）, 分 datta, 絶 dattvā, -dāya, 不定 dātum, 使 dāpaya-（アオ adīdapat）, 意 ditsa- / didāsa-

dā/do「分ける」4 dyati, (10) dayate（反）, 完 dadire, アオ adāt, 受 dīyate, 分 -tta

div/dīv「〈さいころで〉遊ぶ」4 dīvyati/-te, 完 dideva, アオ adevīt, 未 deviṣya-,

分 dyūta「遊び」, 不定 devitum, 使 devaya-

diś「示す」6 diśati, 完 dideśa, didiśur, アオ adikṣat, adiṣṭa, 未 dekṣya-, 受 diśyate, 分 diṣṭa, 絶 -diśya, 不定 deṣṭum, 使 deśaya-, 意 didikṣa-, 強 dediśyate

dih「塗る」2 degdhi, アオ adhikṣan, 受 dihyate, 分 digdha, 絶 -dihya, 使 dehaya-

dīkṣ「聖化する」1 dīkṣate（反）, 完 didīkṣe, didīkṣire, アオ adīkṣiṣṭa, adīkṣiṣata, 未 dīkṣiṣya-, 分 dīkṣita, 絶 dīkṣitvā, -dīkṣya, 使 dīkṣaya-

dīp「輝く」4 dīpyate（反）, 完 didīpe, 分 dīpta, 絶 -dīpya, 使 dīpaya-（アオ adīdipat）, 強 dedīpyate

duṣ「悪化する」4 duṣyati, アオ duṣat（指）, 分 duṣṭa, 使 dūṣaya-（アオ adūduṣat）

duh「乳をしぼる，乳を出す」2 dogdhi, dugdhe, 完 dudoha, duduhe, アオ adhukṣat, adhukṣan, adhukṣa-ta, adhukṣ-ata, 未 dhokṣya-, 受 duhyate, 分 dugdha, 絶 dugdhvā, -duhya, 不定 dogdhum, 使 dohaya-（アオ adūduhat）, 意 dudhukṣa-

dṛ「注目する」6［ā-］driyate（反）, 分［ā-］dṛta, 絶［ā-］dṛtya

dṛ/dṝ「炸裂する」9 dṛṇāti, dṛṇīyāt（願望法）, 完 dadāra, dadrur, アオ adar / dart（指）, 受 dīryate, 分 dīrṇa, 絶 -dīrya, 使 dāraya-, 強 dardarīti

dṛp「荒れ狂う」4 dṛpyati, アオ adṛpat, 未 drapsya-, 分 dṛpta, 使 darpaya-

dṛś「見る」paśyati/-te（< paś）, 完 dadarśa, dadṛśe, アオ adrākṣīt, adrākṣur, adṛkṣ-ata, 未 drakṣya-, 受 dṛśyate（アオ adarśi）, 分 dṛṣṭa, 絶 dṛṣṭvā, -dṛśya, 使 darśaya-, 意 didṛkṣa-, 強 darīdṛśyate

dyut「輝く」1 dyotate（反）, 完 didyute, アオ adyaut, adyotiṣṭa, 未 dyotiṣya-, 使 dyotaya-（アオ adidyutat）

dru「走る」1 dravati, 完 dudrāva, dudruvur, dudruve, アオ adudruvat, 未 droṣya-, 分 druta, 絶 drutvā, -drutya, 使 drāvaya-「駆逐する」

druh「敵対する」4 druhyati, 完 dudroha, アオ druhan（指）, 未 dhrokṣya-, 分 drugdha, 絶 -druhya, 不定 drogdhum, 意 dudrukṣa-

dviṣ「憎む」2 dveṣṭi, dviṣṭe, 完 didveṣa, アオ dvikṣat（指）, dvikṣa-ta（指）, 分 dviṣṭa, 不定 dveṣṭum, 使 dveṣaya-

dhā「置く」3 dadhāti, dadhati, dhatte, dadhate, dhehi（命令法 2 人称単数能動）, 完 dadhau, dadhe, アオ adhāt, adhur / dhāsur（指）, adhita, adhiṣ-ata, 未

dhāsya-, 受 dhīyate（アオ adhāyi）, 分 hita, 絶 dhitvā, -dhāya, 不定 dhātum, 使 dhāpaya-, 意 dhitsa- / didhiṣa-

dhā/dhe「〈乳を〉吸う」1 dhayati, 完 dadhur, アオ adhāt / adhaiṣīt, 分 dhīta, 絶 dhītvā, 使 dhāpaya-

dhāv「走る」1 dhāvati/-te, アオ adhāviṣṭa, 未 dhāviṣya-, 分 dhāvita, 絶 dhāvitvā, -dhāvya, 使 dhāvaya-（アオ adadhāvat）

dhū「揺らす」5 dhūnoti / dhunoti, dhūnute / dhunute, 6 dhuvati, 完 dudhāva, dudhuve, アオ adhāvīt, adhūṣṭa, adhūṣ-ata, 未 dhaviṣya-, 受 dhūyate, 分 dhuta / dhūta, 絶 dhūtvā, -dhūya, 使 dhūnaya- / dhāvaya-, 強 dodhavīti, dodhūyate

dhṛ「保持する」(10) dhārayati/-te,「堅固である」6 dhriyate, 完 dādhāra / dadhāra, dadhre, アオ adīdharat, 未 dhariṣya-, 受 dhāryate（アオ adhāri）, 分 dhṛta, 絶 dhṛtvā, -dhṛtya, 不定 dhartum, 意 didhīrṣa-

dhṛṣ「敢行する」5 dhṛṣṇoti, 完 dadharṣa, dādhṛṣur, アオ adharṣiṣur, 分 dhṛṣṭa / dhṛṣita, 絶 -dhṛṣya, 使 dharṣaya-

dhmā/dham「吹く」1 dhamati, 完 dadhmau, 未 dhamiṣya-, 受 dhamyate / dhmāyate, 分 dhamita / dhmāta, 絶 -dhmāya, 使 dhmāpaya-

dhyā（dhyai）「考える」(4) dhyāyati/-te, 完 dadhyau, 未 dhyāsya-, 受 dhyāyate, 分 dhyāta, 絶 dhyātvā, -dhyāya, 意 didhyāsa-

dhvaṃs「散る」1 dhvaṃsate, (10) dhvasayati, 完 dadhvase, 受 dhvasyate, 分 dhvasta, 使 dhvaṃsaya-

nad「響く」1 nadati, 10 nadayati/-te, 完 nanāda, nedur, 受 nadyate, 分 nadita, 使 nādaya-, 強 nānadati（複数）, nānadyate

nand「喜ぶ」1 nandati, 完 nananda, nanandur, 未 nandiṣya-, 受 nandyate, 絶 -nandya, 不定 nanditum, 使 nandaya-

nam「身を曲げる」1 namati/-te, 完 nānāma, neme, アオ anān / anaṃsīt, anaṃsiṣur, anaṃs-ata, 未 naṃsya-, 受 namyate, 分 nata, 絶 natvā, -namya / -natya, 不定 namitum, 使 namaya- / nāmaya-（アオ anīnamat）, 強 nannamīti

naś「費える」4 naśyati, 完 nanāśa, neśur, アオ anaśat / neśat（指）, 未 naśiṣya- / naṅkṣya-, 分 naṣṭa, 使 nāśaya-（アオ anīnaśat）

nah「縛る」4 nahyati/-te, 完 nanāha, アオ anātsīt, 未 natsya-, 受 nahyate, 分

naddha, 絶 -nahya, 使 nāhaya-

nij「洗う」3 nenekti, nenikte（本来は強意形）, アオ anaikṣīt, 分 nikta, 絶 niktvā, -nijya, 使 nejaya-

nid/nind「非難する」1 nindati, 完 nininda, ninidur, アオ anindiṣur, 受 nindyate, 分 nindita, 意 ninitsa-

nī「導く」1 nayati/-te, 完 ināya, ninye, アオ anait / anaiṣīt, aneṣṭa, aneṣ-ata, 未 neṣya-, 受 nīyate（アオ anāyi）, 分 nīta, 絶 nītvā, -nīya, 不定 netum, 使 nāyaya-, 意 ninīṣa-, 強 nenīyate

nud「押す」6 nudati/-te, 完 nunoda, nunude, 未 notsya-, 分 nutta / nunna, 絶 -nudya, 使 nodaya-, 強 nonudyate

nṛt「踊る」4 nṛtyati/-te, 完 nanarta, nṛtur, アオ anartīt, anartiṣur, 未 nartiṣya- / nartsya-, 分 nṛtta, 不定 nartitum / narttum, 使 nartaya-, 強 narīnartti

pac「料理する」1 pacati/-te,「熟す」4 pacyate, 完 papāca, pece, アオ apākṣīt, 未 pakṣya-, 受 pacyate, 分 pakva, 絶 paktvā, 使 pācaya-

paṭh「読む」1 paṭhati, 完 papāṭha, 受 paṭhyate, 分 paṭhita, 絶 paṭhitvā, 使 pāṭhaya-, 強 pāpaṭhīti

paṇ「商取引する」1 paṇate（反）, 受 paṇyate, 分 paṇita

pat「飛ぶ, 落ちる」1 patati,（10）patayati, 完 papāta, petur, アオ apaptat, 未 patiṣya-, 分 patita, 不定 patitum, 絶 patitvā, -patya, 使 pātaya-（アオ apīpatat）, 意 pipatiṣa-, 強 pāpatīti

pad「行く」4 padyate（反）, 完 papāda, pede, アオ apats-ata, 受アオ apādi, 未 patsya-, 分 panna, 絶 -padya, 不定 pattum, 使 pādaya-（アオ apīpadat）, 意 pipatsa- / pitsa-, 強 panīpadyate

paś「見る」4 paśyati/-te（dṛś参照）

pā「飲む」1 pibati/-te, 完 papau, pape, アオ apāt / apās, pāsta（指）, 未 pāsya-, 受 pīyate（アオ apāyi）, 分 pīta, 絶 pītvā, -pāya / -pīya, 不定 pātum, 使 pāyaya-, 意 pipāsa- / pipīṣa-, 強 pepīyate

pā「守る」2 pāti, pānti, 不定 pātum

piṣ「潰す」7 pinaṣṭi, piṃṣanti, 完 pipeṣa, pipiṣe, アオ apikṣan, 未 pekṣya-, 受 piṣyate, 分 piṣṭa, 不定 peṣṭum, 絶 piṣṭvā, -piṣya, 使 peṣaya-（アオ apīpiṣat）

pīḍ「圧する」完 pipīḍe, 使 pīḍaya-「苦しめる」

puṣ「繁栄する」4 puṣyati/-te, 9 puṣṇāti, puṣṇīyāt（願望法）, 完 pupoṣa, pupuṣur, 分 puṣṭa, 使 poṣaya-

pū「清まる，清める」1 pavate（反）, 9 punāti, punīte, 完 pupuvur, pupuve, アオ apāviṣur, apaviṣṭa, 受 pūyate, 分 pūta, 絶 pūtvā, -pūya, 不定 pavitum, 使 pāvaya-, 意 pupūṣa-

pṛ「渡す」3 piparti, piprati, 10 pārayati（アオ apīparat）, 使 pāraya-「できる」

pṛ「作用する」6［vyā-］priyate（受 > 反）, 分 pṛta, 使 pāraya-

pṝ/prā「満たす」9 pṛṇāti, pṛṇīyāt（願望法）, 完 paprau / paprā, pupūre, アオ aprās / aprāt, 受 pūryate（アオ apūri）, 分 pūrta / pūrṇa, 絶 -pūrya, 使 pūraya-

pyā（**pyai**）「膨らむ」（4）pyāyate, 分 pyāta, 使 pyāyaya-

prach/praś「尋ねる」6 pṛcchati/-te, 完 papraccha, papracchur, アオ aprāṭ / aprākṣīt, 未 prakṣya-, 受 pṛcchyate, 分 pṛṣṭa, 絶 pṛṣṭvā, -pṛcchya, 不定 praṣṭum

prath「広げる，広がる」1 prathati/-te, 完 papratha, paprathe, アオ aprathiṣṭa, 分 prathita, 使 prathaya-

prī「喜ばす」9 prīṇāti, prīṇīte,「喜ぶ」4 prīyate（反）, 完 pipriye, アオ apraiṣīt, 分 prīta, 絶 prītvā, 使 prīṇaya-, 意 piprīṣa-

plu「浮かぶ」1 plavate（反）, 完 pupluve, アオ aploṣṭa, 未 ploṣya-, 分 pluta, 絶 -plutya / -plūya, 使 plāvaya-（アオ apiplavat）, 強 poplūyate

phal「破裂する，実る」1 phalati, 完 paphāla, 分 phalita, 使 phālaya-

bandh「縛る」9 badhnāti, badhnīte, 完 babandha, bedhe, 未 bhantsya- / bandhiṣya-, 受 badhyate, 分 baddha, 絶 baddhvā, -badhya, 不定 banddhum / baddhum, 使 bandhaya-

bādh「斥ける」1 bādhate（反）,（10）bādhayati, 完 babādhe, アオ bādhiṣṭa（指）, 未 bādhiṣya-, 受 bādhyate, 分 bādhita, 絶 bādhitvā, -bādhya, 不定 bādhitum, 意 bibādhiṣa- / bībhatsa-, 強 bābadhe / badbadhe

budh「意識する」1 bodhati,「目覚める」4 budhyate（反）（受アオ abodhi）, 完 bubodha, bubudhe, アオ abhuts-ata, 未 bhotsya-, 分 buddha, 絶 buddhvā, -budhya, 不定 boddhum, 使 bodhaya-（アオ abūbudhat）, 意 bubhutsa-

brū「言う」2 bravīti, bruvanti, brūte, bruvate（vac 参照）

bhakṣ「食べる」10 bhakṣayati, アオ ababhakṣat, 受 bhakṣyate, 分 bhakṣita, 不定 bhakṣitum

bhaj「分け与える, 分け前に与る」1 bhajati/-te, 完 babhāja, bheje, アオ abhākṣīt, abhākṣur, abhakta, 未 bhakṣya- / bhajiṣya-, 受 bhajyate, 分 bhakta, 絶 bhaktvā, -bhajya, 不定 bhaktum, 使 bhājaya-, 意 bhikṣ参照

bhañj「毀す」7 bhanakti, bhañjanti, 完 babhañja, アオ abhāṅkṣīt, 未 bhaṅkṣya-, 受 bhajyate, 分 bhagna, 絶 bhaṅktvā, -bhajya

bhas「貪り食う」3 babhasti, bapsati

bhā「輝く」2 bhāti, bhānti, 完 babhau, アオ abhāsīt, 未 bhāsya-, 分 bhāta

bhāṣ「話す」1 bhāṣate（反）, 完 babhāṣe, 未 bhāṣiṣya-, 受 bhāṣyate, 分 bhāṣita, 絶 bhāṣitvā, -bhāṣya, 不定 bhāṣitum, 使 bhāṣaya-

bhās「輝く」1 bhāsati/-te, 完 babhāse, 未 bhāsiṣya-, 分 bhāsita, 使 bhāsaya-

bhikṣ「乞う」bhikṣate（bhaj の意欲形・反射）, 完 bibhikṣe, 分 bhikṣita, 絶 bhikṣitvā, 不定 bhikṣitum, 使 bhikṣaya-

bhid「裂く」7 bhinatti, bhindanti, 完 bibheda, bibhide, アオ abhet, 未 bhetsya-, 受 bhidyate（アオ abhedi）, 分 bhinna, 絶 bhittvā, -bhidya, 不定 bhettum, 使 bhedaya-, 意 bibhitsa-

bhī「恐れる」1 bhayate, 3 bibheti, bibhyati, abibhayur（未完了 3 人称複数能動）, 完 bibhāya / bibhayāṃcakāra, bibhye, アオ abhaiṣīt, abhaiṣur, 未 bheṣya-, 受 bhīyate, 分 bhīta, 使 bhāyaya- / bhāpaya- / bhīṣaya-

bhuj「楽しむ, 食べる」7 bhunakti, bhuṅkte, 完 bubhuje, 未 bhokṣya-, 受 bhujyate, 分 bhukta, 絶 bhuktvā, 不定 bhoktum, 使 bhojaya-, 意 bubhukṣa-, 強 bobhujīti, bobhujyate

bhū「なる」1 bhavati, 完 babhūva, babhūvur, アオ abhūt, abhūvan, 未 bhaviṣya-, 受 bhūyate, 分 bhūta, 絶 bhūtvā, -bhūya, 不定 bhavitum, 使 bhāvaya-「作り出す, 念想する」, 意 bubhūṣa-, 強 bobhavīti

bhṛ「運ぶ」3 bibharti, bibhrati, abibharur（未完了 3 人称複数能動）, 1 bharati/-te, 完 babhāra / jabhāra / bibharāṃbabhūva, babhrur, babhre, アオ abhār / abhārṣīt, 未 bhariṣya-, 受 bhriyate（アオ指 bhāri）, 分 bhṛta, 絶 -bhṛtya, 不定 bhartum, 意 bubhūrṣa-, 強 bharibhrati（複数）

bhṛjj/bhrajj「焼く」6 bhṛjjati, 分 bhṛṣṭa, 絶 bhṛṣṭvā

bhraṃś「落ちる」1 bhraṃśate（反）, 4 bhraśyati/-te（反）, 完 babhraṃśe, アオ bhraśat（指）, 分 bhraṣṭa, 使 bhraṃśaya-

bhram「歩きまわる」1 bhramati, 4 bhrāmyati/-te, 完 babhrāma, bhremur, アオ abhramīt, 未 bhramiṣya-, 分 bhrānta, 絶 bhrāntvā, -bhramya / -bhrāmya, 不定 bhramitum, 使 bhramaya- / bhrāmaya-, 強 bambhramīti, bambhramyate

bhrāj「輝く」1 bhrājate（反）, 完 babhrāja, 使 bhrājaya-

majj「沈む」1 majjati, 完 mamajja, アオ amāṅkṣīt, 未 maṅkṣya-, 分 magna, 不定 majjitum / maṅktum, 絶 -majjya, 使 majjaya-

math「破く，奪う」9 mathnāti, mathnīta（願望法）, 完 mamātha, methur, アオ mathīt（指）, amathiṣ-ata, 未 mathiṣya-, 受 mathyate, 分 mathita, 絶 -mathya, 意 mimathiṣa-

mad/mand「喜ぶ，酔う」1 madati, 4 mādyati,「酔わせる」1 mandati/-te, 10 madayati/-te, 完 mamāda, mandur, アオ amandīt, amatsur / amādiṣur / amandiṣur, amatta / mandiṣṭa（指）, amats-ata, 分 matta, 使 mandaya- / mādaya-（アオ amīmadat）

man「～と思う」4 manyate（反）,「考える」8 manute（反）, manvate, 完 mene, アオ amata / amaṃsta, 未 maṃsya-, 分 mata, 絶 matvā, -matya / -manya, 不定 mantum, 使 mānaya-「敬う」, 意 mīmāṃsa-

manth「攪拌する」1 manthati/-te, 完 mamantha, mamanthur, 未 manthiṣya-, 受 mathyate, 分 manthita / mathita, 絶 manthitvā / mathitvā, -manthya / -mathya, 不定 manthitum / mathitum, 使 manthaya-

mā「量る」3 mimīte（反）, mimate, 完 mame, mamire, 未 māsya-, 受 mīyate, 分 mita, 絶 mitvā, -māya, 不定 mātum, 使 māpaya-

mī「減らす」9 mināti, minanti, 5 minoti, minute,「減る」4 mīyate（アオ amāyi）, 完 mimāya / mamau, アオ meṣṭa（指）, 未 meṣya-, 分 mīta

mīl「目を閉じる」1 mīlati, 受 mīlyate, 分 mīlita, 使 mīlaya, 絶 -mīlya

muc「解放する」6 muñcati/-te,「自由になる」4 mucyate, 完 mumoca, mumuce, アオ amok / amucat / amauk, mukṣ-ata（指）, 未 mokṣya-, 受 mucyate（アオ amoci）, 分 mukta, 絶 muktvā, -mucya, 不定 moktum / mocitum, 使 mocaya-

（アオ amūmucat）, 意 mumukṣa-

mud「喜ぶ」1 modate（反）, 完 mumoda, mumude, 未 modiṣya, 分 mudita, 使 modaya-

muṣ「盗む」9 muṣṇāti, muṣṇīyāt（願望法）, 完 mumoṣa, アオ amoṣiṣur, 受 muṣyate, 分 muṣita / muṣṭa, 絶 muṣitvā

muh「困惑する」4 muhyati, 完 mumoha, mumuhe, 未 mohiṣya-, 分 mugdha / mūḍha, 使 mohaya-（アオ amūmuhat）

mṛ「死ぬ」6 mriyate（受 > 反）, 完 mamāra, mamrur, アオ amṛta, 未 mariṣya-, 分 mṛta, 不定 martum, 使 māraya-, 意 mumūrṣa-

mṛj「拭う」2 mārṣṭi, mṛṣṭe, 10 marjayati/-te, 完 mamārja, māmṛje, アオ amārkṣīt / amārjīt / amṛkṣat, amārjiṣur, amṛkṣa-nta, 未 mrakṣya- / mārkṣya-, 受 mṛjyate, 分 mārjita / mṛṣṭa, 絶 mārjitvā / mṛṣṭvā, -mārjya / -mṛjya, 不定 marṣṭum / mārṣṭum / mārjitum, 使 mārjaya-, 強 marmṛjyate

mṛd「潰す」9 mṛdnāti, mṛdnīyāt（願望法）, 完 mamarda, アオ amardīt, 受 mṛdyate, 分 mṛdita, 不定 marditum, 絶 mṛditvā, -mṛdya, 使 mardaya-

mṛś「触れる，想う」6 mṛśati/-te, 完 mamarśa, māmṛśur, mamṛśe, アオ amārkṣīt / amṛkṣat, 分 mṛṣṭa/mṛśita, 絶 -mṛśya, 不定 marṣṭum, 使 marśaya-

mṛṣ「赦す」4 mṛṣyate（反）, 完 mamarṣa, mamṛṣe, 受 mṛṣyate, 絶 -mṛṣya, 使 marṣaya-

mnā「言及する」1 manati, アオ amnāsīt, amnāsiṣur, 受 mnāyate, 分 mnāta

mlā（**mlai**）「萎れる」(4) mlāyati, 完 mamlau, 分 mlāna / mlāta, 使 mlāpaya-

yaj「神を祭る」1 yajati/-te, 完 īje（反）, iyāja, アオ ayāṭ / ayākṣīt, ayaṣṭa, ayakṣ-ata, 未 yakṣya-, 受 ijyate, 分 iṣṭa, 絶 iṣṭvā, 不定 yaṣṭum, 使 yājaya-, 意 iyakṣa- / yiyakṣa-

yat「努める」1 yatati/-te, 完 yete, アオ ayatiṣṭa, 未 yatiṣya-, 受 yatyate, 分 yatta / yatita, 絶 -yatya, 不定 yatitum, 使 yātaya-

yam「保持する，抑える」1 yacchati/-te, 完 yayāma, yeme, アオ ayān, ayamur, ayaṃsta, ayaṃs-ata, 未 yaṃsya- / yamiṣya-, 受 yamyate（アオ ayāmi）, 分 yata, 絶 yamitvā, -yamya / -yatya, 不定 yantum, 使 yamaya- / yāmaya-, 意 yiyāṃsa-, 強 yaṃyamīti

yā「行く」2 yāti, yānti, 完 yayau, yayur, アオ ayāsīt, ayāsur / ayāsiṣur, 未 yāsya-, 分 yāta, 絶 yātvā, -yāya, 不定 yātum, 使 yāpaya-, 意 yiyāsa-

yāc「頼む」1 yācati/-te, 完 yayāca, yayāce, アオ ayāciṣṭa, 未 yāciṣya-, 受 yācyate, 分 yācita, 絶 yācitvā, -yācya, 不定 yācitum, 使 yācaya-

yu「結ぶ」2 yauti, yuvanti, 6 yuvati/-te, 完 yuyuve, 分 yuta, 意 yuyūṣa-

yu「離す」3 yuyoti, 1 yuchati, 受アオ ayāvi, 分 yuta, 使 yāvaya- / yavaya-, 意 yuyūṣa-

yuj「くびきに付ける」7 yunakti, yuṅkte, 完 yuyoja, yuyuje, アオ ayokṣīt, ayukṣata, 未 yokṣya-, 受 yujyate（アオ ayoji）, 分 yukta, 絶 yuktvā, -yujya, 不定 yoktum, 使 yojaya-（アオ ayūyujat）, 意 yuyukṣa-

yudh「戦う」4 yudhyati/-te, 完 yuyodha, yuyudhe, アオ ayodhīt, 未 yotsya-, 分 yuddha, 絶 -yudhya, 不定 yoddhum, 使 yodhaya-, 意 yuyutsa-

rakṣ「守る」1 rakṣati/-te, 完 rarakṣa, アオ arākṣīt / arakṣīt, 受 rakṣyate, 分 rakṣita, 絶 rakṣitvā, -rakṣya, 不定 rakṣitum, 意 rirakṣiṣa-

raj/rañj「色づく」4 rajyati/-te, 分 rakta, 絶 -rajya, 使 rajaya- / rañjaya-「喜ばす」

rabh/rambh「つかむ」1 rabhate / rambhate（反）, 完 rārabhe / rebhe, アオ arabdha, 未 rapsya-, 受 rabhyate（アオ arambhi）, 分 rabdha, 絶 -rabhya, 不定 rabdhum, 使 rambhaya-, 意 ripsa- / rīpsa-

ram「止まる，満足する」1 ramate（反）,（10）ramayati, 完 rarāma, reme, アオ araṃsīt, araṃsiṣur, araṃsta, araṃs-ata, 未 raṃsya-, 受 ramyate, 分 rata, 絶 ratvā, -ramya, 不定 rantum, 使 ramaya- / rāmaya-（アオ arīramat）

rāj「王である，輝く」1 rājati,（10）rājayate, 完 rarāja, reje, アオ arājīt, arājiṣur, 分 rājita

rādh「達成する」5 rādhnoti, rādhnuvanti, 4 rādhyate（反）（受アオ arādhi）, 完 rarādha, アオ arātsīt, arātsur, arādhiṣṭa, 未 rātsya-, 分 rāddha, 絶 -rādhya, 使 rādhaya-（アオ arīradhat）「満足させる」

ric「除去する，空ける，凌ぐ」7 riṇakti, riñcanti, 4 ricyate（反）（受アオ指 reci）, 完 rireca, ririce, アオ āraik, rikṣ-ata（指）, 受 ricyate, 分 rikta, 使 recaya-

riṣ「傷つく」4 riṣyati/-te, アオ riṣat（指）, 分 riṣṭa, 使 reṣaya-（アオ指 rīriṣat）, 意 ririkṣa-

ru「叫ぶ」2 rauti, ruvanti, 6 ruvati, 1 ravate, 完 rurāva, ruruvur, アオ arāvīt, arāviṣur, 分 ruta, 使アオ arūruvat, 強 roravīti, rorūyate

ruc「輝く」1 rocate（反）, 完 ruroca, ruruce, アオ arucat, arociṣṭa, 未 rociṣya-, 受アオ aroci, 分 rucita, 不定 rocitum, 使 rocaya-（アオ arūrucat）, 意 rurucișa-

ruj「壊す，苦しめる」6 rujati, 完 ruroja, rurujur, アオ rok（指）/ ruk（指）/ rauk（指）, 受 rujyate, 分 rugṇa / rujita, 絶 ruktvā, -rujya

rud「泣く」2 roditi, rudanti, 1 rodati, 完 ruroda, rurudur, アオ arudat, 未 rodiṣya-, 受 rudyate, 分 rudita, 絶 ruditvā, -rudya, 不定 roditum, 使 rodaya-

rudh「阻止する」7 ruṇaddhi, runddhe, 完 rurodha, rurudhe, アオ araut / arautsīt, aruddha, aruts-ata, 未 rotsya-, 受 rudhyate, 分 ruddha, 絶 ruddhvā, -rudhya, 不定 roddhum, 使 rodhaya-, 意 rurutsa-

ruṣ「苛立つ」1 roṣati, 4 ruṣyati/-te, 分 ruṣita / ruṣṭa, 使 roṣaya-

ruh「昇る，成長する」1 rohati/-te, 完 ruroha, ruruhur, ruruhe, アオ aruhat / arukṣat, 未 rokṣya-, 受 ruhyate, 分 rūḍha, 絶 rūḍhvā, -ruhya, 不定 roḍhum, 使 rohaya- / ropaya-, 意 rurukṣa-

lajj「恥じる」6 lajjate（反）, 完 lalajje, 使 lajjaya-

lap「お喋りする」1 lapati, 完 lalāpa, lepur, 未 lapiṣya-, 受 lapyate, 分 lapita, 絶 -lapya, 不定 laptum, 使 lāpaya-, 強 lālapīti, lālapyate

labh/lambh「つかむ」1 labhate / lambhate（反）, 完 lebhe, アオ alabdha, alaps-ata, 未 lapsya-, 受 labhyate（アオ alambhi）, 分 labdha, 絶 labdhvā, -labhya, 使 lambhaya-, 意 lipsa- / līpsa-

lamb「垂れ下がる」1 lambate（反）, 完 lalambe, 未 lambiṣya-, 分 lambita, 絶 -lambya, 不定 lambitum, 使 lambaya-

las「輝く，戯れる」1 lasati, 完 lalāsa, 分 lasita, 使 lāsaya-「踊る」, 強 lālasīti

likh「引っ掻く」6 likhati, 完 lilekha, アオ alekhīt, 未 likhiṣya-, 受 likhyate, 分 likhita, 絶 likhitvā, -likhya, 使 lekhaya-

lip「塗る」6 limpati/-te, 完 lilepa, lilipe, アオ alipta, alips-ata, 受 lipyate, 分 lipta, 絶 -lipya, 使 lepaya-

lih「舐める」2 leḍhi, lihanti, līḍhe, 完 lileha, lilihe, アオ alikṣat, 分 līḍha, 使 lehaya-, 強 lelihyate

lī「もたれる」1 layate（反）, 4 līyate（反）, 完 lilye / layāṃcakre, アオ aleṣṭa, 分 līna, 絶 -līya, 使 lāpaya-

lup「壊す」6 lumpati/-te, 完 lulopa, lulupe, 受 lupyate, 分 lupta, 絶 -lupya, 不定 loptum, 使 lopaya-

lubh「貪欲である」4 lubhyati, 完 lulubhe, 分 lubdha, 使 lobhaya-

lū「刈り取る」9 lunāti, lunīte, 5 lunoti, 完了 lulāva, アオ alāvīt, 未 laviṣya-, 分 lūna

vac「話す」bravīti, brūte（ < brū）, 3 vivakti, 2 vakti, 完 uvāca, ūce, アオ avocat, avocata, 未 vakṣya-, 受 ucyate（アオ avāci）, 分 ukta, 絶 uktvā, -ucya, 不定 vaktum, 使 vācaya-（アオ avīvacat）, 意 vivakṣa-「意図する」

vañc「ふらつく」1vañcati, 完 vāvakre, 受 vacyate, 使 vañcaya-「騙す」

vad「言う」1 vadati/-te, 完 uvāda, ūde, アオ avādīt, avādiṣur, avādiṣṭa, avādiṣ-ata, 未 vadiṣya-, 受 udyate（アオ avādi）, 分 udita, 絶 uditvā, -udya, 不定 vaditum, 使 vādaya-, 意 vivadiṣa-, 強 vāvadīti

vadh「殺す」アオ avadhīt, avadhiṣ-ata（han 参照）, 未 vadhiṣya-, 受 vadhyate

vand「褒める」1 vandate（反）, 完 vavanda, 受 vandyate, 分 vandita

vap「撒く」1 vapati/-te, 完 uvāpa, ūpe, アオ avāpsīt, 未 vapsya- / vapiṣya-, 受 upyate, 分 upta, 絶 uptvā, -upya, 使 vāpaya-

vam「吐く」2 vamiti, vamanti, 完 vavāma, vemur, 分 vānta, 絶 vamitvā, 使 vāmaya-

vaś「切望する」2 vaṣṭi, uśanti, 3 vivaṣṭi, 完 vāvaśur, 使 vaśaya-「服属させる」

vas「照る」6 uchati, 完 uvāsa, ūṣur, アオ āvas / avāt / avāṭ, 未 vatsya-, 使 vāsaya-

vas「着る」2 vaste（反）, vasate, 完 vavase / vāvase, アオ avasiṣṭa, 未 vatsya-, 分 vasita, 絶 vasitvā, 使 vāsaya-

vas「泊まる，住まう」1 vasati, 完 uvāsa, ūṣur, vāsāṃcakre, アオ avātsīt, 未 vatsya- / vasiṣya-, 分 vasita / uṣita, 絶 uṣitvā, -uṣya, 不定 vastum / vasitum, 使 vāsaya-（アオ avīvasat）, 意 vivatsa-

vah「運ぶ」1 vahati/-te, 完 uvāha, ūhur, アオ avākṣīt, 未 vakṣya-, 受 uhyate, 絶 ūḍhvā, -uhya, 不定 voḍhum, 使 vāhaya-

vā「吹く」2 vāti, vānti, 完 vavau, アオ avāsīt, 未 vāsya-, 分 vāta

vā (vai)「失せる」(4) vāyati, 分 -vāta, [nir-] vāṇa, ūna, 使 vāpaya-

vāñch「欲する」1 vāñchati/-te, 完 vavāñcha, vavāñchur, 受 vāñchyate, 分 vāñchita

vic「切り離す」7 vinakti, viñcate (複数), 完 viveca, 未 vekṣya-, 受 vicyate, 分 vikta, 絶 -vicya, 不定 vektum, 使 vecaya-, 強 vevekti

vij「ほとばしる, 動揺する」6 vijate (反), 完 vivije, アオ vikta (指), 未 vijiṣya-, 分 vigna, 使 vejaya-, 強 vevijyate

vid「知る」2 vetti, vidanti, 完 veda (現在完了) / vidāṃcakāra, vidur, vide, アオ avedīt, avediṣur, 未 vediṣya-, 受 vidyate, 分 vidita, 絶 viditvā, 不定 veditum, 使 vedaya-, 意 vividiṣa-

vid「見つける」6 vindati/-te, 完 viveda, vividur, vivide, アオ avidat, 未 vetsya-, 受 vidyate「存在する」(アオ avedi), 分 vitta / vinna, 絶 vittvā, -vidya, 不定 vettum, 意 vivitsa-

vip/vep「震える」1 vepate (反), 完 vivipre, アオ avepiṣṭa, avepiṣ-ata, 使 vepaya- (アオ avīvipat)

viś「入る」6 viśati/-te, 完 viveśa, viviśur, viviśe, アオ veśīt (指) / avikṣat, aviśran, avikṣ-ata, 未 vekṣya-, 受 viśyate, 分 viṣṭa, 絶 -viśya, 不定 veṣṭum, 使 veśaya- (アオ avīviśat), 意 vivikṣa-

vṛ「覆う, 妨げる」5 vṛṇoti, vṛṇute, 10 vārayate (アオ avīvarata), 完 vavāra, vavrur, vavre, アオ avar / avārīt, avṛta, 未 variṣya- / varīṣya-, 受 vriyate (アオ avāri), 分 vṛta, 絶 vṛtvā, -vṛtya, 不定 varitum / varītum

vṛ「選ぶ」9 vṛṇīte (反), 完 vavre, アオ vṛta (指), avṛṣ-ata, 分 vṛta, 絶 vṛtvā, 不定 varītum, 使 varaya-

vṛj「むしり取る」7 vṛṇakti, vṛṅkte, 完 vavarja, vavṛjur, vāvṛje, アオ vark (指), avṛkta, 未 varkṣya-, 受 vṛjyate, 分 vṛkta, 絶 -vṛjya, 使 varjaya-, 意 vivṛkṣa-

vṛt「転ずる, 起こる」1 vartate (反), 完 vavarta, vavṛte / vāvṛte, アオ avart / avṛtat, avartiṣṭa, avṛts-ata, 未 vartsya- / vartiṣya- (反), 受アオ varti (指), 分 vṛtta, 絶 -vṛtya, 不定 vartitum, 使 vartaya- (アオ avīvṛtat), 意 vivṛtsa-, 強 varvartti / varīvartti

vṛdh「増やす, 増える」1 vardhati/-te, 完 vavardha, vavṛdhe, アオ avṛdhat, 未

vartsya- / vardhiṣya-（反）, 分 vṛddha, 不定 vardhitum, 使 vardhaya-（アオ avīvṛdhat）

vṛṣ「雨降る」1 varṣati, 6 vṛṣate, 完 vavarṣa, vavṛṣe, アオ avarṣīt, 未 varṣiṣya-, 分 vṛṣṭa, 絶 -vṛṣya, 不定 varṣitum, 使 varṣaya-（アオ avīvṛṣat）

vyath「動揺する」1 vyathate（反）, 完 vivyathe, アオ avyathiṣṭa, 分 vyathita, 使 vyathaya-

vyadh「貫く」4 vidhyati, 完 vivyādha, vividhur, アオ avyātsīt, avyātsur, 未 vetsya-, 受 vidhyate, 分 viddha, 不定 veddhum, 絶 viddhvā, -vidhya, 使 vedhaya-, 意 vivyatsa-

vyā（**vī**）「包む」（4）vyayati/-te, 分 vīta, 受 vīyate

vraj「進む」1 vrajati, 完 vavrāja, vavrajur, アオ avrājīt, 未 vrajiṣya-, 分 vrajita, 絶 vrajitvā, -vrajya, 不定 vrajitum, 使 vrājaya-

vraśc「切り倒す」6 vṛścati, 受 vṛścyate, 分 vṛkṇa, 絶 vṛṣṭvā, -vṛścya

śaṃs「讃える」1 śaṃsati/-te, 完 śaśaṃsa, śaśaṃse, アオ aśaṃsīt, aśaṃsiṣur, 未 śaṃsiṣya-, 受 śasyate（アオ指 śaṃsi）, 分 śasta / śaṃsita, 絶 śastvā, -śasya, 不定 śaṃsitum, 使 śaṃsaya-

śak「できる」5 śaknoti, śaknuvanti, 完 śaśāka, śekur, アオ aśakat, 未 śakṣya-, 受 śakyate, 分 śakta / śakita, 意 śikṣ参照

śaṅk「疑う」1 śaṅkate（反）, 完 śaśaṅke, アオ aśaṅkiṣṭa, 受 śaṅkyate, 分 śaṅkita, 絶 -śaṅkya, 不定 śaṅkitum, 使 śaṅkaya-

śap「呪う」1 śapati/-te, 完 śaśāpa, śepe, 未 śapiṣya-, 受 śapyate, 分 śapita / śapta, 絶 śapitvā, 不定 śaptum, 使 śāpaya-

śam「平穏である」4 śāmyati, 10 śamayati, 完 śaśāma, śemur, アオ aśamiṣṭa, 未 śamiṣya-, 分 śānta, 使 śamaya-/śāmaya-（アオ aśīśamat）「鎮める，殺す」

śas「斬る」2 śāsti, śāsati（複数）, 1 śasanti, 完 śaśāsa, 未 śasiṣya-, 分 śasta / śasita

śā/śi/śo「研ぐ」3 śiśāti, śiśīte, 分 śita / śāta, 絶 -śāya

śās「指図する」2 śāsti, śāsati（複数）, śāste, śiṣyāt（願望法）, 完 śaśāsa, śaśāsur, アオ aśiṣat, 未 śāsiṣya-, 受 śāsyate / śiṣyate, 分 śāsta / śāsita / śiṣṭa, 絶 śāsitvā, -śāsya / -śiṣya, 不定 śāstum / śāsitum

śikṣ「学ぶ」śikṣati/-te（śak の意欲形）, 完 śiśikṣur, 受 śikṣyate, 分 śikṣita, 絶

-śikṣya, 不定 śikṣitum, 使 śikṣaya-

śiṣ「残す」7 śinaṣṭi, śiṃṣanti, 完 śiśiṣe, 未 śekṣya-, 受 śiṣyate（アオ指 śeṣi）, 分 śiṣṭa, 絶 śiṣṭvā, -śiṣya, 使 śeṣaya-

śī「横たわる」2 śete（反）, śerate, 完 śiśye, アオ aśayiṣṭa, 未 śayiṣya- / śeṣya-, 受 śayyate, 分 śayita, 絶 -śayya, 不定 śayitum, 使 śāyaya-（アオ aśīśayat）, 意 śiśayiṣa-

śuc「白熱する，悲しむ」1 śocati, 4 śucyati, 完 śuśoca, śuśucur, アオ aśucat, 未 śociṣya-, 受アオ aśoci, 絶 śocitvā, 不定 śocitum, 使 śocaya-

śudh/śundh「清める，清まる」1 śundhati, 4 śudhyati,（10）śundhayati/-te, 分 śuddha, 使 śodhaya-

śubh/śumbh「美しくする，美しくなる」6 śumbhati/-te, 1 śobhate（反）,（10）śubhayati, 完 śuśubhe, 使 śobhaya-（アオ aśūśubhan（複数））

śuṣ「乾く」4 śuṣyati, 完 śuśoṣa, 絶 -śuṣya, 使 śoṣaya-「乾かす，滅ぼす」

śṝ/śar「壊す」9 śṛṇāti,「壊れる」4 śīryate（反）（受アオ指 śāri）, 完 śaśre, アオ aśarīt, 未 śariṣya-, 分 śīrṇa / śīrta

śram「やつれる」4 śrāmyati, 完 śaśrāma, śaśramur, 分 śrānta, 絶 -śramya, 使 śrāmaya- / śramaya-「征服する」

śri「頼る」1 śrayati/-te, 完 śiśrāya, śiśriye, アオ aśret / aśiśriyat / aśrait, 未 śrayiṣya-, 受 śrīyate（アオ aśrāyi）, 分 śrita, 絶 śrayitvā, -śritya, 不定 śrayitum, 使 śrāpaya-

śru「聞く」5 śṛṇoti, śṛṇute, 完了 śuśrāva, śuśruve, アオ aśrot / aśrauṣīt, 未 śroṣya-, 受 śrūyate（アオ aśrāvi）, 分 śruta, 絶 śrutvā, -śrutya, 不定 śrotum, 使 śrāvaya-（アオ aśuśruvat / aśiśravat）, 意 śuśrūṣa-「服従する」

śliṣ「巻きつく」4 śliṣyati/-te, 完 śiśleṣa, śiśliṣur, アオ aśliṣat, 受 śliṣyate, 分 śliṣṭa, 絶 -śliṣya, 使 śleṣaya-

śvas「あえぐ」2 śvasiti, 完 śaśvāsa, śaśvasur, 未 śvasiṣya-, 分 śvasita / śvasta, 絶 -śvasya, 不定 śvasitum, 使 śvāsaya-

sac「伴う」1 sacate, 3 siṣakti, saścati, 完 saścire / secire, アオ asakṣ-ata

saj/sañj「付着する」1 sajati/sajjati, sajjate, 完 sasañja, sejur, アオ asāṅkṣīt, asakta, 受 sajyate（アオ asañji）, 分 sakta, 絶 -sajya, 不定 saktum, 使 sañjaya-

/ sajjaya-, 意 sisaṅkṣa-

sad「座る」1 sīdati, 完 sasāda, sedur, アオ asadat, 未 satsya-, 受アオ asādi, 分 sanna / satta, 絶 -sadya, 不定 sattum, 使 sādaya-

sah「征服する」1 sahate（反）, 完 sāsāha, sasāhe / sāsahe / sehe, アオ asahiṣṭa, 未 sahiṣya- / sakṣya-, 受 sahyate, 分 soḍha / sāḍha, 絶 -sahya, 不定 soḍhum / sahitum, 使 sāhaya-（アオ asīṣahat）, 意 sīkṣa-

sā/si/so「結ぶ」4 syati, 9 sināti, 5 sinoti, 完 siṣāya / sasau, sasur, アオ sāt（指）, 未 siṣya-, 受 sīyate, 分 sita, 絶 -sāya, 不定 sātum, 使 sāyaya-

sādh/sidh「達成する」1 sādhati/-te,「成立する」4 sidhyati/-te, アオ saitsīt（指）, 未 setsya-, 分 siddha, 不定 sādhitum, 使 sādhaya-（アオ指 sīṣadhat）「立証する」

sic「注ぐ」6 siñcati/-te, 完 siṣeca, siṣice, アオ asicat, 未 sekṣya-, 受 sicyate（アオ aseci）, 分 sikta, 絶 siktvā, -sicya, 使 secaya-

sidh「追い払う」1 sedhati, 完 siṣedha, アオ sedhīs（指）, 未 setsya-, 受 sidhyate, 分 siddha, 絶 -sidhya, 不定 seddhum, 使役 sedhaya-

sīv/syū「縫う」4 sīvyati, 完 siṣeve, 分 syūta, 絶 syūtvā, -sīvya

su「搾る」5 sunoti, sunute, 完 suṣāva, suṣuvur, アオ asoṣṭa, 未 soṣya- / saviṣya-, 受 sūyate（アオ asāvi）, 分 suta, 絶 -sutya

sū「子を生む」2 sūte（反）, suvate, 4 sūyate（反）, 完了 sasūva, suṣuve, アオ asūt, asuvan, 未 saviṣya- / soṣya-, 受 sūyate, 分 sūta

sū「駆り立てる」6 suvati/-te, 2 sauti, suvate（複数）, 完 suṣuve, アオ asāvīt, asāviṣur, 未 saviṣya- / soṣya-, 受 sūyate, 分 sūta, 強 soṣavīti

sṛ「流れる」3 sisarti, sisrate（複数）, 1 sarati, 完 sasāra, sasre, アオ asarat, 未 sariṣya-, 受アオ asāri, 分 sṛta, 絶 sṛtvā, -sṛtya, 不定 sartum, 使 sāraya-, 意 sisīrṣa-, 強 sarsre / sarsṛte

sṛj「発射する」6 sṛjati/-te, 完 sasarja, sasṛje, アオ asrāk / asrākṣīt, asrākṣur, asṛṣṭa, asṛkṣ-ata, 未 srakṣya-, 受 sṛjyate（アオ asarji）, 分 sṛṣṭa, 絶 sṛṣṭvā, -sṛjya, 不定 sraṣṭum, 使 sarjaya-, 意 sisṛkṣa-

sṛp「這う」1 sarpati, 完 sasarpa, sasṛpur, アオ sṛpat（指）, asṛpta, 未 sarpsya- / srapsya-, 分 sṛpta, 絶 -sṛpya, 不定 sarpitum, 使 sarpaya-, 意 sisṛpsa-

sev「仕える」1 sevate（反）, 完 siṣeva, siṣeve, 未 seviṣya-, 受 sevyate, 分 sevita, 絶 -sevya, 不定 sevitum

skand「跳ねる」1 skandati, 完 caskanda, アオ askan / askān / askāntsīt, 未 skantsya-, 分 skanna, 絶 -skandya, 使 skandaya-

stambh「固定する」9 stabhnāti, 5 stabhnoti, stabhnuvanti, stabhnuyāt（願望法）, 完 tastambha, tastabhur, アオ astāmpsīt / astambhīt, 受 stabhyate, 分 stabhita / stabdha, 絶 stabdhvā, -stabhya, 使 stambhaya-

stu「賞賛する」2 stauti, stute, 1 stavate（反）, 完 tuṣṭāva, tuṣṭuvur, tuṣṭuve, アオ astauṣīt / astāvīt, astoṣṭa, aṣṭoṣ-ata, 未 staviṣya- / stoṣya-, 受 stūyate（アオ astāvi）, 分 stuta, 絶 stutvā, -stūya / -stutya, 不定 stotum, 使 stāvaya-, 意 tuṣṭūṣa-

stṛ「打ちのめす」5 stṛṇoti, stṛṇute, 完 tastrire, アオ astar, astṛta, 未 stariṣya-, 分 stṛta, 絶 stṛtvā, 意 tuṣṭūrṣa-

stṝ「撒き散らす」9 stṛṇāti, stṛṇīte, 5 stṛṇoti, 1 starati, 完 tastāra, tistire / tastare, 未 stariṣya- / starīṣya-, 受 stīryate（アオ astāri）, 分 stṛta / stīrṇa, 絶 stīrtvā, -stṛtya / -stīrya, 使 stāraya-（アオ atastarat）, 意 tistīrṣa-

sthā「立つ」1 tiṣṭhati/-te, 完 tasthau, tasthe, アオ asthāt, asthiṣ-ata, 未 sthāsya-, 受 sthīyate, 分 sthita, 絶 sthitvā, -sthāya, 不定 sthātum, 使 sthāpaya-, 意 tiṣṭhāsa-

snā「沐浴する」2 snāti, snānti, 完 sasnau, sasnur, 未 snāsya-, 分 snāta, 絶 snātvā, -snāya, 不定 snātum, 使 snāpaya- / snapaya-

snih「粘着する」4 snihyati, アオ asnihat, 分 snigdha, 使 snehaya-

snu「滴る」2 snauti, 分 snuta

spand「振動する」1 spandate（反）, 完 paspande, 分 spandita, 不定 spanditum, 使 spandaya-

spṛdh「争う」1 spardhate（反）, 完 paspṛdhire, アオ aspardhiṣṭa, 分 spardhita, 不定 spardhitum

spṛś「触れる」6 spṛśati/te, 完 pasparśa, paspṛśus, アオ asprākṣīt / aspṛkṣat, aspṛkṣan, 未 sprakṣya-, 受 spṛśyate, 分 spṛṣṭa, 絶 spṛṣṭvā, -spṛśya, 不定 spraṣṭum, 使 sparśaya-, 意 pispṛkṣa-

sphuṭ「〈蕾などが〉ほころぶ」6 sphuṭati, 完 pusphoṭa, 使 sphoṭaya-

smi「微笑む」1 smayate（反）, 完 sişmāya, sişmiye, 分 smita, 絶 smitvā, -smitya, 使 smāpaya- / smāyaya-, 意 sismayiṣa-

smṛ「記憶する」1 smarati/-te, 完 sasmāra, sasmarur, アオ asmārṣīt, 未 smariṣya-, 受 smaryate, 分 smṛta, 絶 smṛtvā, -smṛtya, 不定 smartum, 使 smāraya- / smaraya-

syand「走る」1 syandate（反）, 完 siṣyanda, siṣyade / sasyande, アオ asyān, 未 syantsya- / syandiṣya-（反）, 分 syanna, 絶 syanttvā / syanditvā / syattvā, 使 syandaya-（アオ asiṣyadat）

sraṃs「零れる」1 sraṃsate（反）, 完 sasraṃsur, アオ srasat（指）, asraṃsiṣata, 分 srasta, 使 sraṃsaya-（アオ asisrasan（複数））

sru「流れる」1 sravati, 完 susrāva, susruvur, アオ asusruvat / asrauṣīt, 未 sraviṣya-, 分 sruta, 使 srāvaya-

svaj/svañj「抱きしめる」1 svajate（反）, 完 sasvaje, 未 svaṅkṣya-, 分 svakta, 絶 svajitvā, -svajya

svap「眠る」2 svapiti, 1 svapati, 完 suṣvāpa, suṣupur, アオ svāpsīt（指）, 未 svapsya- / svapiṣya-, 受 supyate, 分 supta, 絶 suptvā, 不定 svaptum, 使 svāpaya-（アオ asūṣupat）, 意 suṣupsa-

svid「汗をかく」1 svedate（反）, 4 svidyati/-te, 完 siṣveda, siṣvide, 分 svinna, 使 svedaya-

han「打つ，殺す」2 hanti, ghnanti, jahi（命令法 2 人称単数能動）, 完 jaghāna, jaghnur, アオ avadhīt, avadhiṣ-ata（< vadh）, 未 haniṣya-, 受 hanyate, 分 hata, 絶 hatvā, -hatya, 不定 hantum, 使 ghātaya-（アオ ajīghanat）, 意 jighāṃsa-, 強 jaṅghanti

has「笑う」1 hasati, 完 jahāsa, jahasur, 未 hasiṣya-, 受 hasyate, 分 hasita, 絶 hasitvā, -hasya, 不定 hasitum, 使 hāsaya-

hā「捨去る」3 jahāti, jahati, 完 jahau, jahur, アオ ahās / ahāt / ahāsīt, hāsur（指）/ ahāsiṣur, 未 hāsya-, 受 hīyate（アオ ahāyi）, 分 hīna / jahita, 絶 hitvā, -hāya, 不定 hātum, 意 jihāsa-

hā「移る」3 jihīte（反）, jihate, 完 jahire, アオ ahās-ata, 分 hāna, 使 hāpaya-

hi「駆り立てる」5 hinoti, hinvanti, 完 jighāya, jighyur, アオ ahait / ahaiṣīt, ahyan, aheṣ-ata, 受 hīyate, 分 hita

hiṃs「傷つける」7 hinasti, hiṃsanti, 完 jihiṃsa, jihiṃsur, アオ hiṃsīt（指）, hiṃsiṣur（指）, 未 hiṃsiṣya-, 受 hiṃsyate, 分 hiṃsita, 絶 hiṃsitvā, 不定 hiṃsitum, 使 hiṃsaya-, 意 jihiṃsiṣa-

hu「火のなかに注ぐ」3 juhoti, juhvati, juhute, juhvate, ajuhavur（未完了 3 人称複数能動）, 完 juhāva / juhavāṃcakāra, juhve, アオ ahauṣīt, 未 hoṣya-, 受 hūyate（アオ ahāvi）, 分 huta, 絶 hutvā, 不定 hotum, 意 juhūṣa-

hū/hvā「呼ぶ」1 havate,（10）hvayati/-te, 完 juhāva, juhve, アオ ahvāsīt, ahūṣ-ata, 未 hvayiṣya- / hvāsya-, 受 hūyate, 分 hūta, 絶 hūtvā, -hūya, 不定 hvātum / hvayitum, 使 hvāyaya-, 強 johavīti

hṛ「とる」1 harati/-te, 完 jahāra, jahrur, jahre, アオ ahār / ahārṣīt, ahārṣur, ahṛṣ-ata, 未 hariṣya-, 受 hriyate（アオ ahāri）, 分 hṛta, 絶 hṛtvā, -hṛtya, 不定 hartum, 使 hāraya-, 意 jihīrṣa-

hṛṣ「興奮する」4 hṛṣyati, 1 harṣate, 完 jaharṣa, jahṛṣur, jahṛṣe, 分 hṛṣita / hṛṣṭa, 絶 -hṛṣya, 使 harṣaya-

hnu「隠す，否定する」2 hnute（反）, hnuvate, 1 hnavate, 完 juhnuve, 分 hnuta, 不定 hnotum, 絶 -hnutya

hrī「恥じる」3 jihreti, jihrīyāt（願望法）, 完 jihrāya, jihriyur, 分 hrīṇa / hrīta, 使 hrepaya-, 強 jehrīyate

hval「躓く，しくじる」（< hvar）1 hvalati, 分 hvalita, 使 hvalaya-

現在形のうち，カッコのついた（4）と（10）は，パーニニの文典に付属する語根表では，当該の類に含まれていないことを示す。

文法事項索引

［あ行］
アオリスト時制 97, 158
a- アオリスト 160
iṣ- アオリスト 166
s- アオリスト 164
sa- アオリスト 168
siṣ- アオリスト 167
語根アオリスト 158
重複アオリスト 162
アオリスト受動態 184
アクセント 9
為格 10, 11, 12
意欲法 188
オーグメント（加音） 100

［か行］
外連声 219
格 10
過去時制 97
過去受動分詞 198
過去能動分詞 200
関係代名詞 89
願望法 97
完了（形） 171
完了時制 97, 171
完了分詞（能動態） 197
祈願法 170
疑問代名詞 89
強意活用 190
具格 10, 11, 12
形容詞 10
現在語幹 98
現在時制 97
現在分詞（能動態） 193
現在分詞（反射態） 195
限定複合語 215
呼格 10, 11, 12
語幹 99, 227
語根 99, 227

［さ行］
最上級 75
子音（字） 4, 7
使役動詞 185
指示代名詞 83
時制 97
主格 10, 11
受動態 97, 182
準動詞 193
条件法 97

処格　10, 11, 12
　——絶対節　55
　——の絶対的用法　11, 194, 196
序数詞　79
所有複合語　216
指令法　169
数（単数，複数，両数）　10
数詞　75
　——限定複合語　216
数字　6
性（男性，女性，中性）　10
絶対語尾の子音　224
絶対詞　210
属格　10, 11, 12
　——絶対節　56
　——の絶対的用法　11

［た行］

態　97
対格　10, 11, 12
代名詞　82
奪格　10, 11, 12
直説法　97
同格限定複合語　216
動詞　97
　第 1 種活用　99
　第 2 種活用　108
　第 1 類　100
　第 2 類　109
　第 3 類　119
　第 4 類　104
　第 5 類　130
　第 6 類　104
　第 7 類　136
　第 8 類　141
　第 9 類　145
　第 10 類　105
　——的形容詞　206
　——の数　97
　——の複合語　214
　——前綴　214

［な行］

内連声　227
人称語尾（第 1 次，第 2 次）　98
人称代名詞　82
能動態　97

［は行］

発音　6
反射態　97
比較級　75
複合完了（形）　177
複合語　214
複合未来（形）　155
副詞的複合語　218
不定詞　208
並列複合語　215
母音（字）　3, 7
　——（の）階梯　8

——の補助記号　4
法　97

［ま行］
未来時制　97, 153
未来分詞（能動態）　193
未来分詞（反射態）　195
名詞（形容詞）　10
-ā 語幹　17
-ant/-at 語幹　53
-an 語幹　62
-as, -is, -us 語幹　49
-a 語幹　11, 15
-in 語幹　68
-ī/-ū 語幹　34
-i/-u 語幹　20, 22
-īyas 語幹　70
-man, -van 語幹　63
-(t)ṛ 語幹　38
-vas 語幹　69
-vat, -mat 語幹　62
子音語幹（1 語幹）　46
二重母音語幹　41
——の格変化　11
——の複合語　215
名詞起源の動詞　191
命令法　97

［ら行］
連声（法）　219

［サンスクリット用語］
anusvāra（特別鼻音）　7
ātmanepada（反射態）　97
devanāgarī（デーヴァナーガリー文字）　3
guṇa（標準階梯）　8
parasmaipada（能動態）　97
visarga（気音）　7
vṛddhi（延長階梯）　8

語彙集

単語につけた略号は，（形）は形容詞，（男，中，女）は名詞の性別，（副）は副詞，（代）は代名詞，（接頭）は接頭辞，（接尾）は接尾辞，（数）は数詞とそれに関連する語，（小辞）は一種の不変化詞，（接続）は接続詞をあらわす。また，動詞語根の後の数字は，動詞の類別をあらわす。なお末尾の s- の項で，sam-子音をもつ複合語が数多くあるので，見やすさのためにこれらを一括して sa の後に列挙した。

aṃśu（男）光線
akṣan, akṣi（中）眼
agni（男）火
aṅga 中）身体，肢
√aṭ 1 歩きまわる
ati（接頭）〜を過ぎて，〜を超えて
atikṛṣna（形）非常に黒い
ati-√gam 過ぎていく
atidīrgha（形）非常に長い
atirūpa（中）容姿の過度の美しさ
atyadbhuta（男）大いなる奇跡
atīta（形）過ぎた < ati-√i
atra（副）ここで，この世で
atha（副）その時，さて
adas（代）その，それ，あの，あれ
adbhuta（形）驚異的な
adya（副）今日
adviṣan（形）憎んでいない < √dviṣ
adhas（副）下に
adhi（接頭）〜の上に，〜に関して
adhi-√gam 得る，会う，見出す，近づく
adhiṣṭhita（形）安置された，いる < adhi-√sthā の分詞形
√adhī（adhi-√i）学ぶ
adhomukha（形）顔を下にした
√an 2 呼吸する
anantaram（副）直後に
anandha（形）盲目でない
anātha（形）保護者をもたない
anāthavat（副）主人がいないかのように
anārya（形）卑しい

anāryavṛtta（形）卑しいふるまいをする

anindita（形）非難されない ＜ √nind の分詞形

anirdeśya（形）表現され得ない ＜ a-nir-√diś

anu（接頭）～に沿って，～に従って

anu-√kamp 同情する

anu-√gam 従って行く，服従する

anu-√prāp 達する ＜ pra-√āp

anu-√bhū 経験する

anurakta（形）愛される ＜ raj/rañj の分詞形

anu-√śuc 嘆く，悲しむ

antaka（男）死神

antarikṣa（中）空中，虚空

antar-√gam 間を行く，消える

antas（接頭）～の間に

andha（形）盲目の

anna（中）食物

anya（形）他の

anyathā（副）違ったふうに

ap（女）水

apa-√vah 運び去る（完了形 apovāha）

api（接続，副）～にも，～も

apūpa（男）菓子

apsaras（女）水の妖精，天女

abhāvin（形）実現しないだろう ＜ bhāvin

abhi（接頭）～の方に，～に向かって

abhi-√gam 近づく，性交する

abhitas（副）～のそばで

abhi-√gar 叫ぶ

abhi-√dru 走り寄る

abhi-√dhāv 走る

abhibhu（形）立派な（男）

abhi-√bhū 攻撃する，圧倒する

abhi-√liṅg 抱きしめる

abhi-√vad 挨拶する

abhisaṃśrita（形）依存した，～のもとに行った（＜ abhi-sam-√śri の分詞形）

abhi-√sṛ 行く，近づく（完了形 abhi-sasāra）

abhiṣeka（男）潅頂，沐浴

abhihata（形）打たれた ＜ abhi-√han の分詞形

amara（男）神

amarṣa（男）怒り

amitra（男）敵

√amitraya 敵対する

amṛta（中）甘露，不死の飲料

ambhas（中）水

ayam（代）＜ idam

ayuta（数）1万

araṇya（中）森

ari（男）敵

arjuna（男）アルジュナ（人名）

artha（男）目的，意味，利益

√arthaya 求める，望む
ardha（中）半分
√arh 1 値する，できる，ふさわしい
alaṃ-√kṛ 装飾する
alaṃkṛta（形）飾られた
alpabhāgya（形）わずかな幸をもつ
alpavidya（形）わずかな知識をもつ
ava（接頭）～の方へ，下に
ava-√gam 降りる，理解する
ava-√tṝ 降下する
avabhṛtha（男）祭式の最後に行なう沐浴（潔斎でつけた腰帯，ターバンなどを捨てて沐浴する）
avalokita（形）見られた ＜ ava-√lok, lokate の分詞形
avi（男）羊
√aś 9 食べる，享受する
aśva（男）馬
aṣṭa（数）8
aṣṭama（数）第 8 の
aṣṭādaśa（数）18
aśīti（数）80
√as 2 ある，存在する
asthan, asthi（中）骨
asau {代} ＜ adas 彼
astra（中）武器，弓，矢
asmat（代）われわれから，われわれの ＜ vayam
asmākam（代）われわれの ＜ vayam
√ah（不規則）言う
ahan（中）日
aham（代）わたし
ahar（中）日，昼（属格 ahnas）
ahar-niśa（中）昼と夜，（対格・副）昼夜ずっと
aho-rātram（副）昼夜において
ahiṃsā（女）無傷害，不殺生
ā（接頭）こちらへ
ā-√i ＞ e 来る，到る
ākula（形）動揺した
ākhyāna（中）物語
ākhyāta（形）告げられた ＜ ā-√khyā の分詞形
ā-√gam 来る
ā-√cakṣ 言う
āttha ＜ ah の完了・単数 2 人称形
ātman（中）アートマン，自我
ātmaja（形）子
ātmanepada（男）自身のための語（反射態）
ā-√dā 取る，もつ，ともなう
ādityapatha（男）太陽の道
ā-√nī 運ぶ，連れてゆく
√āp 5 得る，達する
āpad（女）不運
ā-√pṝ/prā 満たす
ā-√mṛj ぬぐう
āyata（形）長い
ārjava（中）廉直
ārta（形）悩んだ，苦しんだ

āvaraṇa（中）覆い，防具，鎧

āśrama（男，中）隠棲所

āśrita（形）依存して，ならって < ā-√śri の分詞形

√**ās** 2 座る

āsīd < √as の過去形

āsīna < √ās の分詞形

āstīka（男）アースティーカ（人名）

ā-√sthā 用いる

√**i** 2 行く

iti（接続）このように，～と（考えて）

idam（代）これ

indra（男）インドラ神（帝釈天）

iva（接）～のように，～のような

√**iṣ** 6 望む

√**iṣ** 4 遣わす

iṣṭa（形）望まれた < √iṣ の分詞形

iha（副）ここで，この世で

īpsita（形）望まれた < √āp の意欲形，分詞形

īśvara（男）主

ukta（形）いわれる < √vac の分詞形

ugra（形）激しい

ujjvala（形）輝かしい

utkṛtta（形）切られた < ud-√kṛt の分詞形

utpanna（形）生じた < ud-√pad の分詞形

ut-√sah できる，耐える

ut-√sṛj 捨てる

ut-√smi 笑う

ud（接頭）上に，外へ

udañc/udac（形）北方の

ud-√gam 登る，現れる

uddālaka（男）ウッダーラカ（人名）

ud-√sthā 立ち上がる

unmatta（形）狂った < ud-√mad の分詞形

upa（接頭）近くに，～の方へ

upa-√gam 近づく

upajoṣa（男，中）愛情

upaśama（男）鎮静，静寂

upa-√spṛś（水に）触れる，口をゆすぐ

upā-√viś 座る

ubha（代）2 つの，両方の

uras（中）胸

ūnaviṃśati（数）19

ūrj（女）力

ūrdhva（形）上の

ūrdhvaretas（形）精を漏らすことがない

ūrmimat（形）波が立っている，波打つ

√**ṛ** 6 行く

ṛtu（男）季節

ṛṣabha（男）雄牛（のうちで最上のもの）

ṛṣi（男）聖者

eka（数）1

ekadivasa（男，中）1 日

ekaviṃśati（数）21

ekādaśa（数）11

ekādaśama（数）第 11 の

ekāmbara（形）1 枚の衣をもつ

ekonaviṃśati（数）19

edhi ＜ √as の命令形

enad（代）それ，彼

eyivān ＜ ā-√i の完了分詞形

eva（副）〜のみ，まさしく，ただ

evam（副）このように

eṣa（代）それ，これ

aivāvata（男）アイヴァーヴァタ（家名）

ogha（男）洪水

ojas（中）力

ojasā（副）力強く，激しく

audārya（中）気高さ

kakubh（女）峰

kaṇṭha（男，中）首

katham（副）どうして

katham cana（副）いかにしても，決して〜ない（否定）

√**kathaya** 物語る

kathā（女）物語

kadana（中）殺戮

kadalī（女）バナナの木

kadācana（副）いつか，決して（否定）

kanyā（女）少女

kanyāratna（中）宝石のような少女

kamaṇḍalu（男）水瓶

kara（男）手

karman（中）行為

karmabībatsa（中）おぞましい行為

kalpa（男）規則

-kalpa（形）〜に近い，〜に等しい，〜のような

kalyāṇa（中）幸福，善

kavi（男）詩人

kaścit（代）ある（人）

kas（代）誰

kasmāt（代）何故に

kāma（男）欲望，愛欲，自由

kāmyā（女）願望

kāraṇa（中）原因

kārya（中）仕事，結果，目的

kāla（男）時

kim（代）なに

kiṃcit（代）なにか，なにも〜ない（否定）

kim artham いかなるわけで，どうして

kilbiṣa（中）罪

kīrti（女）名声

kīrtita（形）称えられた

kuṭhāra（男）斧

kula（中）家族，一族

√**kṛ** 8, 5 つくる，なす

√**kṛt** 6 切る

kṛta（形）なされた ＜ √kṛ の分詞形

kṛtakārya（形）仕事（目的）を果たした

√**kṛṣ** 1 引きずる

kṛṣṇa（形）黒い/（男）クリシュナ（人名）

kṛṣṇā（女）クリシュナー（＝ドラウパディー）

keśa（男）髪

keśin（形）髪をもつ

koṭi（数）1000 万

kopa（男）怒り

ko'pi（代）だれか

kaunteya（男）クンティーの息子

kauśika（男）カウシカ仙

kaustubha（男）カウストゥバ（宝珠の名）

√**kram** 1 歩む

krama（男）順番

krameṇa（副）順に

kravyāda（男）肉食獣

kriyā（女）行動

kriyāvat（形）祭式を行なう

√**kṣi** 9 滅びる

√**kṣip** 6 投げる

√**khād** 1 食う

√**khyā** 2 告げる，言う

khyāta（形）告げられた，知られた ＜ √khyā の分詞形

gaṇa（男）群れ

gata（形）行った ＜ √gam の分詞形

gati（女）帰趨，行方，道

gandha（男）香り

√**gam** 1 行く

gariṣṭha, garīyas（形） ＜ guru 最上級，比較級

garta（男）洞窟

gardabha（男）ロバ

garbha（男）胎児

garvīta（形）誇った

√**gā** 4 行く

gāṅgeya（男）ガーンゲーヤ（ビーシュマ）

gāṇḍīva（男）ガーンディーヴァ（弓の名）

gir（女）言葉，声

guṇa（男）徳

guṇavat（形）徳をもつ

guru（男）師，目上

guru（形）重い

√**guh** 1 隠す

√**gṛdh** 4 貪欲である，ほしがる，ねらう

gṛddha（形）～を求めた ＜ √gṛdh の分詞形

go（男，女）牛

gopī（女）牛飼いの女

govinda（男）ゴーヴィンダ（クリシュナ）

√**gras** 1 むさぼり食う，呑む

√**grah** 9 捕らえる

grāmagata（形）村へ行った ＜ grāma-√gam の分詞形

grāsa-muṣṭi（男，女）一握りの食べ物

ghṛta（中）ギー

ca（接続）そして，ca-ca ～も～も

cakāra ＜ √kṛ の完了形

cakra（中）輪

cakrāyudha（形）円盤を武器(āyudha)としてもつ

cakṣus（中）眼

catur（数）4

caturtha（数）第 4 の

caturdaśa（数）14

catvāriṃśat（数）40

cana（小辞）一般化に用いる，kaś-cana 誰かある人

candra（男）月

√**car** 1 動き回る

√**cal** 1 動く

√**ci** 5 集める，積む

cikīrṣa- ＜ √kṛ の意欲形

cid（小辞）一般化に用いる，kaś-cid 誰かある人

√**cint** 10 考える

√**cud** 1 駆り立てる

√**cur** 10 盗む

√**chid** 7 切る

chinna ＜ √chid の分詞形

√**jakṣ** 2 jakṣiti（現在形）食う

jagat（中）世界

√**jan** 4 生まれる

jantu（男）人，子供

janma（中）生

jaratkāru（男）ジャラットカール（人名）

jarā（女）老い

jala（中）水

√**jalp** 1 しゃべる，つぶやく

javena（副）速やかに，急いで

√**jāgṛ** 2 目覚める

jāta（形）生じた，生まれた ＜ √jan の分詞形

jāmātṛ（男）婿

√**ji** 1 征服する，勝つ

jita（形）征服された，負けた ＜ √ji の分詞形

jiṣṇu（男）ジシュヌ（アルジュナの別名）

jīrṇa（形）老いた ＜ √jṝ の分詞形

jīvita（中）生命

√**jṝ** 4 老いる

juhoti ＜ √hu

√**jñā** 9 知る

jñāta（形）知られた ＜ √jñā の分詞形

jyotis（中）光輝，星（複数）

√**jval** 1 燃える，輝く

ṭaṅka（男，中）斧
ḍimbha（男）子供
takṣaka（男）タクシャカ（竜王の名）
tatas（接続）それよりも，それから
tatkālam（副）そのとき
tathā（副）そのように
tatheti < tathā iti 承知したと
tad（代）それ，これ
tadgatamānasa（形）彼女（tad）によせる心をもつ
tapas（中）苦行
tapasya- 苦行する
-tama 最上級をつくる接尾辞
-tara 比較級をつくる接尾辞
tala（男，中）表面
-tas〈接尾〉～より
tāta（男）父，（呼格）わが子よ
tāḍita（形）打たれた < √taḍ 10 tāḍaya- の分詞形
tīrṇa（形）渡った < √tṝ の分詞形
tīvra（形）激しい
tu（接続）しかし
√**tud** 6 打つ
tumula, tumala（形）騒がしい，（男，中）喧騒
turaga（男）馬
√**tuṣ** 4 満足する
tuṣṭa（形）満足した < √tuṣ の分詞形
tūrṇa（中）守護
tṛtīya（数）第 3 の
√**tṝ** 1 渡る
tejas（中）輝き，威光
tejasvin（形）威光ある
tena（代，接続）それゆえ
toya（中）水
trayodaśa（数）13
trāṇa（中）守護
tri（数）3
triṃśati（数）30
triratna（中）三宝
triloka, -lokī（男）三世界
trailokya（中）三界
tyaktanagara（形）その町（nagara）を tyakta 捨てた < √tyaj の分詞形
√**tyaj** 1 捨てる
tvam（代）あなた
tvarita（形）急いだ < √tvar
√**daṃś** 1 噛む
dagdha（形）焼かれた，燃えた < √dah の分詞形
daṇḍapāṇi（形）杖を手にもつ
datta（形）与えられた < √dā の分詞形
dadarśa < √dṛś の完了形
dadhan, dadhi（中）凝乳
dayā（女）哀れみ
davīyas, daviṣṭha（形）比較級，最上級 < dūra

daśa（数）10
daśama（数）第 10 の
daśaratha（男）ダシャラタ（人名）
daṣṭa（形）噛まれた ＜ √daṃś の分詞形
√**dah** 1 焼く
√**dā** 3 与える
dātṛ（男）与えるもの
dāna（中）贈り物，布施
dānava（男）悪魔の種類
dāra（男）妻
dānagrahaṇa（中）妻帯
dāva（男）火事
dāsī（女）女奴隷
div（女）天
divasa（男，中）日
divya（形）神々しい，神聖な
√**diś** 6 指示する
diś（女）方角
√**dīp** 4 輝く
dīrgha（形）長い
dīrghabāhu（形）長い腕をもつ
duḥkha（男）苦しみ
duḥśāsana（男）ドゥフシャーサナ（人名）
duḥṣanta（男）ドゥフシャンタ（人名）
duryodhana（男）ドゥルヨーダナ（クルの王子たちの長男）
durlabha（形）得がたい
duṣkritin（男）罪人
√**duh** 2 乳をしぼる
duhitṛ（女）娘
duhitṛtva（中）娘であること
dūta（男）使者
dūra（形）遠い
dṛṣṭi（女）眼，視線
deva（男）神
devagaṇa（男）神の群れ
devī（女）女神
deśa（男）場所
daiva（中）運命
daiteya（男）Diti の子孫（悪魔の種類＝ Daitya）
dyūta（男，中）賭博
droṇa（男）ドローナ（人名）
draupadī（女）ドラウパディー（王女の名）
dvādaśa（数）12
dvār（女）扉
dvi（数）2
dvitīya（数）第 2 の
dviśata（数）200
√**dviṣ** 2 憎む
dvaipāyana（男）ドゥヴァイパーヤナ（人名）
dhanin（形）金持ちの
dhanya（形）幸せな
dhanvantari（男）ダヌヴァンタリ（神名）

dharma (男) 法，義務，ダルマ神
dharmajña (形) 法を知る
dharmaniścaya (男) 法の決定，法典の規定
dharmaphala (中) 果実，果報
dharmarāj (男) ダルマ王＝ユディシュティラ
dharmātman (形) 徳性のある
√**dhā** 3 置く
dhiṣṭhita ＝ adhiṣṭhita
dhī (女) 叡智，知性
dhṛtarāṣṭra (男) ドリタラーシュトラ (人名)
dhṛtarāṣṭraja (男) ドリタラーシュトラの息子 (ドゥフシャーサナ)
dhenu (女) 牝牛
√**dhyā** 4 考慮する
na (小辞) 否定辞
naktam (副) 夜に
nagara (中) 都市
nacirāt (副) 遠からず
nadī (女) 川
√**nand** 1 喜ぶ
nandana (中) ナンダナ (インドラの園林の名)
naptṛ (男) 孫
√**nam** 1 敬礼する，曲げる
namas (中) 敬礼 (南無)
namasya- 敬礼する
nara (男) 人，男
nara (男) ナラ (ヴィシュヌの帰依者の代表)
naraka (男) 地獄
narendra (男) 王
nala (男) ナラ (王の名)
nalinī (女) 蓮池
nava (数) 9
navati (数) 90
navadaśa (数) 19
navama (数) 第 9 の
√**naś** 4 失う
nāgendra (男) 竜王
nātha (男) 保護者
nāthavat (形) 主人 (身寄り) がある
nāda (男) 音，叫び
nāma (小辞) 実に，確かに，～という (名前の)
nāman (中) 名前
nānā (副) 種々に，(複合語の前分) 種々の
nārada (男) ナーラダ (人名)
nārāyaṇa (男) ナーラーヤナ (ヴシュヌ神)
nārī (女) 女
nāśa (男) 喪失
ni (接頭) 下に，中に
ni-√gad 言う
ni-√gam 達する，入る，得る，知る
ni-√grah つかむ
nigūḍha (形) 隠された ＜ ni-√guh

の分詞形

nitya（形）常なる

nityam（副）常に

nidhana（男，中）滅亡，死

√nind 1 非難する

ni-√mantraya 招く，呼ぶ

nimitta（中）前兆

ni-√yuj つなぐ，しばる，結ぶ

niyoga（男）指令

niyojita（形）用いられた，しかけられた < ni-√yuj の使役形，分詞形

nirarthaka（形）無益な

nir-√gam 出る，出発する

nirghoṣa（男）音

nirjana（形）無人の

nirāmaya（形）息災の

niśā（女）夜

nis（接頭）外へ，～を離れて

nisarga（男）天性

√nī 1 導く

nīla（形）青い，黒い

nīlotpala（中）青い蓮

nṛpa（男）王

nṛpati（男）王

nṛśaṃsa（形）邪悪な

netra（中）眼

nau（女）船

nyāya（男）道理

√pac 1 煮る，調理する

pañca（数）5

pañcadaśa（数）15

pañcama（数）第 5 の

pañcāśat（数）50

paṇḍita（男）賢者

√pat 1 落ちる，飛ぶ

pati（男）主人，夫

patnī（女）妻，妃

√pad 4 落ちる，行く

panth, pathi（男）道

padma（中）蓮

payas（中）水，乳

parama（形）最高の

paramānanda（男）最高の歓喜

parasmaipada（男）他人のための語（能動態）

parā-√mṛś 触れる，撫でる

pari（接頭）～の周りに，完全に

pari-√gam 歩き回る，取り囲む

paritoṣa（男）満足

paribhakṣita（形）食われた < pari-√bhaks の分詞形

pari-√bhū 軽蔑する

pari-√rakṣ 守る

parirakṣita（形）守られた，隠された < pari-√rakṣ の分詞形

pari-√vṛ 取り囲む

parivrāj（男）遊行する苦行者

parehi < parā-√i 向かう，行くの命令形

√**paś** 4 >dṛś
paśu（男）獣
√**pā** 1 飲む
pāñcālī（女）パーンチャーラの女（Draupadī）
pāṇḍava（男）パーンダヴァ（パーンドゥの息子）
pāṇḍuravāsin（形）白い衣を着た
pāṇi（男）手
pātrahasta（形）器を手にもつ
pāda（男）足
pāpa（中）悪，（形）悪い
pārthiva（男）王
pārthivatva（男）王であること
pāśa（男）輪縄，罠
pitāmaha（男）祖父，先祖
pitṛ（男）父
√**piṣ** 7 粉砕する，つぶす
puṃgava（男）雄牛（〜のうちで最上のもの）
puṃs（男）男
puṇya（形）清浄な
putra（男）息子
putraka（男）息子
putraśatam（中）100 人の息子
putrin（形）息子をもつ
√**putrīya-** 息子をほしがる
punar（副）再び
pur（女）都市
puruṣa（男）人
puruṣasiṃha（男）獅子のような人
pustaka（男，中）書物
√**puṣ** 4 養う
√**pū** 1, 9 清まる，清める
pūta（形）清められた ＜ √pū の分詞形
pūrṇa（形）満たされた ＜ √pṝ の分詞形
√**pṝ/prā** 9 満たす
pra（接頭）〜の前に，〜の前方に
pra-√**i**（√pre）死ぬ
prakīrṇa（形）乱れた ＜ pra-√kṝ の分詞形
pra-√**krīḍ** 遊ぶ
pra-√**gam** 〜に向かって行く，〜に達する
pra-√**grah** つかむ
√**prach** 6 問う
prajā（女）臣民
prajñā（女）智慧
praṇata（形）敬礼した ＜ pra √nam の分詞形
pra-√**tap** 熱する
prati（接頭）〜に向かって，〜に対して，〜にもどって
prati-√**gam** 〜に向かっていく，引き返す
prati-√**bhāṣ** 答える
pratimā（女）像
-pratima（形）〜のような，〜に似

ている
pratiṣṭhita（形）確立した < prati-√sthā の分詞形
pratyanc/-ac（形）西方の，後ろの
prathama（数）第 1 の
pra-√dā 与える
pra-√dru 走る
pra-√pā 飲む
prabhu（男）主，（形）強力な
pra-√mṛj ぬぐう，撫でる
pra-√mṛś 触れる
pramṛṣṭa（形） < pra-√mṛj/mṛś の分詞形
pra-√yam 与える
prayojana（中）目的
pra-√vac（不規則形 bravīti）告げる
pra-√viś 入る
prasannabhā（形）清涼な光をもつ
prasabham（副）力ずくで
prastha（男，中）台地，高原
pra-√sthā 出発する
praharaṇa（男）武器
prāñc/prāc（形）東方の，前面の
prāṇadātṛ（形，男）生命を与える（者），命の恩人
prāya（男）主要部
prāyena（副）概して，一般に
prīta（形）満足した < √prī の分詞形
preṣita（形）遣わされた < pra-√iṣ の分詞形
√plu 1 泳ぐ
phala（男）果実
phalavat（形）果報を有する，実りある
bandhu（男）親族，縁者
√bandh 9 しばる
bandhana（中）縄，帯
balavat（形）力をもつ
balin（形）力強い
bahu（形）多くの
bahuvidha（形）多様な，多くの
bahuvrīhi（形）多くのコメをもつ
bāndhana（男）親族
bālā（女）少女
bāhu（男）腕
bāhuvīryārjita（形）腕力で獲得された < bāhu-vīrya-√arj の分詞形
√budh 1 知る，覚める
buddhimat（形）賢者
brahmacarya（中）梵行，清浄行
brahmacārin（男）梵行者，禁欲を守る人
brahman（中）絶対者，梵，（男）バラモン
brāhmaṇa（男）バラモン
√brū 2 言う
bhakṣita（形）食われた < √bhakṣ の分詞形
√bhakṣ 10 食べる

bhagavat（男）尊者，神，（形）尊い
√**bhaj** 1 分ける，愛する
√**bhañj** 7 壊す
bhaya（中）恐怖
bharata（男）バラタ（人名）
bhartṛ（男）夫
bhāryā（女）妻
bhāva（男）気持ち，心
bhāvin（形）なるであろう，実現するであろう
bhāsas（女）輝き
bhikṣu（男）比丘（びく）
√**bhid** 7 裂く，破る
bhīta（形）恐れた ＜ √bhī の分詞形
bhīma（男）ビーマ（人名）
bhīmasena（男）ビーマセーナ（人名）
bhīru（形）恐れた
bhīṣma（男）ビーシュマ（人名）
√**bhuj** 7 食べる
bhujaga（男）蛇
√**bhū** 1 なる
bhū（女）大地
bhūṣaṇa（中）装飾
√**bhṛ** 3 運ぶ，担う，保つ
bhṛśam（副）強く，大いに
bhoḥ（小辞）おお，ああ
bhoga（男）享楽，享受
bhrātṛ（男）兄弟
maghavan（男）インドラ神の別名
maṇi（男）宝珠
mati（女）叡智，知性
matpriya（中）私の好ましいこと
√**math** 9 攪拌する
madhu（中）蜜，（形）甘い，-tara 比較級
madhulih（男）蜜蜂 ＜ madhu-√lih
√**man** 4 考える
manas（中）思考，意
manuṣya（男）男，人間
manojava（形）意のように速い
mantra（男）助言，協議，聖句，呪句
mantraya- 相談する
mandabhāgya（形）不幸な
mandabuddhi（形）愚かな（人）
manyu（男）思い
maya（男）マヤ（阿修羅）
mayā（代）私によって ＜ aham
marīci（女）光線
marut（男）風
marman（中）急所
mahat（形）大きい
mahārṣi（男）偉大な聖仙
mahākratu（男）大祭
mahābhārata（中）マハーバーラタ（叙事詩）
mahāratha（男）偉大な戦士，勇士
mahāstra（男）偉大な武器
mahī（女）大地
mahodadhi（男）海

mā（小辞）否定，～なかれ

māṃsa（中）肉

māṃsagṛddhin（形）肉に飢えている

mātṛ（女）母

māyā（女）幻影，幻術

māruta（男）風

mārga（男）道

mārgaya- 探す

mārjara（男）猫

mālinī（女）マーリニー（川名）

mās（男）月

mitra（男）友

mukha（中）顔

mukhya（形）主要な，最上の

√**muc** 6 開放する，解く

muṇi（男）聖者

√**mud** 1 喜ぶ

muhur（副）何度も，繰り返し

mūḍha（形）愚かな

mūḍhacetas（形）惑わされた心をもつ

mūṣaka/mūṣika（男）ねずみ

√**mṛ** 6 死ぬ

mṛga（男）鹿，獣

√**mṛj** 2 ぬぐう

mṛta（形）死んだ ＜ √mṛ の分詞形

mṛtyu（男）死

mṛtyurāj（男）死王，ヤマ（閻魔）

√**mṛṣ** 4 がまんする，許す

meghaśyāma（形）雲にように黒い

me（代）私に ＜ aham

medhinī（女）大地

mokṣārtha（男）解脱の目的，（対格）解脱のために

mohin（形）惑わせる

yajñasenī（女）ヤジュナセーニー（ドラウパディーの別名）

√**yat** 1 努力する

yatas（接続）なんとなれば，～のいるところ（= yatra）

yatas ～ tatas（接続）～のあるところ，そこに～がある

yatāhara（形）食事を制御した ＜ yata(√yam)-āhāra

yatna（男）努力

yatnavat（形）努力をもつ

yatra（接続）～の中に

yathā ～tathā（接続）～がそうであるように～である

yathākāmam（副）望むがままに

yathopajoṣam（副）好きなように

yad（代）ya の中性形，（接続）～のゆえに，であれば

√**yam** 1 与える，抑える

yamasādana（中）ヤマ（死者）の住処

yayau ＜ √yā の完了形

yaṣṭi（女）棒，枝，蔓，植物/～yaṣṭi（形）細い～

√**yā** 2 行く

yāyāvara（男）ヤーヤーヴァラ（家名）
yukta（形）正しく，適当に ＜ √yuj の分詞形
√**yuj** 7 つなぐ，結合する
√**yudh** 4 戦う
yuddha（中）戦い
yuvan（形）若い
yuṣmān（代）あなた方を
yūyam（代）あなた方
yotsye ＜ √yudh の未来形
√**rakṣ** 1 守る
rajaka（男）洗濯屋
rajasvala（形）汚れた，生理中の
raṇa（男）戦い
rata（形）喜んだ，専心した ＜ √ram の分詞形
ratna（中）宝物
rathopastha（男）座席 ＜ ratha-upastha
√**ram** 1 満足する，楽しむ
ramya（形）心地よい
rākṣa（男）羅刹
rāghava（男）ラーガヴァ（人名）
rājan（男）王
rājaputra（男）王子
rājaputrī（女）王女
rājasūya（男，中）ラージャスーヤ祭，皇帝即位式
rājya（男）王国
rātri（女）夜
rāma（男）ラーマ（人名）
rāhu（男）ラーフ（悪魔の名）
√**ru** 2 叫ぶ
ruj（女）病気
√**rud** 2 泣く
√**rudh** 7 妨げる
√**ruh** 1 昇る，成長する
rūpa（男）姿
roṣa（男）怒り
√**lakṣ** 10 見る
lakṣa（数）10 万
lakṣmī（女）幸運
lagna（形）くっつく ＜ √lag の分詞形
laghu（形）軽い（比較級 laghīyas，最上級 laghiṣṭha）
lajjā（女）恥ずかしさ
√**labh** 1 得る
√**lamb** 1 ぶら下がる
√**lih** 2 なめる
√**lū** 9 切る
lekhā（女）線
loka（男）世界，世間
lobha（男）貪欲
vaktumanas（形）言おうと思っている
√**vac**（bravīti）3, 2 言う
vacana（中）ことば
vacas（中）ことば

vajrakarśaka (形) 金剛のように堅い
√vad 1 言う
vadhū (女) 女
vana (中) 森，火事
√vand 1 敬礼する，ほめる
vapus (中) 身体，美
vapuṣmat (形) 美しい
vayam (代) われわれ
vayas (中) 若さ
vara (形) 最高の
vara (男，中) 贈り物
varavarṇinī (女) 美しい顔色の女，美女
varārohā (女) 美しい尻 (āroha) をもつ女
varṇa (男) 色，カースト
varṣa (中) 年
vavus < √vā の完了形
vaśa (男，中) 力，支配，影響
vasudhā (女) 大地
vahni (男) 火
√vā 2 吹く
vākya (中) ことば
vāc (女) ことば
vāyu (男) 風
vāri (中) 水
vāsas (中) 衣服
vāsin (形) 住所をもつ，〜に住む
vāsudeva (男) ヴァースデーヴァ (神)
vi (接頭) 分離して
viṃśa (数) 第 20 の (= viṃśatitama)
viṃśati (数) 20
vikaca (形) 輝かしい
vi-√kruṣ 呼ぶ，叫ぶ
vi-√gam 過ぎ去る，立ち去る，消失する，死ぬ
vighasāśin (形) (供物の) 残り (vighasa) を食べる (√aś) (者)
vijana (形) 人けのない
vitta (中) 財産
√vid 2 知る (完了形 veda)
vidita (形) 知られた < √vid の分詞形
vidyut (女) 電光
vidvas (形) 知っている，賢い (人)
vidhātṛ (男) 創造者
vidhivat (副) 規定に従って，適切に
vinirbandha (男) 固執，持続
vipatti (女) 不幸
vipina (形) 密な，深い
vi-√muc 解く，捨てる
vipra (男) バラモン
vipriya (中) 不快なこと
vibudha (男) 神
virakta (形) 赤い
vivarṇa (形) 青ざめた
vivastra (形) 衣服のない
vivṛta (形) 裸の < vi-√vṛ の分詞形

√**viś** 6 入る
viśrānta（形）疲れのとれた，休息した < vi-√śram の分詞形
viśvac（形）遍満する
viṣa（中）毒
viṣṇu（男）ヴィシュヌ神
viśvāmitra（男）ヴィシュヴァーミトラ（聖仙の名）
vi-√hṛ 時を過ごす
vīra（男）男，勇士
vīraṇa（中）ヴィーラナ（草の種類）
vīraseṇa（男）ヴィーラセーナ（人名）
vīrya（中）力
vīryavat（形）強力な
√**vṛ** 5 覆う
√**vṛ** 9 選ぶ
vṛta（形）選ばれた < √vṛ の分詞形
vṛtta（中）行為
vṛtti（女）行動
vṛtrahan（男）ヴリトラを殺すもの（インドラ）
vṛddha（形）老いた < √vṛdh の分詞形
√**vṛdh** 1 増やす，成長する
veda（男）ヴエーダ
vedanā（女）苦痛
vedhas（男）創造者
vai（小辞）実は，実に
vaidarbhī（女）ヴイダルバの娘
vaira（中）敵意，恨み
vyava-√bhū 揺する，軽蔑する
vyāghra（男）虎
vyāpādita（形）殺された < vy-ā-√pad の使役形，分詞形
√**vraj** 1 行く
√**śak** 5 できる
śakuna（男）鳥
śakunta（男）鳥
śakuntalā（女）シャクンタラー（ヒロインの名）
śakta（形）できる < √śak の分詞形
śakra（男）シャクラ（インドラ）
śaṅkara（男）シャンカラ（シヴァ）
śata（数）100
śatru（男）敵
śatruguṇa（男）敵の群れ
śanakais（副）静かに
śanais（副）静かに，次第に
√**śap** 1 呪う（完了形 śaśāpa）
śabda（男）声
śayāna（形）横たわる < √sī の現在分詞形
śayita（形）寝た < √śī の分詞形
śaravarṣa（男）矢の雨
śarīra（中）身体
śarīrakṛt（形）身体をつくる（者）
śaśin（男）月
śāpa（男）呪い
śārīra（形）身体的な

śārdūla（男）虎
śāśvata（形）永遠の
√**śās** 2 命ずる
śāsana（中）命令
śāstra（中）論書，学術書，教典
√**śikṣ** 1（√śak の意欲形）学ぶ
śiras（中）頭
śiva（男）シヴァ神
√**śī** 2 横たわる
śītāṃśu（形）冷たい光をもつ（月）
√**śuc** 1 悲しむ
śunī（女）雌犬
√**śubh** 6, 1 輝く
√**śuśrūsa-** 仕える ＜ √śru の意欲形
śuśrūsā（女）奉仕
śūdra（男）シュードラ（召使の階級）
śūdrakarman（中）シュードラの仕事
śūra（形）勇気ある，（男）勇士
śṛṅga（中）角，山頂
śeṣa（男，中）残り
śaila（男）山
śoka（男）悲しみ
śocya（形）悲しまるべき
śauca（中）清さ
śrad-√**dhā** 信仰する
√**śram** 4 疲れる
√**śri** 1 頼る，依る
śrī（女）シュリー（吉祥天），美しさ
śrīmat（形）美しい
√**śru** 5 聞く
śruta（形）聞かれた，～と知られた ＜ √śru の分詞形
śrotra（中）耳
śreṣṭha（形）最も良い
śvan（男）犬
√**śvas** 2 ため息をつく
śveta（形）白い
ṣaṣ（数）6
ṣaṣṭi（数）60
ṣaṣṭha（数）第 6 の
ṣoḍaśa（数）16
sa（代）これ，それ
sa-（接頭）～とともに，～をともなう
saṃkhya（中）戦場
saṃ-√**gam** 集まる，結合する
saṃjaya（男）サンジャヤ（人名）
saṃtati（女）家系，子孫の存続
saṃtāna（男）後継者
saṃ-√**diś** 指示する
saṃnidhi（男）近接
saṃnibha {形} ～のような
saṃpatti（女）幸福
saṃpra-√**āp** 達する，得る
saṃbhava（男）起源，～から生まれた
saṃ-√**bhāṣ** 語る
saṃbhrama（男）混乱

saṃbhrānta（形）動揺した
saṃśitavrata（形）固守された誓戒をもつ
saṃśrita（形）依存した < sam-√śri の分詞形
saṃsarga（男）交接
saṃsad（女）集会，宮廷
sakopam（副）怒って
sakāśa（男）付近，-kāśāt ～のもとから
sakhi（男）友
√**sañj** 1 くっつく
sat（形）善い
satatam（副）いつも
sattama（形）最高の
satvaram（副）急いで
√**sad** 1 座る
sadā（副）いつも
sadāgati（男）風
sapta（数）7
saptati（数）70
saptadaśa（数）17
saptama（数）第 7 の
sabhā（女）集会場
sabhārya（形）妻をともなう
sam（接頭）一緒に
sama（形）等しい
samagra（形）すべての
samantāt（副）すっかり，いたるところ
samākula（形）～に満ちた
samāgama（男）交際
samāna（形）～に等しい
samāsthita（形）専心した < sam-ā-√sthā の分詞形
samīpa（形）近くの，（中）近く，そば
samīpam（副）そばに，近くに
samutthita（形）生じた，立ち上がった < sam-ut-√sthā の分詞形
samutpanna（形）生じた < sam-ud-√pad の分詞形
sarva（形）すべての
sarvatas（副）いたるところ
sarvabhūta（中）万物，生類
savrīḍam（副）恥じらいを含んだ
saha（接頭）～とともに
sahasra（数）1000
sahāya（男）協力者，仲間
sahita（形）ともなった，一緒になった，結合した
sāgara（男）海
sāgnika（形）アグニをともなう
sādhu（副）正しく
sāhasa（中）無謀なこと
siṃha（男）獅子
siṃhagajāḥ（男）（多くの）獅子と象
sikta（形）注がれた < √sic の分詞形
√**sic** 6 注ぐ
sītā（女）シーター（女性の名）

√**su** 5 しぼる

sukha（中）幸福，（形）快い，（副）幸福に

sukhaduḥkha（中）楽と苦

sucira（形）非常に長い

suta（男）息子

sudurbhida（形）非常に破り難い

sudurmanas（形）非常に悲しい

sumanas（形）よい心をもつ，善良な

sura（男）神

surā（女）酒，スラー（女神）

susaṃcita（形）よく積まれた < su-sam-√ci の分詞形

sūrya（男）太陽

sṛgāla（男）ジャッカル

senā（女）軍隊

soma（男）ソーマ，月

skandha（男）スカンダ神

stambaka（男）（草の）束

strī（女）女

√**sthā** 1 立つ

sthāna（中）状況，位置

sthita（形）立っている < √sthā の分詞形

√**snih** 4 愛着する（分詞形 snigdha）

spṛhā（女）願望

sraj（女）花輪

sva（形）自分の

svarga（男）天

svargapatita（形）天から落ちた < svarga-patita（√pat の分詞形）

√**svap** 2 眠る

svayam（副）自ら

svasṛ（女）姉妹

haṃsa（男）ハンサ鳥（雁(がん)の一種）

hata（形）殺された， < √han の分詞形

harṣa（男）喜び

√**han** 2 殺す

hari（男）ハリ（ヴィシュヌ）

hariharau（男）ハリとハラ（シヴァ）

havis（中）供物

√**hā** 3 捨てる

√**hā** 3 出て行く（分詞形 hāna）

hi（小辞）実は，というのは

hita（中）利益，幸せ，安寧/（形）置かれた（分詞形 √dhā）

hima（男）寒さ，（中）雪

himavat（男）ヒマラヤ（himālaya）

hīna（形）捨てられた，劣った < √hā の分詞形

√**hu** 3 供物を火中にくべる，供物を捧げる

√**hṛ** 1 奪う

hṛd（中）心

hrīmat（形）恥じらい（hrī）の心をもつ

あとがき

本書は，2003 年の春に急逝された上村勝彦さんの遺稿を基本的な柱としている。その前の年の秋に，この遺稿のフロッピー・ディスクを編集部の松田徹さんにあずけて入院，まもなく退院されたようだが，その後これに手を加えることもなく亡くなられた。その死はあまりにも早く，ご家族はもとより私たち知人にもただ無念の一語に尽きるものだった。

亡くなってしばらくしてから，松田さんからこの遺稿をいちどみて下さいといわれ，はじめて拝見した。すでに亡くなる一年ほど前にある会で上村さんとお会いしたときに，ほぼ書き上がっているといわれていた通り，その原稿はきちんと整ったものだった。筆者がこの仕事を受け継ぐことになったのには，つぎのような事情がある。これよりだいぶ以前のことだが，編集部から筆者にラテン文法の執筆について話があった際に，どなたかサンスクリット文法を書いて下さるのにふさわしい方がいらっしゃいませんかとたずねられたので，筆者はすぐさま旧知の上村さんの名前をあげてしまったが，その後まもなく上村さんから快諾をえたという編集部の返事をきいて，安心したことを思い出す。というのは，当時，上村さんは大叙事詩『マハーバーラタ』の個人訳という大計画にかかっていて多忙だったから，この話はご迷惑だったのではないかと危惧していたからである。

編集部がとくにサンスクリットとラテンという２つの言語に注目して，同時にその文法の入門書を企画したのは，この両言語がインド・ヨーロッパ語族の東西を代表する古典語として，言語としてのみならず文化的にもアジアとヨーロッパの両世界で大きな役割を果たしてきたからで，その点を考慮して，文法（＝形）とともにその心をも伝えたいという思いがあったからだときいている。

なるほどこの言語の歴史をみると，たとえば言葉を伝える文字をとりあげてみても，ラテン・アルファベットが現代のヨーロッパの諸言語の表記にどれほど活用されてきたか，その効用は実に大きい。同様に東南アジアの世界も，インドから同じような文字の文化の恩恵を受けている。南インドを拠点として，インドの人々は西に東に海を渡って交易に活躍したが，またヒンドゥー教や仏教の伝道にも熱心であった。彼らは紀元後しばらくするとインド・シナ半島からジャワ島にまで進出し，ローマ人のように言語的に原住の人々の言語を征服することはなかったものの，インド文化を積極的に広めていった。それを知るには，あのアンコール・ワットの遺跡をみるだけでも充分だろう。この王朝の王たちは，クメール語の名前をもちながら公にはサンスクリット名を用い，ヒンドゥー教の神を崇拝し，インドからバラモン僧を招いて祭式を行なうなど，インド文化に親しんでいた。もちろんサンスクリットも学んだから，この言語で書かれた碑文も残されている。このようにインドの識者を迎えた各地の人々は，インド・アーリア人がサンスクリットを表記した文字を学び，それを各自の言語にうまく合うように工夫することによって，クメール，モン，タイ，ジャワなど，それぞれの文字をもつにいたった。われわれ日本人は，これらの人々とは異なる中国経由の北伝の仏教を受け入れると同時に，悉曇(しったん)学によってサンスクリットの音声の整理図式を会得して，漢字から工夫された仮名を五十音図にまとめることに成功した。したがって，われわれもやはりサンスクリットの文化の一端を担ってきたといえよう。このほかにも主として仏教を通して，多くのサンスクリットの語彙がわれわれの日常に今なお生き続けているが，シンガポール(siṃha-pura「獅子の町」)，ジャワ島(yava-dvīpa「穀物，大麦の島」)，アンコール(nagara「都市」？)のような，サンスクリットからの地名の借用語はさすがに日本語のなかには見当たらない。

上村さんも筆者も，こうした編集部の意図はとくに強く意識することなく，まずは文法の執筆という仕事を進めていた。おそらく病気がなければ，筆者の拝見した遺稿からみて，上村さんのこの文法書のほうが，筆者の『ラテン語・その形と心』よりも早くに刊行されていたと思う。なぜなら，この原稿はミス・タイプは多いものの，全体としてはまとまりのある完全なものだったからである。ただ，ときに必要と思われる説明が欠けているところがあったり，また大きな重複があったりしたので，部分的に補足したり，書き改めたりした。

巻末に置いた動詞の「語根表」は，筆者の経験から読者の学習に役に立つであろうと考えて，当初はもっと簡単なものを作成した。しかしせっかく添えるのならば，もう少し詳しいものを考えたらどうかという意見もあり，また最近のデータ・ベースの充実はサンスクリットの分野においても著しく，これを利用すると同時に，最近の新しいいくつもの時制研究をも考慮して，より充実した語根表をつくることにした。さいわい吉水清孝さん（東北大学文学部インド学仏教史）が全面的にこれを担当して下さることになり，まことに感謝に耐えない。そのご協力に心からお礼を申し上げたい。

筆者の個人的な事情と出版社側のそれとが重なってずいぶん時間がたってしまったことは，上村さんに対してお詫びしなければならない。それでもどうにか出版にまで至ったのは，筆者のラテン語の入門書にひきつづく，編集部の松田徹氏と，コンピューターを駆使した組版を担当してくださった白川俊氏のお二人のご協力のおかげである。今回もそのご苦労にお礼を申し上げたい。

ここに，謹んで本書を上村さんの霊に捧げたい。

2009 年 晩秋

風間 喜代三

［著 者］
上村 勝彦（かみむら・かつひこ）

1944 年，東京生まれ。東京大学文学部インド哲学科卒業。東京大学東洋文化研究所教授 在職中，2003 年に逝去。
専攻：サンスクリット文学（古典インド詩学）。
著訳書：主著『インド古典演劇論における美的経験』『インド古典詩論研究』（いずれも東京大学出版会）のほか，一般向けの著作多数。サンスクリット語作品の日本語訳にも多くの業績を残した。『カウティリヤ実利論——古代インドの帝王学』上・下（岩波文庫），『バガヴァッド・ギーター』（岩波文庫），『マハーバーラタ』1～8（ちくま学芸文庫，未完）など。

風間 喜代三（かざま・きよぞう）

1928 年，東京生まれ。東京大学文学部言語学科卒業。
東京大学教授，法政大学教授を歴任。東京大学名誉教授。
専攻：言語学・インド=ヨーロッパ比較言語学。
著書：本書の姉妹編『ラテン語・その形と心』（三省堂）のほか，『ラテン語とギリシア語』（三省堂），『言語学の誕生』（岩波新書），『印欧語の故郷を探る』（岩波新書），『印欧語親族名称の研究』（岩波書店）など。

サンスクリット語・その形と心

2010 年 2 月 10 日　第 1 刷発行
2024 年 2 月 20 日　第 6 刷発行

著　者　上村 勝彦・風間 喜代三
装訂者　間村 俊一
発行者　株式会社　三 省 堂　　代表者　瀧本 多加志
印刷者　三省堂印刷株式会社
発行所　株式会社　三 省 堂
〒 102-8371　東京都千代田区麴町五丁目 7 番地 2
電話　(03) 3230-9411
https://www.sanseido.co.jp/

ISBN978-4-385-36465-0

落丁本・乱丁本はお取り替えいたします。　〈サンスクリット語・384p〉

本書の内容に関するお問い合わせは、弊社ホームページの「お問い合わせ」フォーム（https://www.sanseido.co.jp/support/）にて承ります。